JINRONG DANBAO
FALÜ SHIWU
100WEN

金融担保法律实务100问

第二版

金振朝 著

法律出版社 LAW PRESS · CHINA | 北京

图书在版编目(CIP)数据

金融担保法律实务100问/金振朝著. --2版. --北京:法律出版社,2024
ISBN 978-7-5197-8584-0

Ⅰ.①金… Ⅱ.①金… Ⅲ.①金融-担保法-中国-问题解答 Ⅳ.①D923.25

中国国家版本馆CIP数据核字(2023)第228493号

金融担保法律实务100问(第二版)
JINRONG DANBAO FALÜ SHIWU 100 WEN
(DI-ER BAN)

金振朝 著

策划编辑 林 蕊 周 洁
责任编辑 林 蕊 周 洁
装帧设计 臧晓飞

出版发行 法律出版社
编辑统筹 司法实务出版分社
责任校对 王 丰
责任印制 胡晓雅
经　　销 新华书店

开本 710毫米×1000毫米 1/16
印张 22 **字数** 344千
版本 2024年1月第2版
印次 2024年1月第1次印刷
印刷 天津嘉恒印务有限公司

地址:北京市丰台区莲花池西里7号(100073)
网址:www.lawpress.com.cn
投稿邮箱:info@lawpress.com.cn
举报盗版邮箱:jbwq@lawpress.com.cn
销售电话:010-83938349
客服电话:010-83938350
咨询电话:010-63939796

书号:ISBN 978-7-5197-8584-0
定价:78.00元

凡购买本社图书,如有印装错误,我社负责退换。电话:010-83938349

再 版 自 序

党的十八大以来,在以习近平同志为核心的党中央坚强领导下,我国金融业改革发展稳定取得历史性的伟大成就。中国银行业总资产名列世界第一位,股票市场、债券市场和保险市场规模均居世界第二位。与此同时,国内外经济金融环境发生深刻变化,不稳定、不确定、不安全因素明显增多,金融风险诱因和形态更加复杂,我国金融业发展进入战略机遇和风险挑战并存时期。站在新的历史起点,党的二十大报告重点提出,要深化金融体制改革,加强和完善现代金融监管,依法将各类金融活动全部纳入监管。并且,自 2021 年 1 月 1 日《民法典》正式施行以后,与金融密切相关的法律法规及监管政策也同步进行了修改与完善,以契合我国现行的民法体系。

在金融供给侧结构性改革方面,银保监会监管的金融机构与地方金融组织多元发展的模式在不断发挥积极作用。尤其是地方金融组织对普惠金融体系进行了有效补充,改进了小微企业和"三农"金融供给,提升了金融服务水平。然而,地方金融组织仍然存在一些问题,缺乏老牌金融机构合规经营与内部控制的实践经验,难以适应《民法典》出台以后金融法律法规及监管政策的变化。

在"风险为本"的审慎监管框架之下,金融监管部门必然不断充实政策工具箱,推动实施法人机构业务牌照分类分级管理等举措,依法规范和引导资本健康发展,防止资本在金融市场的无序扩张。就融资担保公司、小贷公司等地方金融组织而言,如果不能有效调整自身战略定位并且完善内部合规制度,将难以应对新时代金融市场中的风险与挑战。

本书中几乎所有问题都来自笔者从事律师服务十余年的客户法律咨询,在每次回答客户问题之后,笔者都会整理相关内容在团队公众号"融资担保法律实务"

及今日头条“今律说法”上发出。不知不觉,数量早已逾百。感谢一路陪伴走来的所有客户,没有客户的一一提问,本书不可能问世。

此次再版主要对书中的部分内容进行了删减和修订,并增补了新内容,以反映《民法典》出台以后金融法规政策的变化和融资担保实践的发展。局限于笔者学识、时间和精力,加上律师工作繁忙,本书难免存在错漏之处,请大家不吝指正!

金振朝

2023年11月

序　言

金融体制是社会主义市场经济体制的重要组成部分。党的十九大报告提出，深化金融体制改革，增强金融服务实体经济能力，提高直接融资比重，促进多层次资本市场健康发展。这为新时代金融发展与建设指明了方向。党的十八大以来，我国金融体制改革持续推进，取得显著成就。金融市场更加开放，金融体系日趋完善，企业融资渠道更为多元。党的十八大报告提出的普惠金融，就是针对融资难，融资问题上存在的不平等。金融政策要向小微企业倾斜，普惠金融担纲的主角就是主流金融机构。实施普惠金融必须支持小微金融发展，这种补充性不可或缺。而缓解小微融资难，解决小微企业融资贵问题是摆在普惠金融面前的一大课题，主流金融机构要作为主担当，类金融机构要作为补充，机会正当其时。

但是，我们也很遗憾地看到，一些小贷机构、担保机构、投资机构、自行其是，打着普惠金融的旗号搞社会融资，一些甚至涉嫌非法集资，毁坏了行业的声誉，透支了行业的信用。还有一些创业老板由于金融和法律知识欠缺，片面地以为类金融机构赚钱容易，比做实业强，拼凑个班子就开办了担保公司、小贷公司、金融控股公司。他们既管不了信贷过程的技术风险，又管不了从业人员职业操守与道德风险，更谈不上战略定位与创新发展，一味高收益取向、当铺式经营，几年下来流动性丧失殆尽，变成了资产管理公司，开始了债务追偿的漫长历程。

也有一些担保机构、小贷公司、投资机构等，看到了单一业务经营的缺陷，挑战了盈利模式的生存边界，激流勇进地汇入曾经风靡一时的互联网金融、网络贷款、股权众筹、私募基金的洪流当中。倘若原先的线下风控都没有过关，立马进行线上经营，在刚性兑付面前破败得会更快。至于那种靠“金字塔骗局”“庞氏逻辑”玩把戏的，后果可想而知。

因此,我们面临的不单单是机会,也面临着外部环境和行业内部的多种挑战。

对于经营者而言,除了掌握和熟练运用各类金融工具,还要认真研究相关法律法规及监管政策动向,防范法律风险。本文作者和本人曾经有过共事的经历,作为较早介入融资担保行业的法律人士之一,多年来一直从事融资担保行业的法律服务和实践,持续关注并及时跟进有关法律、政策动向,工作勤勉,笔耕不辍,值得嘉许。本书以问答的方式展开,具有较强的实用性和针对性,希望能对业界有所参考,也期待作者再接再厉,为推动我国融资担保行业的发展贡献更多力量!

2019年10月28日

目录

第一篇　业务合规篇

第 1 问　什么是融资担保公司？ …… 3
第 2 问　融资担保公司的设立条件和程序是怎样的？ …… 5
第 3 问　融资担保公司的经营范围是什么？ …… 8
第 4 问　什么是再担保？ …… 9
第 5 问　融资担保公司能否跨省经营？ …… 12
第 6 问　融资担保公司应如何计提担保赔偿准备金？ …… 13
第 7 问　融资担保公司可以对客户收取哪些费用？ …… 14
第 8 问　融资担保公司应遵守哪些经营规则？ …… 16
第 9 问　《融资担保公司监督管理条例》四项配套制度的主要内容有哪些？ …… 18
第 10 问　《融资担保公司资产比例管理办法》对担保公司开展委贷业务有何影响？ …… 27
第 11 问　什么是融资担保基金？ …… 28
第 12 问　融资担保基金开展股权投资业务存在何种风险？ …… 34
第 13 问　融资租赁公司能否从事融资担保业务？ …… 37
第 14 问　如何申请设立小额贷款公司？ …… 39
第 15 问　反担保合同的主合同究竟是什么合同？ …… 43

第 16 问　小贷公司异地贷款是否合规? …… 48
第 17 问　小贷公司可以从事票据贴现业务吗? …… 51
第 18 问　小贷公司的利率上限如何确定? …… 53
第 19 问　售后回租业务如何完成设备交付和防范风险? …… 57

第二篇　保证篇

第 20 问　《独立保函规定》对融资担保行业有哪些影响? …… 65
第 21 问　担保公司可以向法院申请中止支付独立保函项下的款项吗? …… 70
第 22 问　保证反担保可以是见索即付独立保函吗? …… 72
第 23 问　保证期间和诉讼时效的关系是怎样的? …… 74
第 24 问　新诉讼时效制度对担保期间有什么影响? …… 76
第 25 问　一般诉讼时效变成 3 年了,保证期间可否约定为 3 年? …… 80
第 26 问　保证人在哪些情况下可以拒绝承担保证责任? …… 82
第 27 问　对多人连带责任保证中的一人主张权利,是否会导致对其他保证人的诉讼时效中断? …… 87
第 28 问　对于分离式保函,担保人是否享有追索权? …… 90
第 29 问　未事先约定责任份额的共同担保应如何处理? …… 92
第 30 问　拍卖房产担保业务中担保公司可否预先行使追偿权? …… 94
第 31 问　主合同与从合同分别约定诉讼和仲裁,能否一并向法院起诉? …… 96
第 32 问　主合同为合作框架协议的保证合同是否成立? …… 98
第 33 问　连带责任保证书中约定以股权提供担保,担保人承担何种责任? …… 100
第 34 问　人民法院受理债务人破产申请之前的债务清偿有何风险? …… 102

第 35 问 借款人濒临破产时，担保人该如何应对？ …… 105
第 36 问 免除部分保证人责任或者仅起诉部分保证人有何法律风险？ …… 108
第 37 问 借款人违约后可暂不起诉连带责任保证人吗？ …… 112
第 38 问 融资担保公司开展诉讼保全担保业务存在哪些困境和出路？ …… 114
第 39 问 涉及“外保内贷”的担保合同是否有效？ …… 120
第 40 问 什么是差额支付承诺函？其法律效力如何？ …… 123
第 41 问 《民法典》关于公司对外担保的要求有哪些变化？ …… 126
第 42 问 未经股东会决议的公司对外担保是否有效？ …… 133
第 43 问 上市公司的哪些担保须经股东大会审批？ …… 137
第 44 问 债权人可以仅凭股东会决议要求公司承担保证责任吗？ …… 140
第 45 问 担保人代偿之后，可否不经过起诉直接对债务人申请执行？ …… 143
第 46 问 工程保函担保业务如何防控法律风险？ …… 146
第 47 问 工程保函索赔的常见原因有哪些？ …… 152
第 48 问 反担保保证期间应如何约定？ …… 155
第 49 问 工程保函文本有哪些审核要点与注意事项？ …… 158

第三篇 抵押篇

第 50 问 抵押物被刑事机关查封后存在何种风险？ …… 167
第 51 问 债权人与抵押人协商和解可能导致保证人的责任减免吗？ …… 170
第 52 问 抵押房产二次流拍且变卖未成交后怎么办？ …… 172
第 53 问 抵押权人、建设工程优先受偿权人、首轮查封申请人之间的分配顺序是怎样的？ …… 174
第 54 问 抵押权人和债权人可以不是同一人吗？ …… 177

第55问 抵押物被其他法院查封了怎么办? …… 183
第56问 首先查封人与优先债权人之间应如何处理清偿顺序问题? …… 185
第57问 委托贷款展期,是否需要办理抵押变更登记? …… 189
第58问 房产买受人可否代为清偿债务以解除抵押登记? …… 191
第59问 主债权和抵押权一并转让时需要关注哪些法律问题? …… 194
第60问 如何通过"搭便车"的方式行使抵押权? …… 198
第61问 抵押人未经配偶同意提供的房产抵押是否有效? …… 200
第62问 担保公司如何进行代偿时机选择? …… 204
第63问 矿业权是否可以抵押?抵押权如何设立? …… 206
第64问 如何防范因登记部门的原因而无法办理抵押登记的法律风险? …… 210
第65问 债务人违约后,抵押权人可以自行将抵押车辆拖走吗? …… 216
第66问 什么是"带押过户"?对金融担保行业有什么影响? …… 218

第四篇 质押篇

第67问 股权质押后公司上市,对股权质押的效力是否有影响? …… 223
第68问 "限售股"强制执行是否存在法律障碍? …… 226
第69问 票据质押贷款项目中,质权人如何行使质权? …… 228
第70问 票据质押如何设立和解除? …… 231
第71问 票据质权行使中,基础合同纠纷与票据纠纷能否合并审理? …… 233
第72问 未能在电子商业汇票系统中发出追索通知是否影响票据追索权? …… 235

第 73 问 未办理质押登记的情况下，出质人应承担何种责任？ …… 238
第 74 问 《动产和权利担保统一登记办法》的修改内容和注意事项有哪些？ …… 240
第 75 问 应收账款质押登记的内容有哪些？效力如何？ …… 244
第 76 问 “流动质押”中监管人需要注意哪些事项？ …… 247
第 77 问 应收账款质权的实现必须经过拍卖或者变卖吗？ …… 250
第 78 问 什么是账户质押？有哪些法律风险？ …… 253
第 79 问 汽车合格证可以质押吗？有哪些法律风险？ …… 256

第五篇 借贷篇

第 80 问 出借人在什么情况下可以宣布借款提前到期？ …… 263
第 81 问 提前收贷必须以解除合同为前提吗？ …… 265
第 82 问 小贷项目预收利息是否会被认定预先扣除利息？ …… 267
第 83 问 未约定管辖法院的民间借贷纠纷能否在原告住所地起诉？ …… 269
第 84 问 债务人破产之前的提前或者个别清偿有何风险？ …… 272
第 85 问 人民法院能冻结、划拨被执行人的养老金、住房公积金吗？ …… 274
第 86 问 什么是轮候查封？有何法律效力？ …… 279
第 87 问 什么是预查封？有何法律效力？ …… 282
第 88 问 债务追偿过程中如何选聘律师？ …… 285
第 89 问 债务追偿过程中如何申请财产线索查找与财产保全？ …… 288
第 90 问 超过了申请执行的期间还能向法院申请强制执行吗？ …… 292
第 91 问 被执行人名下唯一的一套住房可以执行吗？ …… 294
第 92 问 企业可以作为民间借贷的出借人吗？ …… 298

第 93 问　经常性放贷存在何种法律风险? ························ 301

第六篇　综合篇

第 94 问　《民法典》对融资租赁行业有什么影响? ················ 307
第 95 问　《民法典》对保理业务有什么影响? ······················ 312
第 96 问　《民法典》对保险行业有哪些影响? 应该如何
　　　　　应对? ··· 315
第 97 问　私募基金"爆雷"之后应如何应对? ······················ 319
第 98 问　《深圳经济特区个人破产条例》对金融机构有哪些
　　　　　影响? ··· 323
第 99 问　如何看待"套路贷"和民间金融监管趋势? ·············· 328
第 100 问　金融消费者权益保护的适当性义务有哪些? ············ 334

【第一篇　业务合规篇】

第1问 什么是融资担保公司？

问： 什么是融资担保公司？

答： 根据《融资担保公司监督管理条例》第2条的规定，该条例所称融资担保，是指担保人为被担保人借款、发行债券等债务融资提供担保的行为；所称融资担保公司，是指依法设立、经营融资担保业务的有限责任公司或者股份有限公司。

相较《融资性担保公司管理暂行办法》对融资担保的界定，《融资担保公司监督管理条例》的规定有较大的变化。《融资性担保公司管理暂行办法》所称融资性担保，是指担保人与银行业金融机构等债权人约定，当被担保人不履行对债权人负有的融资性债务时，由担保人依法承担合同约定的担保责任的行为。从"融资性担保"到"融资担保"，不只是一字之差，其还对主债权及债权人的范围有了极大的扩充。

《融资担保公司监督管理条例》第6条规定，设立融资担保公司，应当经监督管理部门批准。融资担保公司的名称中应当标明融资担保字样。未经监督管理部门批准，任何单位和个人不得经营融资担保业务，任何单位不得在名称中使用"融资担保"字样。国家另有规定的除外。

与融资担保公司相对应的是非融资担保公司。所谓非融资担保公司，是指在中华人民共和国行政区域内依法设立，但未取得"中华人民共和国融资性担保机构经营许可证"的担保公司。非融资担保公司的经营范围，主要是诉讼保全担保、财产保全担保、工程履约担保、工程支付担保、投标担保、预付款担保、尾付款如约偿付担保、原材料赊购担保、设备分期付款担保、租赁合同担保、财政支付担保、联合担保、仓储监管担保、其他经济合同担保以及与担保业务有关的投融资咨询和财务顾问等中介服务等。无论是融资担保公司还是非融资担保公司，都不得从事吸收存款、集资收款、受托贷款、发行票据、发放贷款等国家金融监管及财政信用业务。

由于非融资担保公司设立门槛低、经营门槛高,社会上的大多数非融资担保公司实际上在从事放贷业务,很少或者没有开展担保业务。一些地区非融资性担保公司数量激增、业务混乱等问题日益突出,大量非融资性担保公司不仅没有经营担保业务,甚至从事非法吸收存款、非法集资、非法理财、高利放贷等违法违规活动,导致风险事件和群体性事件频发,对有关地区经济社会发展造成严重影响。2013 年 12 月 21 日,中国银行监督管理委员会、国家发展和改革委员会、工业和信息化部、财政部、商务部、中国人民银行、原国家工商行政管理总局、国务院原法制办公室联合发布《关于清理规范非融资性担保公司的通知》,要求各地区对非融资性担保公司进行清理规范和强化管理。

第2问　融资担保公司的设立条件和程序是怎样的?

问: 融资担保公司的设立条件是什么? 程序上又有什么要求呢?

答: 关于融资担保公司的设立条件,《融资担保公司监督管理条例》第7条规定,设立融资担保公司,应当符合《公司法》的规定,并具备下列条件:(1)股东信誉良好,最近3年无重大违法违规记录;(2)注册资本不低于2000万元人民币,且为实缴货币资本;(3)拟任董事、监事、高级管理人员熟悉与融资担保业务相关的法律法规,具有履行职责所需的从业经验和管理能力;(4)有健全的业务规范和风险控制等内部管理制度。省(区、市)根据本地区经济发展水平和融资担保行业发展的实际情况,可以提高前款规定的注册资本最低限额。

相对于《融资性担保公司管理暂行办法》规定的实缴注册资本不低于500万元人民币,《融资担保公司监督管理条例》明显提高了融资担保公司的设立门槛。

实际上,大部分省级政府制定的实施细则所要求的实缴注册资本远高于上述要求。例如,《广东省〈融资性担保公司管理暂行办法〉实施细则》第10条规定,设立融资性担保公司注册资本为实缴货币资本,最低限额实行地区分类管理。广州、深圳、珠海、佛山、惠州、东莞、中山、江门、肇庆市为一类地区,其余地区为二类地区。一类地区融资性担保公司注册资本最低限额不得低于1亿元人民币,二类地区融资性担保公司注册资本最低限额不得低于5000万元人民币。

深圳市作为经济特区,也于2011年3月1日发布了《深圳市〈融资性担保公司管理暂行办法〉实施细则》,除明确一次性实缴注册资本不得低于1亿元人民币,且不得以借贷资金或他人委托资金入股外,还规定了更为严格的设立条件:(1)有符合前款关于主发起人、一般发起人等规定的条件;(2)有符合《公司法》规定的章程;(3)有具备持续出资能力的股东;(4)有符合本实施细则规定的注册资本;(5)有符合任职资格的董事、监事、高级管理人员和合格的从业人员;(6)有健全的组织机构、内部控制和风险管理制度;(7)有符合要求的营业场所;(8)其他审慎性条件。

在深圳市设立的融资性担保公司应当由一个至两个企业法人或自然人等作为主发起人组建。

企业法人作为主发起人应当具备以下条件:(1)管理规范、信用良好、实力雄厚;(2)持续经营3年以上,最近连续2个会计年度盈利,近3年累计净利润在1000万元以上,资产负债率不高于70%,净资产不低于5000万元,原则上实施本项目投资后长期投资额不得超过净资产的60%。

自然人作为主发起人应当具备以下条件:(1)拥有发起出资的经济实力,具有一定的实业背景并在所在行业具有一定影响力,能够出具相应的有效证明;(2)无重要不良信用记录,无重大不良从业记录和无违法犯罪记录等。

由一个企业法人作为主发起人发起组建的,持股比例原则上不低于30%;由两个企业法人作为主发起人发起组建的,持股比例原则上各不低于20%;自然人作为主发起人发起组建的,应当持有适当比例的股权。

一般发起人应当具有一定的行业背景、持续的出资能力以及风险承受能力,原则上出资额不低于500万元且持股比例不低于1%。

融资性担保公司设立后有关股权转让、质押事宜,按照有关法律法规办理。

关于融资担保公司的设立程序,《融资担保公司监督管理条例》第8条规定,申请设立融资担保公司,应当向监督管理部门提交申请书和证明其符合该条例第7条规定条件的材料。监督管理部门应当自受理申请之日起30日内作出批准或者不予批准的决定。决定批准的,颁发融资担保业务经营许可证;不予批准的,书面通知申请人并说明理由。

实际上,各地融资担保公司的设立程序远比《融资担保公司监督管理条例》规定得复杂。以深圳市为例,根据2017年12月22日深圳市金融工作办公室《关于融资租赁、融资担保公司申请设立事宜的回复》,融资租赁公司申请设立不属于深圳市金融办的行政许可事项,但融资担保公司申请设立属于深圳市金融办行政许可事项。申请人可根据《融资担保公司监督管理条例》《深圳市〈融资性担保公司管理暂行办法〉实施细则》相关要求,提交申请材料,或者登录广东政务服务网公开界面,查询需提交的申报材料及申请流程。

根据相关文件要求，在深圳市设立融资担保公司所须提交的材料和流程见图 2－1。

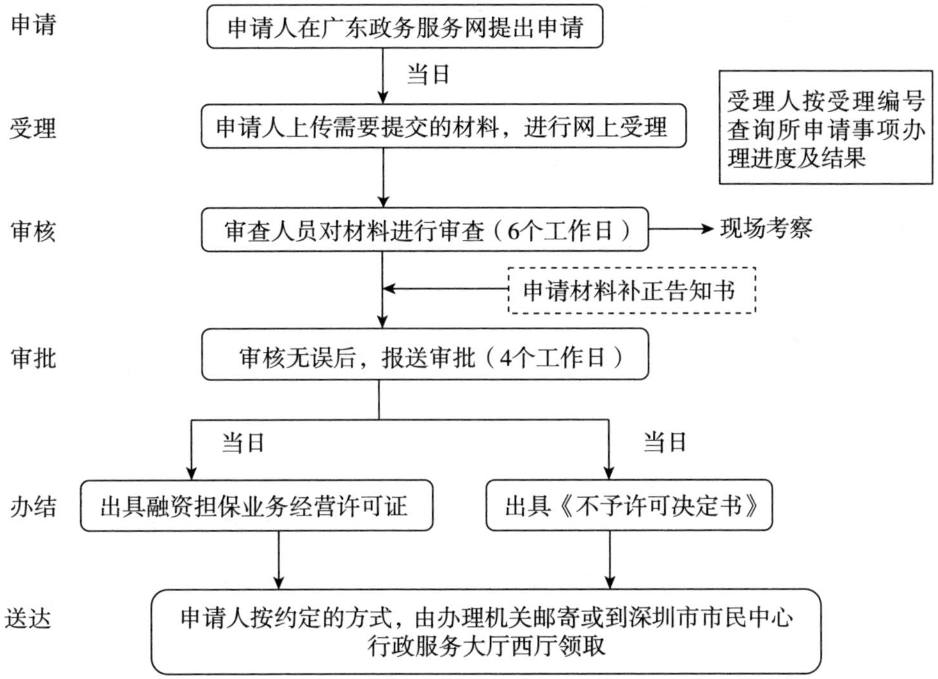

图 2－1　设立融资担保公司网上流程

相关申请表格模板可参见广东政务服务网。

第3问　融资担保公司的经营范围是什么?

问: 融资担保公司的经营范围是什么?

答: 《融资担保公司监督管理条例》第12条规定,除经营借款担保、发行债券担保等融资担保业务外,经营稳健、财务状况良好的融资担保公司还可以经营投标担保、工程履约担保、诉讼保全担保等非融资担保业务以及与担保业务有关的咨询等服务业务。即融资担保公司的经营范围可分为三类:一是融资担保业务,包括借款担保、发债担保及其他类担保;二是非融资担保业务,包括投标担保、工程履约担保及诉讼保全担保;三是与担保业务有关的资讯业务。

2018年4月8日发布的《融资担保公司监督管理条例》四项配套制度之一的《融资担保责任余额计量办法》将融资担保业务也分为三类,并对具体范围作出了更为明确的列举,具体见表3-1。

表3-1　《融资担保责任余额计量办法》对融资担保业务的分类

种类	性　质	范　围
第一类	借款类担保业务	为被担保人贷款、互联网借贷、融资租赁、商业保理、票据承兑、信用证等债务融资提供担保
第二类	发行债券担保业务	为被担保人发行债券等债务融资提供担保
第三类	其他融资担保业务	为被担保人发行基金产品、信托产品、资产管理计划、资产支持证券等提供担保

《融资担保责任余额计量办法》首次明确为互联网借贷、融资租赁、商业保理等债务融资提供担保也属于融资担保,顺应了社会发展趋势,符合实际情况,可谓与时俱进。

第4问　什么是再担保?

问： 请问什么是再担保?

答： 再担保,是指为担保人设立的担保。当担保人不能独立承担担保责任时,再担保人将按再担保合同约定比例向担保人提供比例再担保或为担保机构提供一般或连带责任保证。双方按约承担相应责任,享有相应权利。也就是说,再担保是对债权人的债权安全增加保障,提高担保信用的一种手段。

然而,无论是相关法律法规,还是司法解释,均未对再担保作出任何规定。我们仅能从一些法律著作中,找寻到司法部门对于再担保的理解。在《最高人民法院〈关于适用《中华人民共和国担保法》若干问题的解释〉理解与适用》一书中,对再担保问题描述为所谓再担保指为担保人设立的担保。当担保人不能独立承担担保责任时,再担保人将代替担保人向债权人继续剩余的清偿,以保障债权的实现。再担保关系中,债权人始终是权利人,债务人始终是被担保人,担保人和再担保人均为债务人向债权人负责。在承担责任上,担保人和再担保人分一个次序,即担保人先承担责任,在担保人无力承担时,再由再担保人承担。

再担保方式一般分为两种,一种是对担保的担保,另一种则是约定分担风险的再担保。对担保的担保典型模式可见"广东模式",即再担保机构对合作担保机构整体或部分担保项目提供附一定宽限条件的连带责任保证再担保,当合作担保机构不能代偿时,由再担保机构向债权人按一定比例补充代偿责任(见图4-1)。

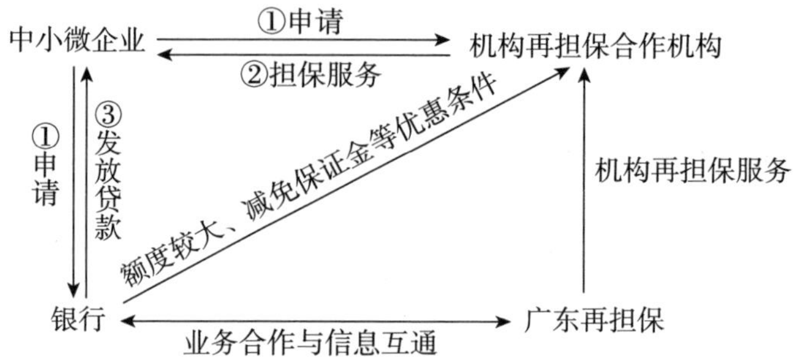

图4-1 再担保的"广东模式"

约定分担风险的再担保典型模式可参见"安徽模式"。2014年年底,安徽省信用担保集团创新推出"4321"新型政银担合作模式,改变由融资担保公司承担全额代偿风险、政府补贴融资担保公司的传统模式,对单户2000万元以下的贷款担保业务,由融资担保公司、安徽省信用担保集团、银行、当地政府,按4∶3∶2∶1的比例同担风险责任,即当小微企业无力偿还到期担保贷款时,由融资担保公司承担40%的风险责任,省担保集团承担30%的风险责任,合作银行金融机构承担20%的风险责任,市县(区)政府通过设立代偿专项资金承担10%的风险责任。

此外,深圳市中小企业信用再担保中心也在发展中探索出"分账分段代偿"机制(见图4-2),即再担保风险分担比例依成员担保机构和受保企业信用等级、所属行业再担保代偿分账分段进行。

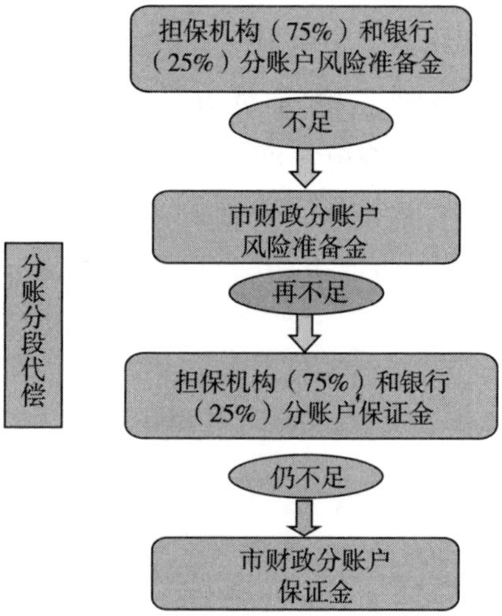

图4-2 "分账分段代偿"机制

如果出现代偿,代偿顺序按担保机构和银行分账户的风险准备金、市财政分账户下的风险准备金、担保机构和银行认购的保证金、市财政分账户认购的保证金依次代偿。

第5问　融资担保公司能否跨省经营?

问:如果某电商平台和融资担保公司在四川,担保公司的经营范围为四川省内,银行在上海,电商平台客户遍布全国,银行与平台签订助贷协议,引入融资担保公司作为担保人,向平台客户放贷,担保公司能否超出其经营范围中的地域限制向外地客户提供担保呢?

答:根据《融资担保公司监督管理条例》的有关规定,融资担保公司跨省经营存在两种情况:一种是融资担保公司跨省、自治区、直辖市设立分支机构;另一种是融资担保公司跨省、自治区、直辖市开展业务。

对于第一种情况,《融资担保公司监督管理条例》第10条规定,融资担保公司跨省、自治区、直辖市设立分支机构,应当具备下列条件,并经拟设分支机构所在地监督管理部门批准:(1)注册资本不低于10亿元人民币;(2)经营融资担保业务3年以上,且最近2个会计年度连续盈利;(3)最近2年无重大违法违规记录。拟设分支机构所在地监督管理部门审批的程序和期限,适用该条例第8条的规定。融资担保公司应当自分支机构设立之日起30日内,将有关情况报告公司住所地监督管理部门。融资担保公司跨省、自治区、直辖市设立的分支机构的日常监督管理,由分支机构所在地监督管理部门负责,融资担保公司住所地监督管理部门应当予以配合。

对于第二种情况,《融资担保公司监督管理条例》第31条规定,融资担保公司应当按照要求向监督管理部门报送经营报告、财务报告以及注册会计师出具的年度审计报告等文件和资料。融资担保公司跨省、自治区、直辖市开展业务的,应当按季度向住所地监督管理部门和业务发生地监督管理部门报告业务开展情况。

根据上述规定,如果融资担保公司只是跨省经营,而非设立分支机构,无须报经监督管理部门审批,只需按季度向住所地监督管理部门和业务发生地监督管理部门报告业务开展情况即可。

第6问　融资担保公司应如何计提担保赔偿准备金？

问：《融资担保公司监督管理条例》及四项配套制度出台后，融资担保公司应如何计提担保赔偿准备金呢？

答： 根据《融资担保公司监督管理条例》的规定，融资担保公司应当按照国家有关规定提取相应的准备金。

《融资性担保公司管理暂行办法》第31条第1款、第2款规定，融资性担保公司应当按照当年担保费收入的50%提取未到期责任准备金，并按不低于当年年末担保责任余额1%的比例提取担保赔偿准备金。担保赔偿准备金累计达到当年担保责任余额10%的，实行差额提取。差额提取办法和担保赔偿准备金的使用管理办法由监管部门另行制定。监管部门可以根据融资性担保公司责任风险状况和审慎监管的需要，提出调高担保赔偿准备金比例的要求。

《融资担保公司监督管理条例》四项配套制度中的《融资担保公司资产比例管理办法》第8条规定，融资担保公司净资产与未到期责任准备金、担保赔偿准备金之和不得低于资产总额的60%。

鉴于目前《融资性担保公司管理暂行办法》尚未失效，且有关部门尚未制定与《融资担保公司监督管理条例》配套的准备金提取相关细化操作规定，建议融资担保公司仍可按照《融资性担保公司管理暂行办法》的相关规定提取担保赔偿准备金。但需要注意的是，与准备金提取有关的担保责任余额计算方法已经发生了变化，故融资担保公司在计算担保赔偿准备金时也要相应调整，具体事项建议与监管部门沟通。

第 7 问　融资担保公司可以对客户收取哪些费用?

问: 融资担保公司可以对客户收取哪些费用?标准分别是什么?

答: 根据《融资担保公司监督管理条例》等有关规定,融资担保公司可以对客户收取担保费、咨询费。并且,《融资担保公司监督管理条例》第 22 条规定,融资担保公司自有资金的运用,应当符合国家有关融资担保公司资产安全性、流动性的规定。而根据《融资担保公司监督管理条例》四项配套制度之一的《融资担保公司资产比例管理办法》的规定,融资担保公司还可从事委托贷款业务,故可向客户收取利息。根据财政部 2005 年印发的《担保企业会计核算办法》的有关规定,担保公司还可向客户收取手续费、评审费等。

一、担保费

根据《担保企业会计核算办法》的规定,担保费是担保公司承担担保风险而按委托担保合同、分担保合同规定向被担保人收取的款项,包括担保费和分担保费收入。企业为其他单位代收的款项,不得确认为本企业的担保费收入。担保费收入应当在同时满足以下条件时予以确认:(1)担保合同成立并承担相应担保责任;(2)与担保合同相关的经济利益能够流入企业;(3)与担保合同相关的收入能够可靠地计量。担保费收入的金额应按委托担保合同规定的应向被担保人收取的金额确定。

关于担保费的收取标准,财政部 2001 年印发的《中小企业融资担保机构风险管理暂行办法》(财金〔2001〕77 号)第 7 条规定,担保机构收取担保费可根据担保项目的风险程度实行浮动费率,为减轻中小企业负担,一般控制在同期银行贷款利率的 50% 以内。《融资性担保公司管理暂行办法》第 26 条规定,融资性担保公司收取的担保费,可根据担保项目的风险程度,由融资性担保公司与被担保人自主协商确定,但不得违反国家有关规定。因为《中小企业融资担保机构风险管理暂行办法》现行有效,故对融资担保公司仍具约束力。但《融资担保公司监督管理条例》第 19 条规定，融资担保费率由融资担保公司与被担保人协商确定，其较《融资性担保公司管理暂行办法》的规定已发生明显变化。纳入政府推动建立的融资担保风险分担机制的融资担保公司，应当按照国家有关规定降低对小微企业和农业、农村、农民的融资担保费率。即除纳入政府推动建立的融资担保风险分担机制的融资担保公司应遵照国家有关规定外，其他融资担保公司的担保费率上限已完全放开，由融资担保公司与被担保人协商确定。按照上位法优于下位法、新法优于旧法的原则，《中小企业融资担保机构风险管理暂行办法》第 7 条对于纳入政府推动建立的融资担保风险分担机制以外的融资担保公司不再适用。但实践中，仍有不少政府部门或者合作银行还是按原标准要求所有的融资担保公司。

二、咨询费、手续费、评审费

咨询费是与担保业务有关，但属于除担保业务收入以外的其他业务收入。

手续费是担保公司进行各项业务收取的收入。

评审费是对被担保人的资信和担保资金使用项目进行调查、评审而按合同规定向被担保人收取的评审费收入。

对于三者的收费标准，未见相关规定，但应当以公平合理为原则，原则上不宜高于担保费收取标准，并且应当有合同依据。

三、利息

利息主要是指委托贷款利息，银行存款、理财产品等利息收入不在讨论之列。实践中，银行掌握的委托贷款利息上限一般为民间借贷的利率上限标准。

最高人民法院《关于审理民间借贷案件适用法律若干问题的规定》第 25 条规定，“出借人请求借款人按照合同约定利率支付利息的，人民法院应予支持，但是双方约定的利率超过合同成立时一年期贷款市场报价利率四倍的除外。前款所称‘一年期贷款市场报价利率’，是指中国人民银行授权全国银行间同业拆借中心自 2019 年 8 月 20 日起每月发布的一年期贷款市场报价利率”。

第 8 问　融资担保公司应遵守哪些经营规则?

问:融资担保公司开展业务时应遵守哪些经营规则?

答:《融资担保公司监督管理条例》第三章规定了融资担保公司的经营规则。除经营范围和担保费率规则外,融资担保公司还应遵循以下规则:

(1)融资担保公司应当按照审慎经营原则,建立健全融资担保项目评审、担保后管理、代偿责任追偿等方面的业务规范以及风险管理等内部控制制度。

(2)融资担保公司应当按照国家规定的风险权重,计量担保责任余额。

(3)融资担保公司的担保责任余额不得超过其净资产的 10 倍。对主要为小微企业和农业、农村、农民服务的融资担保公司,前款规定的倍数上限可以提高至 15 倍。

(4)融资担保公司对同一被担保人的担保责任余额与融资担保公司净资产的比例不得超过 10%,对同一被担保人及其关联方的担保责任余额与融资担保公司净资产的比例不得超过 15%。

(5)融资担保公司不得为其控股股东、实际控制人提供融资担保,为其他关联方提供融资担保的条件不得优于为非关联方提供同类担保的条件。融资担保公司为关联方提供融资担保的,应当自提供担保之日起 30 日内向监督管理部门报告,并在会计报表附注中予以披露。

(6)融资担保公司应当按照国家有关规定提取相应的准备金。

(7)被担保人或者第三人以抵押、质押方式向融资担保公司提供反担保,依法需要办理登记的,有关登记机关应当依法予以办理。

(8)融资担保公司有权要求被担保人提供与融资担保有关的业务活动和财务状况等信息。融资担保公司应当向被担保人的债权人提供与融资担保有关的业务活动和财务状况等信息。

(9)融资担保公司自有资金的运用,应当符合国家有关融资担保公司资产安全性、流动性的规定。

（10）融资担保公司不得从事下列活动：①吸收存款或者变相吸收存款；②自营贷款或者受托贷款；③受托投资。

此外，《融资担保公司监督管理条例》四项配套制度还对上述经营规则作出了一些细化的规定。

第9问 《融资担保公司监督管理条例》四项配套制度的主要内容有哪些?

问:2018年4月2日,调整合并后的新机构——中国银行保险监督管理委员会等七部门对外公布了《关于印发〈融资担保公司监督管理条例〉四项配套制度的通知》。这四项配套制度有哪些需要注意的监管规定?作为融资担保公司又需要采取何种应对措施呢?

答:《关于印发〈融资担保公司监督管理条例〉四项配套制度的通知》(以下简称《通知》)是继2017年10月1日生效的《融资担保公司监督管理条例》之后再次下发的融资担保行业的监管规定。其中,四项配套制度包括《融资担保业务经营许可证管理办法》(以下简称《业务经营许可证管理办法》)、《融资担保责任余额计量办法》(以下简称《余额计量办法》)、《融资担保公司资产比例管理办法》(以下简称《资产比例管理办法》)和《银行业金融机构与融资担保公司业务合作指引》(以下简称《银担合作指引》)。从效力级别上看,前三项办法属于部门规章,而最后的《银担合作指引》法律规范效力相对更弱,类似于一个窗口指导的角色。四项配套制度的出台,意味着融资担保行业逐渐形成了"4+1"的完善监管体系。根据《通知》的规定,各地可根据《融资担保公司监督管理条例》及四项配套制度出台实施细则,实施细则应当符合《融资担保公司监督管理条例》及四项配套制度的规定和原则,且只严不松。

对于四项配套制度,笔者认为主要有以下亮点内容:

一、业务经营许可证:修改了相关规定

业务经营许可证是指监管部门依法办理的特许融资担保公司经营融资担保业务的法律文件,是融资担保公司业务开展的基础条件。早在2010年,原银监会为促进融资性担保机构依法经营,维护融资性担保市场秩序,便已出台了《融资性担保机构经营许可证管理指引》(银监发〔2010〕77号,以下简称《经营许可证指引》）。而对比《业务经营许可证管理办法》，二者区别如下：

首先，两者的制定基础不同。《经营许可证指引》系根据《融资性担保公司管理暂行办法》的有关规定制定的，而《业务经营许可证管理办法》系根据《融资担保公司监督管理条例》制定的。

其次，《业务经营许可证管理办法》删除了业务经营许可证有效期的规定。《业务经营许可证管理办法》删除了《经营许可证指引》中"融资性担保机构经营许可证有效期限为5年"以及有效期届满需要提出延续申请的规定。根据《经营许可证指引》的规定，融资性担保机构需要在许可证到期前90日向属地监管部门提出换证申请。以广东省为例，申请换证的融资性担保机构需要具备基本的条件和提交材料清单审查，监管部门审查后再出具是否同意换证的意见表。那么，在《业务经营许可证管理办法》出台后，持旧证尚未到期的融资担保公司是否需要换发新证？换发新证时是否需要像以往一样提交材料清单供监管部门审核？《业务经营许可证管理办法》对以上问题并未规定。笔者认为，业务经营许可证新旧证的衔接问题应是融资担保公司关注的重要问题之一，各地监管部门是否会就此作出细则规定，还需继续关注。

再次，《业务经营许可证管理办法》简化程序，分类审批。对于设立、合并、分立或者减少注册资本的事项，办法要求需要先得到监管部门批准后再颁发、换发许可证，而变更名称、营业地址、业务范围或者增加注册资本的事项，则仅需要向监管部门备案即可换发。

最后，《业务经营许可证管理办法》提出参照执行的规定。政府设立的融资担保基金、信用保证基金等申领融资担保业务经营许可证，可参照该办法执行。

二、担保责任余额计量：放大倍数与集中度考核

融资担保公司的责任余额计量在《融资担保公司监督管理条例》第14条中被概括地表示为应当按照国家规定的风险权重，计量担保责任余额，但并无细化规定。而本次出台的《余额计量办法》，正是为规范融资担保公司经营活动，防范融资担保业务风险，准确计量融资担保责任余额而制定的。《余额计量办法》开创性地对不同的融资担保业务类型赋予相应的风险权重用以计算担保责任余额，并提出放大倍数和单户集中度两项考核指标，体现了国家金融监管去杠杆、防风险，以及支持扶持小微企业和"三农"经济的政策导向。

(一)业务分类

根据《余额计量办法》的规定,融资担保业务分为借款类担保业务、发行债券担保业务和其他融资担保业务。新的分类标准将以往的融资担保业务范围进行了科学的延伸,如增加了目前热门的互联网借贷、融资租赁、商业保理等借款类担保业务,以及将资本市场中基金产品、信托产品、资产管理计划、资产支持证券等业务的担保归类为其他融资担保。

按照《通知》的规定,对于《融资担保公司监督管理条例》施行前发生的保本基金担保业务,其存量业务可不计入融资担保责任余额,但应向监督管理部门单独列示报告。

(二)风险权重与担保责任余额计量

根据《余额计量办法》第3条的规定,融资担保责任余额,是指各项融资担保业务在保余额,按照本办法规定的对应权重加权之和。即担保责任余额=Σ不同业务×相应的风险权重。

而对于风险权重,《余额计量办法》设定了三种标准,具体见图9-1。

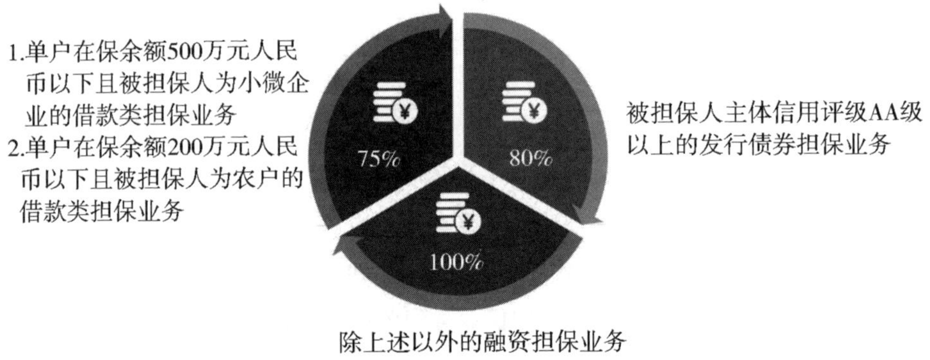

图9-1 风险权重的三种标准

因此,对于每类业务的担保责任余额计算为业务的在保余额乘以相应的权重,例如,借款类担保责任余额=单户在保余额500万元人民币以下的小微企业借款类担保在保余额×75%+单户在保余额200万元人民币以下的农户借款类担保在保余额×75%+其他借款类担保在保余额×100%,而总的融资担保公司的担保责任余额=Σ不同业务在保余额×相应的风险权重。

（三）放大倍数与单户集中度

放大倍数与单户集中度是融资担保公司责任余额的两大管理指标。融资担保的放大倍数，是指担保资金与担保贷款的放大比例。一般来说，担保放大比例越大，担保机构可以承担的担保责任余额就越大；同时，担保放大比例越大，担保机构所要承担的风险也就越大，因此需要制定合适的放大倍数，既不能打击担保公司的业务积极性，同时也要防范担保业务风险。而单户集中度是指担保机构前几家最大客户的担保余额占总担保余额的比例。该指标反映的是担保公司是否遵循风险分散的原则经营担保业务，可用于对担保项目风险的分散程度或风险集中程度进行评价。

《余额计量办法》按照《融资担保公司监督管理条例》的规定，对于放大倍数制定了不超过10倍的要求，但对于小微企业和"三农"可以提升至15倍。在单户集中度方面，同一被担保人的融资担保责任余额不超过净资产的10%，见图9－2。

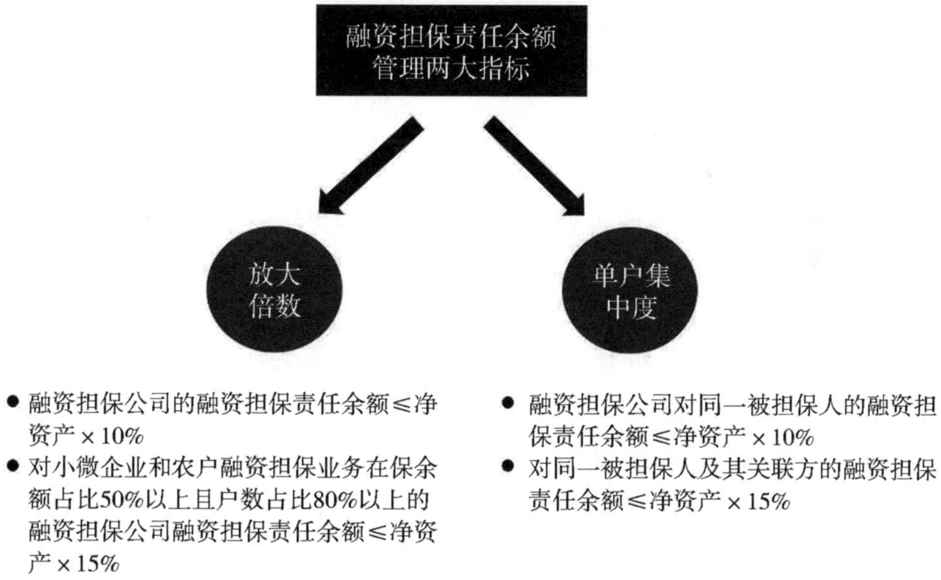

图9－2　融资担保责任余额管理两大指标

需要注意的是，单户发行债券的集中度规定较以往《融资性担保公司管理暂行办法》有所改变。《融资性担保公司管理暂行办法》第27条要求，对单个被担保人债券发行提供的担保责任余额不得超过净资产的30%，而《余额计量办法》将单户担保责任余额要求统一为不得超过其净资产的10%，同时还给予主体信用评级AA级以上的债权发行一定程度的放松标准，即对被担保人主体信用评级AA

级以上的发行债券担保,计算前款规定的集中度时,责任余额按在保余额的60%计算。结合前述风险权重的规定,则主体信用评级AA级以上的债权发行在计算集中度时,其单户担保责任余额=在保余额×60%×80%。

此外,《余额计量办法》第18条规定,在计算融资担保放大倍数和集中度时,应当在净资产中扣除对其他融资担保公司和再担保公司的股权投资。此举也是为了避免融资担保公司利用对同业的股权投资以虚增净资产,击穿放大倍数和单户集中度的监管来进行监管套利。

(四)按比例分担风险的融资担保业务

《余额计量办法》第17条规定,对于按比例分担风险的融资担保业务,融资担保责任余额按融资担保公司实际承担的比例计算。这里所说的"按比例分担风险的融资担保业务",主要是指再担保、分保、风险分摊等业务模式,在与同业机构、再担保机构、银行机构、地方政府、事业单位等具有风险分担能力的机构合作进行风险分摊的情况下,按照担保机构实际需要承担的比例计算其担保发生额,再根据对应的权重计算责任余额。

(五)办法适用及整改

在办法适用方面,《余额计量办法》对发行债券的单户集中度考核采用新老划断的方法,即以《融资担保公司监督管理条例》生效日为界限,2017年10月1日前发生的发行债券担保业务,集中度指标继续执行原有监管制度有关规定(不超过净资产的30%);2017年10月1日后发生的发行债券担保业务,单户集中度指标按照本办法的规定执行。

而在整改方面,《余额计量办法》要求办法施行前设立的融资担保公司,不符合办法规定条件的,应当在监督管理部门规定的期限内达到规定的条件;逾期仍不符合规定条件的,由监督管理部门按照《融资担保公司监督管理条例》的规定实施处罚。

综上所述,融资担保公司在整改时需要注意:一方面,新的规定将融资担保业务范围扩大,互联网借贷、融资租赁、商业保理等非银行融资担保业务也纳入责任余额的计量口径,可能造成部分公司放大倍数的压力增大,业务也可能面临重新规划和部署;另一方面,对于办法要求的两大指标,担保公司应当准确计量并积极接受监管,以免超过了整改期限而遭受被处罚的风险。

三、资产比例管理方法:分级管理、专注主业

根据《融资担保公司监督管理条例》第22条的规定,融资担保公司自有资金的运用,应当符合国家有关融资担保公司资产安全性、流动性的规定。而《资产比例管理办法》是对上述规定的细化,是监管部门为引导融资担保公司专注主业、审慎经营,确保融资担保公司保持充足代偿能力,优先保障资产流动性和安全性而制定的一项配套制度。

长期以来,担保公司的收益来源除担保费外,还有相当多的部分系来自资产配置收益,即担保公司自有资金的投资收入。担保公司将自有资金进行投资是一把"双刃剑",有利之处在于可以获得投资收益,而弊端则在于,不合理的投资会降低资产的流动性,从而加大担保公司的代偿风险。因此,《资产比例管理办法》通过将融资担保公司的资产进行分类,并设置不同的管理标准,以期达到安全性、流动性与收益性之间的平衡。

(一)资产分类

根据《资产比例管理办法》第二章,融资担保公司主要资产按照形态分为Ⅰ级、Ⅱ级、Ⅲ级,见表9-1。

表9-1　融资担保公司资产分类

Ⅰ级资产	Ⅱ级资产	Ⅲ级资产
·现金 ·银行存款 ·存出保证金 ·货币市场基金 ·国债、金融债券 ·可随时赎回或3个月内到期的商业银行理财产品 ·债券信用评级AAA级的债券 ·其他货币资金	·商业银行理财产品(不含《资产比例管理办法》第5条第6项) ·债券信用评级AA级、AA+级的债券 ·对其他融资担保公司或再担保公司的股权投资 ·对在保客户股权投资20%部分(包括但不限于优先股和普通股) ·对在保客户且合同期限6个月以内的委托贷款40%部分 ·不超过净资产30%的自用型房产	·对在保客户股权投资80%部分以及其他股权类资产(包括但不限于优先股和普通股) ·债券信用评级AA-级以下或无债券信用评级的债券 ·投资购买的信托产品、资产管理计划、基金产品、资产支持证券等 ·对在保客户且合同期限6个月以内的委托贷款60%部分,以及其他委托贷款 ·非自用型房产 ·自用型房产超出净资产30%的部分 ·其他应收款

注:按安全性和流动性从高到低的顺序排列。

(二)资产比例管理

首先,根据《资产比例管理办法》的规定,资产比例应当根据融资担保公司非合并财务报表计算。这也是为了避免融资担保公司利用设立、控股具有特殊管理意图的子公司,或者通过调整合并范围等手段来操纵监管指标。

其次,在计算基数上,资产总额应当扣除应收代偿款,并且受托管理的政府性或财政专项资金在计算该办法规定的Ⅰ级资产、Ⅱ级资产、Ⅲ级资产、资产总额以及资产比例时应予扣除。

最后,《资产比例管理办法》为融资担保公司的资产比例设定以下四项控制标准:

(1)(融资担保公司净资产+未到期责任准备金+担保赔偿准备金)≥资产总额×60%;

(2)Ⅰ级资产+Ⅱ级资产≥(资产总额-应收代偿款)×70%;

(3)Ⅰ级资产≥(资产总额-应收代偿款)×20%;

(4)Ⅲ级资产≤(资产总额-应收代偿款)×30%。

需要注意的是,对于未到期责任准备金和担保赔偿准备金应如何提取,《融资担保公司监督管理条例》只概括地规定为"融资担保公司应当按照国家有关规定提取相应的准备金",而《融资性担保公司管理暂行办法》第31条则有更为详细的规定。笔者认为,基于目前《融资性担保公司管理暂行办法》仍为有效的法律规定,而《融资担保公司监督管理条例》或配套制度均无对其的新规定,因此两项准备金的提取应继续适用《融资性担保公司管理暂行办法》的有关规定进行。

(三)过渡期安排

《资产比例管理办法》给予了融资担保公司的整改一个过渡期的安排,即在该办法施行前,融资担保公司自有资金投资比例符合原有监管要求,但未达到该办法要求的,监督管理部门可根据实际给予不同时限的过渡期安排,达标时限不应晚于2019年年末。同样地,对于逾期未完成整改的公司也将有可能面临受到《融资担保公司监督管理条例》的规定处罚。

四、"银担合作":业务合作和操作规范化

"银担合作",即银行业金融机构与融资担保公司业务合作,其由来已久,但近年来,随着经济下行、商业银行坏账增多,国内融资担保公司经营遭遇困难。一方面，商业银行对担保公司偿付能力产生怀疑；另一方面，面对商业银行的强势，低收益使担保公司对银行贷款业务合作意愿不断降低，从而导致银担合作内生动力不足，难以更好地服务小微企业和“三农”发展。《银担合作指引》在此基础上出台，旨在规范银行业金融机构与融资担保公司业务合作行为，维护双方合法权益，促进银担合作健康发展。

从《银担合作指引》的性质来说，相对于其他三个配套办法而言，其规范效力更弱，类似于一个窗口指导的角色。通读该指引，笔者认为该指引基本切合实际，应属在充分调研并总结银担合作经验的基础上制定出来的，规范性文件的位阶把握也恰到好处，充分反映出监管立法的重大进步。该指引主要内容有以下三点：

第一，为规范“银担合作”，规定“银担合作”应当遵循的基本原则、合作前提及合作协议内容等事项，首次在规范性文件中明确双方可约定风险分担比例和代偿宽限期等有利于担保公司的合作条件。

第二，继续向小微企业和“三农”实施政策倾斜，主要是银行在业务风险可控基础上，提高对小微企业和“三农”融资担保贷款的风险容忍度，以及“银担合作”双方应当采取措施切实降低小微企业和“三农”融资成本。

第三，对银担合作的具体业务操作进行规范，主要包括项目调查和评审、合同签订、反担保措施办理、贷后管理、代偿及追偿等方面。

那么，对于融资担保公司来说，在新规到来之际，应采取何种应对措施呢？笔者认为：

首先，应拥抱监管，始终以政策为导向。随着各类金融监管政策的出台、各金融行业现场检查的开展，种种迹象表明了 2018 年以后，强监管、防风险导向仍在持续，因此，作为金融行业中的一员，融资担保公司应积极地拥抱监管。就目前而言，最重要的工作即根据四项配套制度的要求实施业务整改，同时要密切关注行业动态，与有关监管部门保持紧密联系。

其次，应加强风控，完善内控体系。金融的核心是风控，对于融资担保行业更是如此。至于如何加强风控？简言之，是“人财”的投入，即一方面，融资担保公司应重视对风控团队的组建以及人才的培养和发展；另一方面，融资担保公司应重视财力的投入。随着互联网时代不断深入发展，风控已不再是像过去那样单纯依靠人员把关的环节了。善于利用互联网、大数据等科学技术，重视对技术设备的投入,不仅可以显著提高风控水平,还可以降低人力成本。

最后,要重视产品研发,抓住新的机遇。四项配套制度表明了目前政策对小微企业、“三农”经济的倾斜支持,同时随着融资担保业务范围的扩大和延伸,融资担保行业迎来了新的发展机遇。

总之,新规给融资担保行业不仅带来了监管要求,也带来了发展机遇。但无论如何发展,金融的任何创新都应该在依法合规的框架内进行;只有如此,才能保持其持续稳健的发展。

第10问 《融资担保公司资产比例管理办法》对担保公司开展委贷业务有何影响?

问:《融资担保公司资产比例管理办法》出台后,担保机构是否还能开展不符合新办法规定的委贷业务呢?

答: 根据《融资担保公司资产比例管理办法》(以下简称《办法》)第6条、第7条的规定,在保客户且合同期限6个月以内的委托贷款的40%属于融资担保公司Ⅱ级资产;在保客户且合同期限6个月以内的委托贷款的60%,以及其他委托贷款则属于公司的Ⅲ级资产。《办法》对融资担保公司各类资产的比例均有新的要求。那么在《办法》出台后,融资担保公司是否还可以继续开展不合规的委贷业务呢?根据《办法》的规定,应做以下理解:第一,《办法》自发布之日起施行,融资担保公司资产比例管理应符合《办法》的要求;第二,在《办法》施行前,融资担保公司自有资金投资比例符合原有监管要求,但未达到《办法》要求的存量业务,监督管理部门可根据实际情况作出不同时限的过渡期安排;第三,最晚的达标时限应在2019年年末。

例如,《办法》规定融资担保公司的Ⅲ级资产不得高于资产总额扣除应收代偿款后的30%,但《融资性担保公司管理暂行办法》并无此项规定,那么如果融资担保公司的Ⅲ级资产高于资产总额扣除应收代偿款后的30%,自《办法》发布之日起,该项占比应逐步降低,而不应提高。

因此,融资担保公司在《办法》施行后应不再从事不符合监管要求的委贷业务;而对于存量违规的业务,应积极联系监管部门,在规定的时限内进行整改。

第 11 问　什么是融资担保基金?

问:自 2018 年 3 月国务院常务会议之后,融资担保基金就在融资担保行业引起了热议。那么,融资担保基金到底是什么?从法律上应如何对其进行定义呢?

答:要清楚地认识融资担保基金,需要从其产生背景和发展进程说起。

一、融资担保基金的产生背景和发展进程

2015 年 7 月 31 日,国务院总理李克强主持召开国务院常务会议。会议强调,鼓励有条件的地方设立政府性担保基金,对银行业金融机构担保贷款发生的风险给予合理补偿;设立国家融资担保基金,推动政府主导的省级再担保机构在 3 年内实现基本全覆盖,与融资担保机构一起,层层分散融资担保业务风险。

2018 年 3 月 28 日,李克强总理主持召开国务院常务会议。会议决定,由中央财政发起、联合有意愿的金融机构共同设立国家融资担保基金,首期募资不低于 600 亿元,采取股权投资、再担保等形式支持各省(区、市)开展融资担保业务。

2018 年 7 月底,国家融资担保基金有限责任公司正式成立,首期注册资本 661 亿元。财政部为该公司第一大股东,持股 45.39%,其余还有 20 家银行、保险等机构入股,持股比例为 0.15% ~4.54%。

2018 年 9 月 26 日,国家融资担保基金有限责任公司正式启动运营,其在北京举行揭牌暨首批合作业务集中签约仪式,分别与安徽省信用担保集团等 8 家省级担保、再担保机构签订了再担保业务合同,与建设银行等 7 家商业银行签订"总对总""银担合作"协议。

二、融资担保基金的法律性质

关于融资担保基金的法律性质,目前存在的问题是:融资担保基金是否属于私募基金的一种(政府出资产业投资基金),是否需要根据《政府出资产业投资基金管理暂行办法》及《私募投资基金管理人登记和基金备案办法(试行)》(以下简称《私募基金登记备案办法》）的规定，于募集完毕后 20 个工作日内在政府出资产业投资基金信用信息登记子系统登记，或在中国证券投资基金业协会（以下简称中基协）备案，即面临双重备案问题。

根据在“国家企业信用信息公示系统”上查询到的结果，国家融资担保基金有限责任公司（以下简称国融担保基金公司）于 2018 年 7 月 26 日设立核准，由财政部、政策性银行、国有银行、商业银行、保险公司、北京金融街资本运营中心等 21 个股东出资设立；其中，财政部出资额为 300 亿元，出资比例 45.39%，为大股东。国融担保基金公司的经营范围为再担保业务、项目投资、投资咨询、监管部门批准的其他业务。经笔者查询，未查到国融担保基金公司在中基协或发改委系统上的相关备案信息。

而通过中基协官网的基金备案公示系统查询“融资担保基金”，仅能查询到山东省设立的山东省财金融资担保股权投资基金合伙企业（有限合伙）、山东省财金齐银融资担保股权投资基金合伙企业（有限合伙），基金管理人均为山东省财金融资担保基金管理有限公司。

笔者认为，依照国融担保基金公司的设立及运营模式，不宜将国家融资担保基金视为私募基金的一种，主要原因在于：

（1）从经营目的来看，根据《私募基金登记备案办法》的规定，私募投资基金，系指以非公开方式向合格投资者募集资金设立的投资基金，包括资产由基金管理人或者普通合伙人管理的以投资活动为目的设立的公司或者合伙企业。普遍观点认为，私募投资基金的特征在于非公开募集资金、以投资活动为目的、基金管理人专业化管理。但是目前就国家融资担保基金的相关报道来看，国家融资担保基金主要以再担保业务为主，适当开展股权投资业务，支持各省（区、市）开展政府支持的融资担保业务，而并非以投资为主要业务。因此，其在经营目的上不符合私募基金的特征。而且，有关报道多次强调国家融资担保基金的公益性定位，设立基金是国家支持小微企业、“三农”和实体经济发展的又一重大政策措施，也与私募投资基金的投资导向不一致。

（2）从业务范围来看，基于《私募投资基金监督管理暂行办法》关于私募基金管理人防范利益冲突的要求，对于兼营民间借贷、民间融资、配资业务、小额理财、小额借贷、P2P/P2B、众筹、保理、担保、房地产开发、交易平台等业务的申请机构，中基协对从事与私募基金业务相冲突的上述机构将不予登记。因此,如果认为国家融资担保基金属于私募基金,那么基金管理团队同时开展融资担保和股权投资活动则有可能因违反专业化经营原则而不能登记。

(3)从概念来看,基金是指基于某种目的而设立的具有一定数量的资金池,主要包括信托投资基金、公积金、保险基金、退休基金,以及各种基金会的基金。基金的外延范围较大,不仅指证券投资基金,还包括全国社会保障基金、国家自然科学基金等种类。

综上所述,根据《国家融资担保基金设立方案》,可以认为,国家融资担保基金是为了缓解小微企业和"三农"等融资难题而设立的专项资金,它既是国家级融资担保机构,也是面向"小微、'三农'和创新企业"的准公共性质基金。

三、融资担保基金的组织形式

根据《国家融资担保基金负责人就基金运营管理有关问题答记者问》(以下简称《融资担保基金运营答记者问》)中的相关内容,国务院批复的国家融资担保基金设立方案中,基金为有限责任公司,按照政策化导向、市场化方式、专业化管理模式运作,按照公司法和现代企业制度要求搭建公司治理架构。其设立股东会、董事会、专职监事和经营管理层。股东会是基金的最高权力机构,确定公司的发展战略和决策取向;董事会是基金的经营管理决策机构,负责指导基金的运营活动,确定基金的业务方向和风险管理政策,根据公司章程对重大事项作出决策;专职监事负责监督基金经营和运行;经营管理层负责基金运营管理。

而财政部 2017 年 10 月通过座谈会、实地考察等方式对浙江省、安徽省、山东省政府性融资担保体系完成的调研报告显示,三省中目前设立基金的主要有:浙江省台州市通过政府与银行合作,共同出资建立小微企业信用保证基金,政府与银行捐资的比例为 8∶2,初创规模 5 亿元;山东省设立省财金融资担保基金助力政府性融资担保行业发展。基金总规模不低于 40 亿元,其中政府引导基金出资 10 亿元,已到位 5.5 亿元,通过撬动银行资金、社会资本等方式进行效果放大。其中,台州市小微企业信用保证基金为在市事业单位登记管理部门登记注册的非营利性社会组织,实行法人治理、企业化管理、市场化运作。而山东省的财金融资担保基金则以私募基金形态运行(如前所述)。

对于地方政府设立的融资担保基金应采用何种组织形式,笔者建议参照国家融资担保基金，设立有限责任公司。其优势在于：

第一，从组织形式来看，公司的稳定性更强。公司拥有独立的法人财产权，能够以自身名义独立开展商事活动，独立行使权利、履行义务，独立承担法律责任，因此在法律上具有独立法人地位。

第二，从投资对象来看，融资担保基金除采取再担保形式外，还会对有发展潜力的中小微企业和担保机构进行股权投资。如融资担保基金未设立任何实体，在进行股权投资时可能会发生地方财政委直接对担保机构进行投资的情况，而根据《企业国有资产法》的规定，政府如对企业进行投资，须设立国有资产监督管理机构或授权其他部门履行出资人职责，在一定程度上会加大融资担保基金的运作难度。

第三，从风险防控上看，公司股东作为投资者只在其投资限度内对公司承担有限责任，能有效地隔离风险。公司制度在我国的发展时间长，法律环境比较健全，公司制有完整健全的组织结构和规范的运作管理系统，也能有效地降低运作风险。

第四，从未来融资角度来看，设立融资担保基金实体能进一步吸引银行、担保公司等社会资本进入，从而扩大基金体量，促进业务规模发展。

第五，从融资担保业务开展资质方面来看，根据《融资担保公司监督管理条例》的规定，融资担保业务经营许可证的取得主体为融资担保公司，而融资担保公司，是指依法设立、经营融资担保业务的有限责任公司或者股份有限公司，未包括有限合伙企业或其他组织。

第六，从财税角度来看，如融资担保基金既非一般性事业单位，又非融资担保公司，可能无法享受融资担保公司的相关税收政策优惠。

四、融资担保基金的运营管理

关于基金运营管理的问题，《国家融资担保基金负责人就基金运营有关问题答记者问》（以下简称《答记者问》）中提道，“根据国务院批复的国家融资担保基金设立方案，基金为有限责任公司，按照政策化导向、市场化方式、专业化管理模式运作”。

从运营团队的组建上看，基金运营管理由董事会负责，采用精简高效、扁平化管理的组织架构运作。董事会不设专业委员会，直接对公司管理层，除董事长外，其他董事均为兼职;不设监事会,只设专职监事 1 名;公司管理层和内设部门也本着精简高效的原则设置,目前暂设 4 个部门,今后根据发展实际需要再调整,专业团队则通过市场化选聘。

从运营的策略上看,国家融资担保基金公司的初运营即与省级担保、再担保机构签订再担保业务合同,与商业银行签订“总对总”银担合作协议。总的方向还是以缓解小微企业、“三农”等普惠领域“融资难、融资贵”问题为目标开展各项业务。

从风险防控上看,国家融资担保基金主要是通过内部治理与外部监督的方式进行。内部治理是指建立现代企业制度,以完善的公司治理体系运营管理。外部监督则是指各主管部门的监督。

因此,在运营管理上建议各级融资担保基金按照政策化导向、市场化方式、专业化管理模式运作。

五、融资担保基金的业务模式

关于融资担保基金的业务模式问题,《答记者问》提出,“根据国务院批复的国家融资担保基金设立方案,基金主要以再担保业务为主,适当开展股权投资业务,支持各省(区、市)开展政府支持的融资担保业务。再担保业务主要是对符合条件的省级担保再担保机构提供一定比例的风险分担,推动形成‘国家融资担保基金—省级担保再担保机构—辖内融资担保机构’三级机构与银行共同参与的业务联动和风险分担机制,通过降低贷款利率和担保费率,为符合条件的小微企业、‘三农’提供便捷、高效、低成本的贷款。股权投资主要对省级担保再担保机构注入资本金,增强其资本实力和业务拓展能力,支持其向下逐级参股融资担保机构或为体系内的融资担保机构提供担保再担保服务”。通过合作和引导,逐步推动地方政策性担保机构逐步实现突出主业、降低费率、做大规模、控制风险、“银担合作”、形成体系、政策支持的规范发展目标。

鉴于融资担保基金的实质是国家支持小微企业、“三农”和实体经济发展的一项重大政策措施,财政部《关于浙江、安徽、山东融资担保发展情况的调研报告》也指出,目前我国小微企业和“三农”担保体系建设仍是“自下而上”,国家层面缺少顶层设计,未建立国家级担保机构,未对地方政府性担保公司的运作模式、考核机制进行规范和指导。因此,未来各级融资担保基金的发展模式可以参照国家融资担保基金的模式进行，以协助建立一个健康、可持续发展的政策性融资担保体系。同时，该调研报告也提出，由于各地存在差异，部分地区可借助委托经营、股权投资等方式，放大地方担保机构资本金，增加其放大倍数；部分地区可借助担保、再担保等方式，灵活进行业务选择，支持在国家层面具有重大战略意义的重点项目、创新项目，在经营模式、业务开展等方面允许各地根据自身实际情况有所侧重。

第12问　融资担保基金开展股权投资业务存在何种风险?

问: **融资担保基金向融资担保公司进行股权投资,由基金管理人代持股份,这样操作可能存在的风险有哪些?**

答: 融资担保基金开展股权投资业务应依照法律法规的相关规定。国务院新闻办公室2018年3月30日举行的《国家融资担保基金设立方案》政策解读中提到,(国家融资担保基金)主要采取再担保、股权投资方式;主要是与省级的再担保公司开展业务,支持省辖区内的担保机构为符合条件的小微企业提供贷款担保。其中,再担保和股权投资将分别发挥其功能:再担保主要是分散风险作用;股权投资是给担保机构进一步"输血"的作用,提高其风险抵御能力和业务拓展能力。

国务院办公厅2019年2月14日发布的《关于有效发挥政府性融资担保基金作用切实支持小微企业和"三农"发展的指导意见》(国办发〔2019〕6号),第二点"坚持聚焦支小支农融资担保业务"中提道,"各级政府性融资担保、再担保机构要坚守支小支农融资担保主业,主动剥离政府债券发行和政府融资平台融资担保业务,严格控制闲置资金运作规模和风险,不得向非融资担保机构进行股权投资,逐步压缩大中型企业担保业务规模,确保支小支农担保业务占比达到80%以上……(七)发挥再担保功能。国家融资担保基金和省级担保、再担保基金(机构)要积极为符合条件的融资担保业务提供再担保,向符合条件的担保、再担保机构注资,充分发挥增信分险作用。不得为防止资金闲置而降低合作条件标准,不得为追求稳定回报而偏离主业……国家融资担保基金要充分依托现有政府性融资担保机构开展业务,主要通过再担保、股权投资等方式与省、市、县融资担保、再担保机构开展合作,避免层层下设机构。鼓励通过政府注资、兼并重组等方式加快培育省级担保、再担保基金(机构),原则上每个省(自治区、直辖市)培育一家在资本实力、业务规模和风险管控等方面优势突出的龙头机构"。

综合上述文件的规定,融资担保基金的业务主要是"再担保+股权投资";其中，股权投资特指向符合条件的担保、再担保机构注资（股权投资）。合作机构为融资担保机构，且支小支农担保金额占全部担保金额的比例不得低于80%，其中单户担保金额500万元及以下的占比不得低于50%。因此，融资担保基金开展股权投资业务具备相应的法律依据。

但是，向融资担保机构进行股权投资，需要注意以下风险：

（1）投资决策风险。投资决策的风险主要体现在项目定位不准和决策程序的遗漏上。融资担保属于特殊的行业，如果投资方对投资对象及所处行业、行业周期、市场环境不了解，会造成投资决策风险。

（2）企业经营风险。经营风险主要是指被投资的融资担保机构业务经营风险。产生风险的原因可能是项目所处行业的市场环境发生了变化，如经济衰退；可能是经营决策不对，如盲目扩张、过快多元化；也可能是企业管理者的能力不够，或管理团队不稳定等。这些都可能使投资遭受损失。

（3）法律合规风险。法律风险主要体现在合规、合同、公司治理等法律问题上。融资担保基金与融资担保机构之间签订的投资协议是否合法合规、合同条款是否公平合理、安全风范措施是否约定到位、公司治理是否合法等，需要专业人士介入判断。

（4）合同履行风险。在合同履行过程中，融资担保机构要加强投后管理，确保合同得到全面履行，而接受投资的融资担保机构是否完全按照合同履行义务，不仅取决于其是否诚信守约，融资担保机构的投后管理能力也是关键因素。

（5）流动性风险。股权投资完成后，所投资金不能随意撤回，只能通过股权转让或者清算退出，而我国尚无融资担保公司上市融资的先例，通过上市退出更是可能性不大。以上情况不利于资金的流动。

（6）股权代持风险。由于基金管理人代持股份，如果基金管理人负债导致涉诉、被执行或者清算，可能无法对抗善意的债权人，从而导致代持股权被处置而用于清偿基金管理人的债务。

因此，融资担保基金开展股权投资，需要采取如下防范措施：

（1）委托专业机构对融资担保公司的基本情况或债务情况等进行尽职调查。尽职调查又称谨慎性调查，其调查内容一般包括企业经营状况和行业背景的调查、财务与税务调查、法律方面的调查以及企业管理层和规范运作的调查四个方面。尽职调查的队伍一般由律师、会计师及业务部门组成。尽职调查应当遵循客观、全面、及时、独立的原则,以保证调查结果真实、准确、完整。要善于发现信息之间的关联性,以求最大限度地反映事物的本来面目。

尽职调查结果可通过以下途径获得:①直接对目标企业进行调查;②通过公开渠道(网络、报纸、公告等媒体)搜集信息;③现场勘查、向第三人发核证函;④走访登记管理机关;⑤走访目标企业所在地政府或所属相关职能部门;⑥走访目标企业的债权人、债务人、供应商及代理销售商等关联人。详尽准确的尽职调查是股权投资方的客观评价项目,也是做好投资决策的重要前提条件。

(2)精心设计投资协议条款,防范合同法律风险。投资协议一般包括增资扩股(股权转让)的股权比例及对价条款、增资(价款支付)方式和期限条款、未分配利润归属条款、资金用途条款、新股东地位条款、组织结构变动条款、特别条款、声明和保证条款、保密条款、违约责任条款、不可抗力条款、生效条款等。

(3)加强监管,防范投资后的法律风险。设置合理有效的监督体制,监督目标企业的日常经营管理和运作。在注资以后,投资方一方可以派员监督目标企业的日常经营,虽不参与经营策略的制定及实施,但有权对融资担保公司的经营行为进行监控。

(4)根据国家法规政策,适当考虑退出机制,并通过投资协议对其进行明确约定。

(5)通过司法救济请求损害赔偿。万一发生合同违约,投资方可以对方违约为由提起诉讼或者仲裁,请求法院判令或者仲裁裁决违约方赔偿经济损失。

(6)基金管理人对于融资担保基金的资产应当分别记账、单独管理、独立运作,通过建立内控制度实现风险隔离。

第13问　融资租赁公司能否从事融资担保业务？

问：我司是一家融资租赁公司，经营范围包含租赁交易咨询和担保业务，现拟开展供应链金融业务。具体做法是公司为供应商的银行贷款提供担保，供应商将其已取得的应收账款质押给公司作为反担保，公司与供应商、付款义务人签订三方协议，约定公司提供代收代付服务，供应商将应收账款转让给公司，应收账款到期后直接付至公司账户，用于向银行还贷。这样的合作关系是否存在不可控的法律风险？相关风险在何处？

答：第一，关于什么是“租赁交易咨询和担保”，法律上没有明确的界定。笔者个人理解，与租赁相关的担保业务不能脱离租赁本身，是指在租赁业务基础上，开展相关非融资性担保业务或者将担保作为风控措施。《融资担保公司监督管理条例》第6条规定，未经监督管理部门批准，任何单位和个人不得经营融资担保业务，任何单位不得在名称中使用融资担保字样；国家另有规定的除外。根据该条规定，融资租赁公司经营融资担保业务，存在违规的嫌疑。

为了将融资租赁与担保业务关联，贵司可考虑与供应商签订综合融资额度合同，约定贵司授予供应商的融资额度包括融资租赁和担保，但这种做法并不能完全规避合规风险。

第二，应收账款质押和转让是两个不同的概念，对于同一笔应收账款，在落实担保措施方面，质押和转让只能是选择关系。由于质押法律关系明确，登记措施清晰且具有对抗第三人的效力，故相对较为安全。转让作为一种担保措施，类似于让与担保，属于非典型担保，法律上没有明确的公示方式，转让以通知债务人发生法律效力，对抗第三人的效力较弱。根据贵司的方案，建议采取“应收账款质押＋代收代还”的方式落实还款来源。即供应商将应收账款质押给贵司并在中国人民银行征信中心办理质押登记，同时贵司、供应商及付款义务人签订三方协议，约定贵司有权代为收取出质应收账款对应的货款并用于代为向债权人还款，付款义务人承诺向贵司指定账户付款。

第三,上述业务中存在的法律风险除业务合规风险外,还存在应收账款存在瑕疵导致付款义务人提出付款抗辩的风险、付款义务人违约的风险、质押财产被第三方申请法院查封的风险等。建议可以采取以下防范措施:(1)在三方协议中,应要求付款义务人确认应收账款金额无误,付款义务人不享有任何抗辩;(2)与付款义务人签订业务合作协议,要求付款义务人承诺依约付款并提供担保;(3)若已质押给贵司的应收账款被司法查封,贵司可依法提出执行异议。

第14问　如何申请设立小额贷款公司?

问: **我司欲设立一家小额贷款公司,请问设立条件和流程具体包括哪些?**

答: 设立小额贷款公司的法律依据、条件和流程主要包括以下内容:

一、法律依据

1.《公司法》(2018年修订);

2.深圳市人民政府《关于印发深圳市小额贷款公司试点管理暂行办法的通知》(深府〔2011〕135号,以下简称《暂行办法》);

3.原中国银行业监督管理委员会、中国人民银行《关于小额贷款公司试点的指导意见》(银监发〔2008〕23号);

4.中国人民银行、原中国银行业监督管理委员会《关于村镇银行、贷款公司、农村资金互助社、小额贷款公司有关政策的通知》(银发〔2008〕137号);

5.《深圳市小额贷款公司试点审核工作指引(试行)》(深府办〔2009〕15号)。

二、审批机构

深圳市人民政府金融发展服务办公室(以下简称市金融办)。

三、审核条件

审核条件为:第一,小额贷款公司的名称由行政区划、字号、行业、组织形式依次组成;第二,小额贷款公司组织形式为有限责任公司或股份有限公司;第三,除应符合《公司法》规定的基本条件外,还应满足以下6个条件。

1.主发起人和其他出资人符合设立的主体资格。

(1)小额贷款公司的主发起人,除应符合《暂行办法》相关规定外,还应具备以下条件:

①净资产不低于人民币2亿元,资产负债率不高于65%,且原则上实施本项目投资后长期投资额不得超过净资产的60%(合并会计报表口径);

②近3年连续盈利,净利润累计总额不低于人民币6000万元,且累计缴纳税

收总额不低于人民币 1800 万元(合并会计报表口径)。

(2)小额贷款公司的其他出资人除应符合《暂行办法》相关规定外,还应具备以下基本条件:

①企业、社会组织、经济组织等作为其他出资人的,依照出资比例划分为两类:第一类:出资比例超出(含)30% 的,原则上参照主发起人资格条件予以审核;第二类:出资比例低于 30% 的,应具备以下条件:成立满三年,净资产不低于人民币 1 亿元,资产负债率不高于 65% ,原则上实施本项目投资后长期投资额不得超过净资产的 60% ,且近两年连续盈利,净利润累计总额不低于人民币 2000 万元,累计缴纳税收总额不低于人民币 600 万元。

②探索建立小额贷款公司高管人员股权激励机制,允许核心管理人员持股比例总额不超过 5% ,其他社会自然人出资暂予限制。

(3)申请设立小额贷款公司时,主发起人出资比例不得低于注册资本总额的 30% 且相对控股;其他出资企业出资比例不得低于注册资本总额的 5% 。

(4)同一出资人及其关联方投资设立小额贷款公司的数量原则上为 1 家。

2. 有符合规定要求的注册资本。

小额贷款公司组织形式为有限责任公司的,注册资本不得低于人民币 3 亿元;组织形式为股份有限公司的,注册资本不得低于人民币 4 亿元。

3. 有符合任职资格条件的董事、监事和高级管理人员(包括总经理、副总经理及相应级别人员,以下同),以及具备相应专业知识和从业经验的工作人员。

(1)申请小额贷款公司董事、监事和高级管理人员任职资格,拟任人除应符合《公司法》规定的基本条件外,还应具备以下条件:

①拟任高级管理人员应从事金融业相关工作 5 年以上,有大学本科以上(含)学历。

②拟任董事、监事应具备与其履行职责相适应的金融知识,从事经济、金融类相关工作 3 年以上,有大学专科以上(含)学历。

(2)拟任人有以下情形之一的,不得申请担任小额贷款公司董事、监事和高级管理人员:

①有刑事违法犯罪记录或严重不良信用记录的。

②担任破产清算的公司、企业的董事、监事和高级管理人员,对该公司、企业

的破产负有个人责任的，自该公司、企业破产清算完结之日起未逾3年的。

③担任因违法被吊销营业执照、责令关闭的公司、企业的法定代表人和高级管理人员，并负有个人责任的，自该公司、企业被吊销营业执照之日起未逾3年的。

④被国家金融监管部门取消董事、监事或高级管理人员任职资格，或禁止从事金融行业工作而期限未满的。

⑤不符合审慎性原则要求及《公司法》规定不得担任的其他情形。

4. 有健全的公司治理、内部控制、业务操作、风险管理等制度。

5. 有与业务经营相适应的营业场所、安全防范措施和其他设施。

6. 按审慎性原则要求的其他条件。

四、资料清单

1. 设立申请书：内容包括拟设公司的名称、地址、注册资本、股权结构等基本信息，并附各出资人签署的共同出资设立小额贷款公司的协议书。

2. 可行性研究报告：内容包括设立小额贷款公司的可行性和必要性、同业状况及市场前景分析、风险控制能力分析、未来业务发展规划（包括拟设公司开业后的目标客户、资产规模、盈利状况、贷款损失等预测）等。

3. 公司设立方案：内容包括拟设公司章程草案、主要管理制度安排（主要包括公司治理结构、财务管理制度、贷款授信和风险控制制度、资产分类和拨备制度、信息披露制度）等。

4. 主发起人基本情况：内容包括主发起人的名称、注册地址、法定代表人、经过工商年检的营业执照复印件、入股资金来源说明、经审计的近三年财务报告、深圳市企业信用信息中心出具的《企业信用报告》等。

5. 其他出资人基本情况：自然人作为出资人的，须提交自然人股东的姓名、身份证明、居住场所证明、个人收入来源证明及入股资金来源说明、依法设立的征信机构出具的个人信用报告等材料；企业或其他社会组织作为出资人的，须提交出资人名称、地址、代表人（或负责人）姓名、经年审的工商营业执照或相关资格证明、经审计的近一年财务报告、资信证明（深圳本地企业提供深圳市企业信用信息中心出具的《企业信用报告》）等。

6. 出资人承诺书。

7. 任职资格申请:内容包括拟任职董事、监事和高级管理人员的任职资格申请书、身份证明、工作经历或从业资格证明、依法设立的征信机构出具的个人信用报告、学历证明材料及经国家教育行政主管部门授权机构出具的学历认证文件。

8. 律师事务所出具法律意见书:内容包括小额贷款公司出资人及关联情况,是否有重大违法、违规行为等。

9. 依法设立的验资机构出具的验资报告:涉及外国或港澳台地区出资人的,在办妥外商投资行政许可手续并领取工商营业执照后,向市金融办补交。

10. 营业场所使用证明材料。此项材料可于市政府批复意见后向市金融办补交,资料补齐后市金融办再颁发小额贷款业务资格文件。

11. 市公安消防部门出具的消防行政许可法律文书。此项材料可于市政府批复意见后向市金融办补交,资料补齐后市金融办再颁发小额贷款业务资格文件。

12. 市工商局出具的拟设公司《名称预先核准通知书》。

13. 申请材料中涉及境内企业、个人的,需要同时向市金融办出具查询企业、个人信用信息的授权书。申请材料中涉及外国或我国港、澳、台地区出资人的:若为外国投资者,提交材料须经所在国家公证机关公证并经我国驻当地使(领)馆认证;若为我国港、澳地区投资者,提交材料须经内地委托公证人认证,并分别经内地法律服务(香港)有限公司、内地法律服务(澳门)有限公司加盖转递专用章;若为我国台湾地区投资者,提交材料须经当地公证机构公证并经广东省公证员协会核验。

14. 市金融办按照审慎性原则要求的其他材料。

五、审批程序

市金融办对小额贷款公司申请常年受理,每年第二季度、第四季度启动试点审核程序,集中组织资格认定,并在启动程序后45个工作日内作出决定。领取营业执照后30个工作日内,在市金融办指定媒体上进行公告;领取营业执照后2个月内开业;获准开业后5个工作日内报送资料。具体流程如下:受理材料→资格初审→联合评审→批准业务资格→办理开业手续→报送资料,其中办理开业手续包括领取营业执照、公告、开业等。

第15问　反担保合同的主合同究竟是什么合同？

问：我司是一家融资担保公司，近期在办理额度担保抵押登记时，房产登记部门要求提供借款人与银行之间的借款合同，理由是只有银行与借款人之间签订的借款合同才是主合同，而我司给予借款人的担保额度并非仅针对一家银行的一份借款合同，请问该如何处理呢？

答：先看一个案例[(2022)皖03民终998号]。

原告担保公司与Y公司协商，由薛某海等向原告提供最高额抵押反担保、自然人最高额保证反担保等，原告接受Y公司的委托，为其向银行(债权人)提供保证担保，Y公司从工商银行B汇通支行进行借款。

2020年3月，原告与Y公司签订了《委托保证合同》，约定："鉴于Y公司向B市金融机构及其他(金融)机构申请综合授信共计人民币壹佰万元并将为此和债权人签订相应'授信合同'(以下简称主合同)，原告根据Y公司的申请及所附文件材料，同意为Y公司就上述授信向债权人提供保证担保。"

2020年3月，原告与薛某海等分别签订了九份《最高额抵押反担保合同》，约定：薛某海等自愿以其所有的位于明光市等9处房产为Y公司2020年3月24日至2025年3月23日向B市金融机构及其他(金融)机构申请综合授信人民币100万元向原告提供最高额抵押反担保，同时办理了抵押登记。

2020年3月，原告与薛某海等分别签订了五份《自然人最高额保证反担保合同》，约定：被告2至被告9自愿为Y公司2020年3月24日至2025年3月23日、2019年1月1日至2025年12月31日向B市金融机构及其他金融机构申请综合授信人民币100万元借款向原告提供最高额保证反担保。

2020年3月29日，原告为Y公司的借款与债权人工商银行B汇通支行签订了《保证合同》，对保证范围、保证方式、保证期间等作了约定。

对应上述保证合同，Y公司与债权人签订了《小企业借款合同》，金额为100

万元,实际放款 999 395.83 元,期限 6 个月。借期到期后,Y 公司未能按约还款,债权人于 2021 年 9 月 29 日从原告在其处开立的保证金账户中直接扣划 799 516.66 元用于代偿 Y 公司的到期贷款,并于 2021 年 10 月 14 日向原告送达了《代偿通知书》及《保证责任解除通知书》,原告为追索债权支付律师代理费 3 万元。

一审法院认为:案涉《委托保证合同》《保证合同》《自然人最高额保证反担保合同》《最高额抵押反担保合同》等合同均系当事人各方真实意思表示,合法有效,各方当事人均应按合同约定履行义务。依据《委托保证合同》的约定,原告履行保证义务后,有权要求被告 Y 公司偿还代偿的款项及该款利息(合同约定的代偿费用)。关于原告主张的律师费用问题。原告为实现债权支出律师费 3 万元,该项费用依约由被告 Y 公司承担,故对原告要求被告 Y 公司赔偿3 万元律师费损失的诉求,予以支持。

关于原告主张按月利率 2% 计算利息问题,被告抗辩利息过高。因原告代偿日期为 2021 年 9 月 29 日,起诉日期为 2021 年 11 月 24 日,参照最高人民法院《关于审理民间借贷案件适用法律若干问题的规定》(2020 年第二次修正)第 31 条的规定,对于原告主张的利息,仅支持自代偿之日起即 2021 年 9 月 29 日按起诉时 LPR 的 4 倍计算,对超过部分不予支持。

一审法院判决:(1)被告 Y 公司于本判决生效之日起 10 日内偿还原告 B 融资担保集团有限公司 799 516.66 元及利息(以 799 516.66 元为基数,自 2021 年 9 月 29 日起按起诉时全国银行间同业拆借中心公布的一年期贷款市场报价利率的 4 倍计算至款清之日止)。(2)被告 Y 公司于本判决生效之日起 10 日内赔偿原告 B 融资担保集团有限公司律师代理费损失 3 万元。(3)被告薛某海等对上述第(1)、(2)项确定的内容在《自然人最高额保证反担保合同》约定的 100 万元范围内承担连带清偿责任。保证人承担保证责任后,有权向债务人追偿。(4)如被告 Y 公司未按上述第(1)、(2)项确定的期间履行还款义务,原告 B 融资担保集团有限公司有权对被告李某、薛某海提供抵押担保的房产以拍卖或变卖所得价款分别在最高债权额 11 万元、20 万元、10 万元的范围内享有优先受偿权。(5)如被告 Y 公司未按上述第(1)、(2)项确定的期间履行还款义务,原告 B 融资担保集团有限公司有权对被告何某琴、李某付提供抵押担保的的房产以拍卖或变卖所得价款分别在最高债权额 10 万元的范围内享有优先受偿权。(6)如被告 Y 公司未按上述第(1)、(2)项确定的期间履行还款义务,原告B融资担保集团有限公司有权对被告李某满、徐某培提供抵押担保的房产以拍卖或变卖所得价款分别在最高债权额10万元的范围内享有优先受偿权。(7)如被告Y公司未按上述第(1)、(2)项确定的期间履行还款义务,原告B融资担保集团有限公司有权对被告何某白、许某蓉提供抵押担保的房产以拍卖或变卖所得价款在最高债权额10万元的范围内享有优先受偿权。(8)如被告Y公司未按上述第(1)、(2)项确定的期间履行还款义务,原告B融资担保集团有限公司有权对被告李某芬提供抵押担保的房产以拍卖或变卖所得价款在最高债权额10万元的范围内享有优先受偿权。(9)驳回原告B融资担保集团有限公司其他的诉讼请求。

B融资担保集团不服一审判决提起上诉,二审法院经过审理后认为:关于市担保公司上诉主张的利息问题,《委托保证合同》约定了市担保公司在履行担保义务后,有权要求Y公司偿还代偿的款项及按月利率2%计算的该款利息,该约定系当事人的真实意思表示,且不违反法律禁止性规定,应予以支持。市担保公司系由地方金融监管部门监管的融资担保公司,其从事相关金融业务引发的纠纷,不适用新民间借贷司法解释。故一审法院参照新民间借贷司法解释的规定,将市担保公司代偿款的利息计算标准调整为一年期贷款市场报价利率的4倍计算,缺乏依据,应予以纠正。

二审法院判决:(1)维持安徽省B市蚌山区人民法院(2021)皖0303民初5939号民事判决第(2)~(8)项;(2)撤销安徽省B市蚌山区人民法院(2021)皖0303民初5939号民事判决第(9)项;(3)变更安徽省B市蚌山区人民法院(2021)皖0303民初5939号民事判决第(1)项为:被告Y公司于本判决生效之日起10日内偿还原告B融资担保集团有限公司799 516.66元及利息(以799 516.66元为基数,自2021年9月29日起按月利率2%计算至款清之日止)。

上述案件的争议焦点主要在于融资担保公司代偿之后,其有权向债务人追偿的利息标准问题。一审、二审法院的分歧在于是否应当参照最高人民法院《关于审理民间借贷案件适用法律若干问题的规定》(2020年第二次修正)第31条的规定,对于原告主张的利息,仅支持自代偿之日起即2021年9月29日按起诉时贷款基础利率(LPR)的4倍计算。

二审法院认为,融资担保公司系由地方金融监管部门监管的融资担保公司,其从事相关金融业务引发的纠纷,不适用新民间借贷司法解释。

2020年12月29日,最高人民法院收到广东省高级人民法院《关于新民间借贷司法解释适用范围问题的请示》之后正式批复,由地方金融监管部门监管的小额贷款公司、融资担保公司、区域性股权市场、典当行、融资租赁公司、商业保理公司、地方资产管理公司等7类地方金融组织,属于经金融监管部门批准设立的金融机构,其因从事相关金融业务引发的纠纷,不适用新民间借贷司法解释。该批复自2021年1月1日起施行。

《自然人最高额保证反担保合同》《最高额抵押反担保合同》的主合同是哪个合同?

融资担保公司到房产登记部门办理抵押反担保登记时,登记机关通常要求必须提供银行的借款合同或者授信合作作为"主合同",否则就不给办理抵押反担保登记手续。这其实是房产登记部门的思维惯性问题,也是担保公司面临的一个老大难问题。反担保合同的主合同究竟是银行与借款人签订的借款合同,还是借款人与担保公司签订的委托担保合同?

为探讨这个问题,要回到反担保本身。反担保,又称求偿担保,是指债务人或第三人为确保担保人承担担保责任后实现对主债务人的求偿权而设定的担保。《民法典》第387条规定,债权人在借贷、买卖等民事活动中,为保障实现其债权,需要担保的,可以依照本法和其他法律的规定设立担保物权。第三人为债务人向债权人提供担保的,可以要求债务人提供反担保。反担保适用该法和其他法律的规定。第689条规定,保证人可以要求债务人提供反担保。显而易见,在反担保合同中,债权人是担保公司而非银行,所担保的债权是担保公司承担担保责任后实现对主债务人的求偿权,而非银行对债务人享有的借款债权。担保公司一旦代偿,银行与债务人签订的借款债权就因第三方代为清偿而消灭,取而代之的是担保公司对债务人享有的求偿权,《民法典》新增了债权人对债务人的代位权。

因此,反担保合同的主合同是债务人与担保公司之间的委托保证合同,而非债务人与银行之间的借款合同。至于房产登记机构非要提供银行借款合同的问题,这是保守惯性思维的产物,也是执法中的教条主义。

对待房产登记中心的不合理要求,一方面要据理力争,争取说服登记机构的工作人员转变观念,正确适用法律。另一方面,在外部环境难以改变的情况下,可以与债务人、抵押人签订补充协议，明确约定抵押担保合同的主合同，办理抵押登记时向房产登记机构提交的借款合同只是银行债权合同的一部分，对抵押权的效力和行使没有任何影响，债务人、抵押人不得以此提出任何抗辩。

在上述案例中，一审法院查明的事实中虽然将Y公司和债权人签订的"授信合同"简称主合同，但实际上该主合同对应的担保合同是担保公司为Y公司的借款与债权人工商银行B汇通支行签订的《保证合同》，而非《自然人最高额保证反担保合同》《最高额抵押反担保合同》。因为在一审法院认为部分，仅列举了《委托保证合同》《保证合同》《自然人最高额保证反担保合同》《最高额抵押反担保合同》，并没有列举授信合同。二审法院对一审法院认定的事实基本予以确认。故可以认为，一审、二审法院皆未认定Y公司与工商银行之间的授信合同为反担保合同的主合同。

第16问 小贷公司异地贷款是否合规?

问:我司为小额贷款公司,注册地在深圳,现在我司想要在住所地以外的省市开展贷款业务,请问是否存在合规风险呢?

答:小额贷款公司能否在住所地以外开展贷款业务,需要注意,所谓的外地开展贷款业务,通常存在三种情形:第一种是指小额贷款公司外派公司员工到异地客户所在地,直接以公司名义与客户签订借款协议;第二种是小额贷款公司在住所地以外的地方设立专门的办公场所,尚未领取营业执照,以公司的名义开展贷款业务;第三种是小额贷款公司在住所地以外的地方设立专门的办公场所,尚未领取营业执照,以分公司的名义开展贷款业务。那么,在此三类情形中,小额贷款公司是否都存在合规风险呢?笔者将就该问题作出如下分析。

一、外派公司员工到异地客户所在处,直接以公司名义与客户签订借款协议

此种情形又称为不设点的异地经营。根据原银监会与中国人民银行发布的《关于小额贷款公司试点的指导意见》(以下简称《指导意见》)中第二大点,申请设立小额贷款公司,应向省级政府主管部门提出正式申请,经批准后,到当地工商行政管理部门申请办理注册登记手续并领取营业执照。但《指导意见》并未对小额贷款公司的营业地域作出规定。目前,小额贷款公司的试点工作由各地金融办负责。以往我们在查看一些小额贷款公司的工商登记信息时,往往发现其经营范围有地域限制,如有的小额贷款公司的经营范围显示"在××市行政辖区内专营小额贷款业务",而有的经营范围显示"在全国范围内开展办理各项小额贷款、小企业发展、管理、财务等咨询业务"。但据笔者从有关单位处了解的情况看,如今发放的营业执照中已经不存在经营地域范围方面的字眼了。那么,是否可以认为小额贷款公司可以直接外派员工到异地开展贷款业务呢?笔者认为可从以下两个方面分析:

一是根据《指导意见》的规定,"本指导意见未尽事宜,按照《中华人民共和国公司法》《中华人民共和国合同法》等法律法规执行”（目前,《合同法》已被废止,取而代之的是《民法典》）。如前所述,《指导意见》并未对小额贷款公司的外地贷款业务作出规定。故对该种业务的合规性分析,可依据《公司法》《市场主体登记管理条例》《民法典》等有关规定。《公司法》第 14 条规定:“公司设立分公司的,应当向公司登记机关申请登记,领取营业执照。”该条款仅规定在住所外以分公司的形式从事经营活动的,需要领取营业执照,但并未强制要求异地经营必须以分公司的形式进行。因此,在缺乏相关规定的情况下,小额贷款公司只要按照工商行政管理部门核准的登记信息,即在经营范围内开展业务即可。而如果在营业执照和工商登记信息中均未对地域范围作出限制,可以认为不设点的异地经营也是合规的。并且从《民法典》的角度来说,不设点的异地经营只是将合同签订地转移到客户所在地,而具体合同履行仍然是在小额贷款公司的住所地完成的,因此不存在被法律所禁止的事项。

二是根据《行政许可法》第 41 条的规定,法律、行政法规设定的行政许可,其适用范围没有地域限制的,申请人取得的行政许可在全国范围内有效,国务院原法制办《对〈关于提请解释《中华人民共和国行政许可法》有关适用问题的函〉的复函》（国法函〔2004〕293 号）也规定,“法律、行政法规规定的取得有关行政许可的条件、标准应当是全国统一的。只要申请人取得的行政许可的适用范围依法没有地域限制,被许可人在一个地方取得了行政许可,就可以在全国范围内从事被许可的活动,无须在其他地方再次申请同一行政许可或者目的相同的行政许可。例如,一个建筑企业在某地依法登记、取得营业执照后,就可以在全国范围内参加投标、承揽建设工程,无须在其他地方再次申请登记、办理营业执照。如果为了方便生产经营活动,在某地依法设立的企业拟在其他地方设立分支机构或者投资设立独立核算的法人,则应当按照有关法律、行政法规等的规定申请办理登记、领取营业执照”。

由此可见,对于已取得营业执照的小额贷款公司,若经营范围没有地域限制,可以到异地开展贷款业务,但如果以设立分支机构等经营机构的名义开展的,则应当另办营业执照。

二、设立了办公场所,但未取得营业执照,而在异地开展贷款业务

此种情况是指一些小额贷款公司在登记地外设立办公场所,并派专人负责,以公司的名义开展贷款业务,但实际上没取得营业执照。

根据前述国法函〔2004〕293 号文的规定,“在某地依法设立的企业拟在其他地方设立分支机构或者投资设立独立核算的法人,则应当按照有关法律、行政法规等的规定申请办理登记、领取营业执照”。在本情形中,如小额贷款公司在异地开立办公场所并且实际开展了经营活动,则属于小额贷款公司在异地开设分支机构的行为,按照规定应该办理登记并领取分支机构营业执照。若在没有取得营业执照的情况下在设立的经营机构开展经营活动则已经构成了无照经营。

但如果小额贷款公司在异地设立的并非经营场所而只是办事处,是否也应该取得分公司营业执照呢?笔者认为,不能简单地仅从“办事处”的字面意思理解,应探究小额贷款公司设立该场所的具体用途。即便小额贷款公司声称其在异地开设的为办事处,但如果公司在办事处中实际开展了经营活动,如实施了与借款人洽谈、签约等行为,则应该认为该场所实际已从事了经营行为,可以认定为属于小额贷款公司在异地开设分支机构的行为,应办理登记并领取营业执照。

三、未设立分公司,而冒用分公司的名义在异地开展贷款业务

此种情形是指小额贷款公司在异地开立设立了固定的经营机构,但在还没有拿到营业执照时便以分公司的名义,在设立的经营机构开展经营活动。在这种情况下,小额贷款公司面临什么法律风险呢?

根据《公司法》第 211 条的规定,“未依法登记为有限责任公司或者股份有限公司的分公司,而冒用有限责任公司或者股份有限公司的分公司名义的,由公司登记机关责令改正或者予以取缔,可以并处十万元以下的罚款”。因此,在尚未依法设立分公司的情况下,以分公司的名义开展贷款业务,可构成该条所说的“冒用分公司名义”的行为,相关行为将可能受到公司登记机关责令改正或者被取缔的处罚,并处 10 万元以下的罚款。

第17问 小贷公司可以从事票据贴现业务吗?

问: 小贷公司可以从事票据贴现业务吗?

答: 根据中国人民银行印发的《商业汇票承兑、贴现与再贴现管理办法》第14条的规定,商业汇票的贴现人应为在中国境内依法设立的、具有贷款业务资质的法人及其分支机构。从上述规定可以看出,从事票据贴现业务的机构须符合两个前提:一是依法设立;二是具有贷款业务资质的法人及其分支机构。国务院发布的《防范和处置非法集资条例》第39条第1款也规定,未经依法许可或者违反国家金融管理规定,擅自从事发放贷款、支付结算、票据贴现等金融业务活动的,由国务院金融管理部门或者地方金融管理部门按照监督管理职责分工进行处置。

在地方规定层面,根据《深圳市小额贷款公司试点管理暂行办法》(以下简称《暂行办法》)的规定,小额贷款公司开业后,需要专营小额贷款业务,不得开展未经批准的其他业务。根据《暂行办法》第43条第4项的规定,小额贷款公司从事违法违规活动的,由相关部门依法进行查处,并视情节轻重依法责令整顿或取消业务资格、依法吊销营业执照;涉嫌犯罪的,依法移送司法机关处理。

但通过检索发现,中山市人民政府金融工作局曾在2014年发布过《中山市小额贷款公司增加票据贴现业务范围试行管理办法》,按照该办法的规定,小额贷款公司可以申请增加票据贴现业务范围,须经市金融局批准。

根据《全国法院民商事审判工作会议纪要》第101条的规定,票据贴现属于国家特许经营业务,合法持票人向不具有法定贴现资质的当事人进行"贴现"的,该行为应当认定无效,贴现款和票据应当相互返还。当事人不能返还票据的,原合法持票人可以拒绝返还贴现款。人民法院在民商事案件审理过程中,发现不具有法定资质的当事人以"贴现"为业的,因该行为涉嫌犯罪,应当将有关材料移送公安机关。

综上所述,笔者认为,小贷公司能否开展票据贴现业务,关键在于是否取得人民银行的批准。

另外,根据法律法规的相关规定,小贷公司在从事贷款业务中可以通过票据质押的方式保障自己的债权。在票据质押项目中,质权人既可以根据《民法典》第436条的规定"与出质人协议以质押财产折价,也可以就拍卖、变卖质押财产所得的价款优先受偿",也可以根据《票据法》第35条第2款的规定"行使汇票权利"。

简言之,小贷公司开展业务应在合法合规的框架下进行,避免因违规而遭受不必要的损失。

第 18 问　小贷公司的利率上限如何确定?

问: 小贷公司的利率上限是多少? 如何确定?

答: 目前,国家层面关于小贷公司的规范性文件,主要是原中国银行业监督管理委员会、中国人民银行 2008 年 5 月 4 日发布的《关于小额贷款公司试点的指导意见》(银监发〔2008〕23 号)。其中,关于小额贷款利率的规定如下:“小额贷款公司按照市场化原则进行经营,贷款利率上限放开,但不得超过司法部门规定的上限,下限为人民银行公布的贷款基准利率的 0.9 倍,具体浮动幅度按照市场原则自主确定。有关贷款期限和贷款偿还条款等合同内容,均由借贷双方在公平自愿的原则下依法协商确定。”

这里的司法部门规定的上限是多少呢?

各省地方金融监管细则基本上都是“抄作业”,没有具体明确。

例如,根据《河南省小额贷款公司试点管理暂行办法》第 25 条的规定,小额贷款公司按照市场化原则进行经营,贷款利率上限放开,但不得超过司法部门规定的上限,具体浮动幅度按照市场原则自主确定。有关贷款期限和贷款偿还条款等合同内容,均由借贷双方在公平自愿的原则下依法协商确定。

《深圳市小额贷款公司试点管理暂行办法》第 31 条规定,小额贷款公司按照市场化原则进行经营,贷款利率上限放开,但不得超过国家政策和相关法规规定的上限,下限为中国人民银行公布的贷款基准利率的 0.9 倍,具体浮动幅度按照市场原则自主确定。有关贷款期限和贷款偿还条款等合同内容,均由借贷双方在公平自愿的原则下依法协商确定。

过去,有不少观点认为,《关于小额贷款公司试点的指导意见》所提“上限”实际就是民间借贷的利率上限。实践中,很多小贷公司也是参照这个利率上限标准。

关于小贷公司的逾期利率标准,鲜有文件规定。重庆市高级人民法院印发的

《关于审理涉及小额贷款公司、担保公司、典当行商事案件若干问题的解答》明确,小额贷款公司发放贷款的利率超过中国人民银行公布的同期贷款基准利率 4 倍,或者借款合同约定的逾期利息、违约金之和超过按照合同期内利率上浮 50% 计算出的部分,或者借款人未按合同约定用途使用借款的罚息、违约金之和超过按照借款合同载明的贷款利率 100% 计算出的部分,小额贷款公司对超过部分请求给付的,人民法院不予保护;借款合同履行完毕后,借款人以合同无效为由请求返还超出部分的,人民法院不予支持;借款合同尚未履行完毕,借款人主张以超出部分冲抵借款本息的,人民法院应予支持。

除了前述地方规范性文件,还需关注目前最新的司法解释。

2020 年 12 月 29 日,最高人民法院针对广东省高级人民法院的请示作出《关于新民间借贷司法解释适用范围问题的批复》(法释〔2020〕27 号)。该批复第 1 条明确规定:"关于适用范围问题。经征求金融监管部门意见,由地方金融监管部门监管的小额贷款公司、融资担保公司、区域性股权市场、典当行、融资租赁公司、商业保理公司、地方资产管理公司等七类地方金融组织,属于经金融监管部门批准设立的金融机构,其因从事相关金融业务引发的纠纷,不适用新民间借贷司法解释。"第 3 条规定:"本批复自 2021 年 1 月 1 日起施行。"该批复采用"法释"编号,属于司法解释。根据该批复,小额贷款公司贷款利率的司法保护上限不属于民间借贷相关司法解释调整范围。

此外,2017 年 8 月 4 日,最高人民法院《印发〈关于进一步加强金融审判工作的若干意见〉的通知》,明确要求严格依法规制高利贷,有效降低实体经济的融资成本。金融借款合同的借款人以贷款人同时主张的利息、复利、罚息、违约金和其他费用过高,显著背离实际损失为由,请求对总计超过年利率 24% 的部分予以调减的,应予支持,以有效降低实体经济的融资成本。规范和引导民间融资秩序,依法否定民间借贷纠纷案件中预扣本金或者利息、变相高息等规避民间借贷利率司法保护上限的合同条款效力。

由上述内容可知,小额贷款的利率并非上不封顶,若小贷公司贷款约定的年利率超过 24%,借款人可以请求法院对超过 24% 的部分进行调减,法院一般会判决支持将借款利息、复利、罚息、违约金等一并下调至 24% 以内。

此外,贵司也可以参考以下相关案例。

在H小额贷款公司与刘某借款合同纠纷案［（2021）湘1123民初574号］中，法院认为：关于利息约定，根据最高人民法院《关于新民间借贷司法解释适用范围问题的批复》之规定，H小贷公司作为地方金融监管部门监管的小额贷款公司，其利率标准不适用新民间借贷司法解释。因此，关于H小贷公司与刘某明签订的借款合同，对利息约定从其合同约定，计息标准可按照中国人民银行关于利息计算标准的规定予以计算，本案中双方约定利率月息1.65%（年利率19.8%），不违反法律、法规的强制性规定，法院予以保护。

关于逾期利息，按每日0.9‰计算，换算成年利率为32.4%，超过该借款合同约定的借期利率（年利率19.8%）基础上加收50%的标准［19.8×（100%+50%）=29.7%］，法院核准以年利率29.7%予以计算。

在深圳市中级人民法院于2022年2月22日作出的陈某、戴某等小额借款合同纠纷、民间借贷纠纷民事二审民事判决书［（2021）粤03民终35591号］中，深圳市盐田区人民法院（一审法院）判决支持的利率为月利率2%，陈某等不服该一审判决提起上诉，请求撤销一审判决第一项，改判按照年利率15.4%计算借款利息。

深圳市中级人民法院认为：该案二审争议焦点为涉案借款计息标准应如何认定。三上诉人主张应适用最高人民法院《关于审理民间借贷案件适用法律若干问题的规定》（法释〔2020〕6号）认定涉案借款计息标准。对此，法院认为，根据最高人民法院《关于审理民间借贷案件适用法律若干问题的规定》第1条第2款之规定："经金融监管部门批准设立的从事贷款业务的金融机构及其分支机构，因发放贷款等相关金融业务引发的纠纷，不适用本规定。"

深圳市人民政府金融发展服务办公室《关于批准深圳市首信小额贷款有限公司业务资格的函》（深府金小〔2014〕88号）批准深圳市首信小额贷款有限公司的小额贷款业务资格。

由此可知，该案被上诉人为经金融监管部门批准设立的从事贷款业务的金融机构，根据上述规定，不适用最高人民法院《关于审理民间借贷案件适用法律若干问题的规定》，三上诉人的主张不能成立，二审法院不予支持。涉案借款合同合法有效，三上诉人及被上诉人均应遵照履行。现三上诉人未能依约偿还借款，被上诉人诉请三上诉人按照月利率2%支付逾期还款利息的理由成立，二审法院予以支持。一审处理正确,二审法院予以维持。

综上所述,小贷公司的正常借款期限内的利率上限建议控制在年利率 24% 以内,逾期利率建议控制在借款合同约定的借期利率基础上加收 50% 以内。

第 19 问　售后回租业务如何完成设备交付和防范风险？

问： 请问售后回租业务如何完成设备交付和防范风险？

答： 售后租回是一种集销售和融资为一体的特殊形式，是企业筹集资金的新型方法，一般指企业将现有的资产出售给其他企业后，又随即租回的融资方式，它是企业常用的融资方式之一。通常，在售后租回交易中承租方与出租方都具有双重身份，进行双重交易。其一，资产销售方同时又是承租方，企业一方面通过销售业务实现资产销售，取得销售收入，另一方面又作为承租方从对方处租入资产用于生产过程，从而实现资产价值和交换价值，具有经济业务的双重身份。其二，资产购买者同时又是出租方，企业通过购买对方单位的资产取得资产所有权，同时又作为出租方转移资产使用权，取得资产使用权转让收入。

对此，贵司需要注意以下三个方面。

第一，动产物权转让可自该约定生效时发生效力。

《民法典》第 228 条规定，动产物权转让时，双方又约定由出让人继续占有该动产的，物权自该约定生效时发生效力。实践中，一般在《融资租赁合同》附件中签订《所有权转让协议》，约定设备所有权转移，同时签订《租赁物交付验收合格单》，承租人确认附件清单中所列明的设备即上述融资租赁合同项下的租赁物，租赁物已交付完毕。最高人民法院《关于审理融资租赁合同纠纷案件适用法律问题的解释》（法释〔2020〕17 号，以下简称《融资租赁司法解释》）第 2 条规定，承租人将其自有物出卖给出租人，再通过融资租赁合同将租赁物从出租人处租回的，人民法院不应仅以承租人和出卖人系同一人为由认定不构成融资租赁法律关系。

在售后回租模式下，出租人应充分关注租赁物的所有权转移问题。

例如，在邯郸市 CS 公司、GX 金融租赁公司融资租赁合同纠纷二审民事判决书［（2017）最高法民终 897 号］中，一审、二审法院认为，《回租买卖合同》项下的标的物（案涉租赁物）为动产，GX 金融租赁公司与邯郸市 CS 公司关于案涉租赁物所有权变更、转让的约定符合原《物权法》的规定,GX金融租赁公司在该《回租买卖合同》生效时即已经取得案涉租赁物的所有权。根据长金租回租字(2013)第0068号《回租租赁合同》、长金租回买卖字(2013)第0068-1号《回租买卖合同》,GX金融租赁公司与邯郸市CS公司之间进行的是金融租赁公司融资租赁业务中的售后回租业务。

在另一案例中,法院认为,动产物权的设立和转让,通常自交付时发生效力,但动产物权转让时,双方又约定由出让人继续占有该动产的,物权自该约定生效时发生效力。该案原告与第一被告签订的车辆买卖合同及融资租赁合同,均系双方当事人达成的合意,具有法律约束力。原告向第一被告购买车辆,被告作为出让人仍继续占有、使用车辆。根据合同约定,在原告向被告支付购车款后,车辆的所有权即应属于原告。机动车物权的设立、变更和转让,并不以登记为生效条件。登记仅产生对抗第三人的效力。虽然涉案车辆目前登记在被告名下,但基于双方已对车辆所有权作出了明确约定,而且原告已按照约定履行了己方应尽的义务,故法院对原告要求确认车辆所有权的诉讼请求予以支持。

第二,只有融资,没有融物,按照实际构成的法律关系处理。

但如果租赁物并未发生所有权转移,法院可能对融资租赁关系不予确认,而按实际构成的法律关系处理。

在GT租赁公司与XH投资公司、XH担保公司等企业借贷纠纷二审民事判决书[(2014)民二终字第109号]中,法院认为,融资租赁交易具有融资和融物的双重属性,缺一不可。如无实际租赁物或者租赁物所有权未从出卖人处转移至出租人或者租赁物的价值明显偏低无法起到对租赁债权的担保,应认定该类融资租赁合同没有融物属性,仅有资金空转,系以融资租赁之名行借贷之实,应属借款合同。该案所涉《融资租赁合同》系房地产售后回租业务,出卖人和承租人均为S置业公司,租赁物系S置业公司在建137套商品房。在合同订立前,该租赁物已被有关行政主管部门认定为超规划建设的违章建筑;在租赁期间,该项目亦未取得商品房预售许可证,故案涉商品房(租赁物)所有权无法从出卖人S置业公司移转至出租人GT租赁公司。由此产生的实际法律关系是,GT租赁公司作为名义上的商品房买受人和出租人,并不享有租赁物的所有权,作为专业的融资租赁公司,其对案涉租赁物所有权无法过户亦应明知,故其真实意思表示并非融资租赁,而是出借款项;S 置业公司作为租赁物的所有权人,虽名为“承租人”,但实际上不可能与自己所有的房产发生租赁关系,其仅是以出卖人之名从 GT 租赁公司获得 1 亿元款项,并按合同约定支付利息,其真实意思表示也并非售后回租,而是借款。由此可以看出,案涉融资租赁交易,只有融资,没有融物,双方之间的真实意思表示名为融资租赁,实为借款法律关系。依照《融资租赁司法解释》(2014 年)第 1 条之规定,案涉合同应认定为借款合同。

还有一种情况是,合同约定的租赁物购买价款远高于租赁物实际价值,法院也可能对融资租赁关系不予确认。

在 GY 金融租赁公司、D 投资公司、HN 公司融资租赁合同纠纷再审民事判决书[(2018)最高法民再 373 号]中,最高人民法院认为,案涉 4 号《融资租赁合同》中租赁物的购买价远远高于案涉租赁物的实际价值,GY 金融租赁公司提交的发票复印件所载明的设备价款总额为 17 951.2567 万元,HN 公司与之相对应票号的发票原件所载明的设备价款总额为 1068.8652 万元,合同约定的买卖价款为 15 000万元,涉案租赁物的实际价值与约定的转让价款差异巨大。GY 金融租赁公司作为专业融资租赁机构,其提供的证据不能证明其主张的设备的价值,其以高于市场价值十几倍的价格购买租赁物,显然背离买卖合同等价交换原则,其租金亦不体现租赁物的真正价值。GY 金融租赁公司和 HN 公司所签订的 4 号《融资租赁合同》虽然形式上有售后回租融资租赁合同相关条款的约定,但实际上并不存在融物的事实,双方实际上仅是“借钱还钱”的借贷融资关系。但对于原判决以本案系企业间民间借贷关系,确认 4 号《融资租赁合同》无效,适用法律确有错误,最高人民法院予以纠正。

售后回租业务既然存在被认定为融资租赁的风险,那么是否存在因此导致合同无效,进而使担保人减轻或者免除担保责任呢?这就要取决于实际构成的法律关系。

在 FN 公司、M 金融租赁公司保证合同纠纷二审民事判决书[(2016)最高法民终 180 号]中,最高人民法院认为,无论 M 金融租赁公司与山西 HX 公司之间系融资租赁法律关系还是借贷法律关系,均不会导致案涉融资租赁合同无效。《融资租赁司法解释》第 1 条第 2 款规定,对名为融资租赁合同,但实际不构成融资租赁法律关系的,人民法院应当按照其实际构成的法律关系处理。本案中,FN 公司未能提交证据证明案涉融资租赁合同存在原《合同法》第52条规定的无效情形，其仅以案涉合同系名为融资租赁、实为借贷合同为由主张合同无效，缺乏法律依据。即使案涉《融资租赁合同》系名为融资租赁实为借贷，对于FN公司担保责任的认定亦并无影响。

第三，出租方对租赁物享有的所有权如何对抗第三人。

为防范承租方将同一设备进行多家融资租赁、转让、抵押等风险，在《民法典》实施之前，出租人一般可采用保证、抵押等担保方式维护自身权益。

《融资租赁司法解释》(1996年)第9条规定："承租人或者租赁物的实际使用人，未经出租人同意转让租赁物或者在租赁物上设立其他物权，第三人依据物权法第一百零六条的规定取得租赁物的所有权或者其他物权，出租人主张第三人物权权利不成立的，人民法院不予支持，但有下列情形之一的除外：(一)出租人已在租赁物的显著位置作出标识，第三人在与承租人交易时知道或者应当知道该物为租赁物的；(二)出租人授权承租人将租赁物抵押给出租人并在登记机关依法办理抵押权登记的；(三)第三人与承租人交易时，未按照法律、行政法规、行业或者地区主管部门的规定在相应机构进行融资租赁交易查询的；(四)出租人有证据证明第三人知道或者应当知道交易标的物为租赁物的其他情形。"

实践中，比较安全的风控措施是出租人授权承租人将租赁物抵押给出租人，结果使出租人获得所有权人和抵押权人双重身份，看似存在悖论，实则是出租人对自己权利保护的必要之举。

例如，在X融资租赁公司、高某融资租赁合同纠纷二审民事判决书[(2017)黑01民终6174号]，一审法院认为，X融资租赁公司作为出租人理应享有对租赁物的所有权，虽融资租赁合同中约定X融资租赁公司享有对租赁车辆的所有权，但本案中租赁车辆登记在高某名下，且高某将该车辆抵押给X融资租赁公司并依法办理了抵押登记手续，X融资租赁公司享有对该车辆的抵押权。所有权人与抵押权人的身份冲突，X融资租赁公司不能既为租赁车辆的所有权人又拥有抵押权人的身份，故双方之间不构成融资租赁法律关系。但二审法院对此予以纠正，认为双方在融资租赁抵押合同中约定，以高某承租的车辆作为抵押物，为其在融资租赁合同项下的全部债务提供担保，并办理了抵押登记，该抵押权已设立，故X融资租赁公司要求以案涉抵押车辆承担抵押担保责任，应当予以支持。

《民法典》第 745 条规定，出租人对租赁物享有的所有权，未经登记，不得对抗善意第三人。根据该条规定，出租人对租赁物享有的所有权可以经过登记取得对第三人的对抗效力，从而解决了由来已久的租赁物无法登记的尴尬问题。2020 年 12 月 22 日，国务院公布了《关于实施动产和权利担保统一登记的决定》（国发〔2020〕18 号），明确自 2021 年 1 月 1 日起，在全国范围内实施动产和权利担保统一登记，并将融资租赁纳入动产和权利担保统一登记范围的担保类型。纳入统一登记范围的动产和权利担保，由当事人通过中国人民银行征信中心（以下简称征信中心）动产融资统一登记公示系统自主办理登记，并对登记内容的真实性、完整性和合法性负责。登记机构不对登记内容进行实质审查。

2021 年 12 月 28 日，中国人民银行发布了《动产和权利担保统一登记办法》，自 2022 年 2 月 1 日起施行。该办法对包括融资租赁在内的动产和权利担保的登记与查询、征信中心职责等进一步予以明确。自此以后，登记成为出租方对租赁物享有的所有权得以对抗第三人的唯一有效措施。

【第二篇　保证篇】

第20问　《独立保函规定》对融资担保行业有哪些影响?

问:2016年11月22日,最高人民法院对外发布《关于审理独立保函纠纷案件若干问题的规定》(以下简称《独立保函规定》),以促进正确审理独立保函的纠纷问题。2020年其经历了修正。《独立保函规定》改变了我国法律及司法实务以往对于独立保函的态度。《独立保函规定》有哪些主要内容?对融资担保行业的有哪些影响?

答:关于《独立保函规定》,具体可以从以下几个层面分析:

一、《独立保函规定》主要内容

《独立保函规定》共26条,主要包括六个方面的内容。

(一)明确了独立保函的法律性质

《独立保函规定》解决了独立保函在长期司法实践中法律性质不明的问题,明确界定了独立保函为银行或非银行金融机构作为开立人,以书面形式向受益人出具的,同意在受益人请求付款并提交符合保函要求的单据时,向其支付特定款项或在保函最高金额内付款的承诺。其通过第3条的规定,区分独立保函与担保法下的担保方式,引导独立保函沿着信用证规则的思路发展。

(二)统一国际与国内独立保函交易的效力规则

独立保函早期只适用于涉外海商事领域中,但随着独立保函适用范围的扩大,在国内诸多商事交易中都有独立保函的身影。根据《独立保函规定》第23条的规定,当事人约定在国内交易中适用独立保函的,人民法院不能以独立保函不具有涉外因素为由,否定保函独立性约定的效力。同时肯定了国际商会颁布的《见索即付保函统一规则》作为独立保函合同示范性条款的效力,当事人可以根据意思自治来选择是否对《见索即付保函统一规则》加以适用。

(三)明确独立保函的独立性原则和严格相符性原则

根据《独立保函规定》第6条的规定,只要独立保函受益人提交的单据与独立保函条款之间、单据与单据之间表面相符,保函开立人就应当根据保函约定的金额承担付款责任,即严格相符性原则。而独立性原则是指除存在保函欺诈的情形外,开立人不得以基础交易关系或独立保函申请关系对付款义务提出抗辩的,开立人的付款责任与基础交易履行状况无关。这两项原则切实保障了独立保函项下的付款确定、快捷、安全,使人们更为放心地进行经济交易。

(四)严格界定独立保函欺诈情形

对于独立保函欺诈问题,在《国际商会见索即付保函统一规则(URDG758)》中并没有相关的规定,这一法律问题交由各国法律去解决。《独立保函规定》根据原《民法通则》中确立的民事欺诈的构成法律规则,并参考国内外实际判例中对构成独立保函欺诈条件的描述,在第12条中进行了规定。第12条的规定以列举的方式对独立保函欺诈情形进行规制,并在第5项使用了兜底条款,使独立保函欺诈的判断更具有可操作性。

(五)明确申请保函止付的情形和证明标准

根据《独立保函规定》第12条、第14条的规定,法院裁定独立保函止付必须要满足以下三个条件:(1)存在独立保函欺诈情形;(2)情况紧急,不立即采取止付措施,将给止付申请人的合法权益造成难以弥补的损害;(3)止付申请人提供了足以弥补被申请人因止付可能遭受损失的担保。但《独立保函规定》赋予了止付申请人更高的证明标准,申请人对独立保函欺诈的证明必须达到具有高度可能性的标准。另外,《独立保函规定》明确,在开立人已经善意付款的情况下,独立保函的反担保不适用止付规则。

(六)依法确认开立保证金的金钱质权性质

《独立保函规定》第24条明确规定,对于按照特户管理并移交开立人占有的独立保函开立保证金,人民法院可以采取冻结措施,但不得扣划。该规定表明了开立保证金符合金钱特定化和移交占有两项条件,具有金钱质权的性质。

二、担保公司适用《独立保函规定》时应注意的问题

(一)担保公司是否具备开立独立保函的主体资格的问题

担保公司的保函业务通常是指为需要开立银行保函的企业提供担保或直接出具保函的业务。根据《独立保函规定》第2条的规定,独立保函的开立人的范围被限定在银行及非银行金融机构中。何为"非银行金融机构"呢?根据《中国银监会非银行金融机构行政许可事项实施办法》(修订)第2条的规定,“本办法所称非银行金融机构,包括经银监会批准设立的金融资产管理公司、企业集团财务公司、金融租赁公司、汽车金融公司、货币经纪公司、消费金融公司、境外非银行金融机构驻华代表处等机构”。从该条规定来看,无论是非融资性担保公司还是非融资性担保公司,皆不属于原银监会批准设立,故担保公司并不包含在非银行金融机构之列。因此,在《独立保函规定》下,担保公司是否具备开立独立保函的主体资格的问题是存在疑问的。那么,新规定出台后,如果担保公司向申请人开具独立保函会产生何种效果呢?笔者认为,独立保函的认定可能会回归传统思路。由于担保公司并不属于《独立保函规定》中的独立保函开立主体,故对担保公司开具的独立保函的判定有可能会回归司法实践的传统做法,即涉外担保中承认独立保函的独立性,而非涉外独立保函约定则有可能被认定为无效约定。

(二)担保公司为独立保函提供反担保时应可凭单据抗辩

担保公司可以为独立保函开立人履行独立保函项下付款义务后的追偿权提供反担保。一方面,担保公司可以通过对受益人要求的保函文本进行事先审核,要求保函文本中必须明确载明据以付款的单据和最高金额,并对单据提出一定的要求从而降低恶意索赔的风险。比如,要求单据中必须包括证明保函申请人违约的第三方监理公司报告、证明保函申请人违约的生效判决或者仲裁裁决等证明文件,可以加大保函受益人的索赔难度。

另一方面,尽管在《独立保函规定》中,独立保函排除一般保证或连带保证相关规定的适用,但却没有禁止为独立保证提供的反担保适用上述规定。当独立保函开立人履行独立保函项下的付款义务后,获得了对保函申请人的追偿权,担保公司依据反担保合同对追偿权提供担保。根据《民法典》第701条“保证人可以主张债务人对债权人的抗辩。债务人放弃抗辩的,保证人仍有权向债权人主张抗辩”的规定可以得出,担保公司能够援用保函申请人的抗辩权。而根据《独立保函规定》第9条的规定,开立人依据独立保函付款后向保函申请人追偿的,人民法院应予支持,但受益人提交的单据存在不符点的除外。故当受益人提交的单据存在不符点时,保函申请人对开立人的追偿享有抗辩权,因此担保公司在该种情况下同样享有抗辩权。

(三)明确约定独立保函到期日

《独立保函规定》第11条规定,“独立保函具有下列情形之一,当事人主张独立保函权利义务终止的,人民法院应予支持:(一)独立保函载明的到期日或到期事件届至,受益人未提交符合独立保函要求的单据……”保证期间为担保法赋予保证人的一项重要的抗辩权利,既然独立保函不适用“担保法关于一般保证或连带保证规定”,那么关于保证期间的规定当然也不适用于独立保函。但根据上述第 11 条的规定,独立保函可以约定保函到期日或到期事件,其基本原理为附期限的合同或者附条件的合同。首先,担保公司一般不可以接受没有到期日的独立保函,俗称“敞口保函”;其次,保函到期日一定为明确确定的日期,不可含糊、模棱两可;最后,保函文本中还可以同时约定到期日和到期事件,并约定保函权利义务终止以先到者为准。

(四)担保公司面对独立保函欺诈的应对策略

在实践中,由于开立人仅需要对独立保函项下的单据作表面的审查,而单据往往是由独立保函的受益人提供的,此时就有可能发生独立保函欺诈的风险。《独立保函规定》首次以列举保函欺诈的四种情况加兜底条款的方式对独立保函欺诈作出解释。那么,作为为独立保函提供反担保的担保公司应当如何应对独立保函下的欺诈行为呢?

申请止付是应对独立保函欺诈的有效手段。根据《独立保函规定》第 13 条的规定,向人民法院申请止付的主体仅限于独立保函申请人、开立人与指示人。而由于担保公司是否具备开立独立保函的主体资格的问题仍然存疑,担保公司加入独立保函项目的方式一般是为独立保函开立人的追偿权提供反担保。当发生独立保函欺诈情形时,作为反担保人的担保公司在该司法解释下有可能会被认为不具有申请止付的权利。因此,如果担保公司发现独立保函项目有可能存在欺诈的风险时,应当尽快向有权申请止付的主体传递信息,借助他们的力量阻止开立人付款。此外,为避免申请止付主体怠于行使权利,担保公司在反担保合同、委托担保合同中也可以约定,有权申请止付的主体可以委托担保公司代为行使申请止付或者自行申请止付,否则担保公司有权拒绝承担保证责任。

(五)担保公司防范风险的根本措施是做好项目尽职调查

对于工程保函项目,不能因为其风险不同于贷款担保风险而认为不存在风险或者风险很少,更不能因此降低保前调研要求,抱有侥幸心理。做好工程保函项目的尽职调查可以从以下几个方面入手。

第一，保前调研的范围，不仅要重点考察实际承包人的履约能力和履约记录，还应注重对受益人信用、资产情况的调查。

第二，在施工合同履行过程中，要关注是否合法施工、价格调整情况、材料涨价等市场风险，以及发包方付款能力、工人工资支付保障等风险因素。

第三，除了对保函申请人的核心资产进行调查外，还应事先调查了解反担保人的主要资产，而不是仅仅签字或者盖章了事。

第四，加强保后跟踪检查，有利于及时发现问题，尽早采取化解措施。担保机构应对保后检查制定严格的规章制度并监督执行，并对保后检查的目的、内容和方式作出相应要求和指引。

第五，当得知可能发生索赔风险时，担保公司应立即与开函行、受益人等多方沟通、协调。此时重点是调查了解受益人索赔原因，寻求从根本上化解保函申请人与受益人之间矛盾的对策。同时，还应在要求开函行严格审查索赔文件，合理谨慎地履行赔偿义务同时，尽快促使被担保人与受益人达成和解，争取受益人撤回索赔文件或者放弃索赔权利。

第 21 问　担保公司可以向法院申请中止支付独立保函项下的款项吗?

问: 担保公司可以向法院申请中止支付独立保函项下的款项吗?

答: 根据最高人民法院《关于审理独立保函纠纷案件若干问题的规定(2020 修正)》(以下简称《独立保函规定》)第 12 条、第 13 条的规定,当发现发生下列情形之一时,独立保函的申请人、开立人或指示人可以在提起诉讼或申请仲裁前,向开立人住所地或其他对独立保函欺诈纠纷案件具有管辖权的人民法院申请中止支付独立保函项下的款项,也可以在诉讼或仲裁过程中提出申请:(1)受益人与保函申请人或其他人串通,虚构基础交易的;(2)受益人提交的第三方单据系伪造或内容虚假的;(3)法院判决或仲裁裁决认定基础交易债务人没有付款或赔偿责任的;(4)受益人确认基础交易债务已得到完全履行或者确认独立保函载明的付款到期事件并未发生的;(5)受益人明知其没有付款请求权仍滥用该权利的其他情形。

根据该规定,有权申请中止支付独立保函项下的款项的主体包括三类:一是保函申请人;二是保函开立人;三是保函指示人。

就担保公司而言,显然只能在第一类中判断是否适格问题。对于非分离式保函,担保公司仅为担保人,并非保函申请人,显然不符合上述申请的主体条件。

但分离式保函项下,担保公司既是申请人,也是担保人,能否以自己的名义提出上述申请呢?

所谓分离式保函,是由银行向担保公司进行批量授信,担保公司在所取得的银行授信总额范围内向施工企业授信,担保公司作为施工企业的代理人和担保人向银行申请开立保函,银行向受益人出具银行保函。

对于银行而言,在“分离式”保函中,银行机构不仅减少了客户尽调等前端工作,节省人力、物力,而且转嫁了业务风险,优化了业务结构,也解决了异地展业的难题。

对于施工单位而言,“分离式”保函业务能够有效解决被担保人的银行授信不足问题,提高了出函的效率,降低了保证金缴纳标准,节约了办理保函业务的时间和金钱成本。

相较于常规保函业务,担保公司在分离式保函业务中担任了两个角色:保函申请人和反担保人。即担保公司受建筑公司的委托,代为向银行申请开立保函,并对保函项下的赔付义务为建筑公司向开函行提供反担保。一旦开函行向受益人赔付,担保公司应根据保证合同或者担保函的约定,向开函行履行担保代偿义务。

其实,无论是常规保函还是分离式保函,担保公司都是实际的风险承担者。《独立保函规定》规定的有权申请中止支付独立保函项下的款项的主体并未将反担保人包含在内,大概是基于合同的相对性原理,反担保人并未出现在独立保函之中,充其量只是利益相关方,可以在有关诉讼中作为第三人出现。

笔者认为,在分离式保函项下,委托担保公司开具保函的建筑公司可以提出止付申请,因为建筑公司是实际的保函申请人。但当建筑公司拒不提出申请或者怠于申请的情况下,应允许担保公司作为申请人向法院申请止付,因为无论从实质上还是形式上,担保公司都是保函赔付的切实利益相关方。

需要说明的是,无论是何方主体申请,申请法院裁定止付独立保函项下的款项之难度都是相当高的。

《独立保函规定》第 14 条规定:“人民法院裁定中止支付独立保函项下的款项,必须同时具备下列条件:(一)止付申请人提交的证据材料证明本规定第十二条情形的存在具有高度可能性;(二)情况紧急,不立即采取止付措施,将给止付申请人的合法权益造成难以弥补的损害;(三)止付申请人提供了足以弥补被申请人因止付可能遭受损失的担保。止付申请人以受益人在基础交易中违约为由请求止付的,人民法院不予支持。开立人在依指示开立的独立保函项下已经善意付款的,对保障该开立人追偿权的独立保函,人民法院不得裁定止付。”

理论界及大量的实务案例表明,法院对于独立保函的支付申请审查是相当严格的,而且大多数情况下都是以驳回申请告终。即便如此,申请止付能不失为保函利益相关方的一项非常重要的救济措施,在某种情况下,其甚至可能成为“最后一根救命稻草”。对于这项权利,应当争取的时候,不能轻言放弃。

第 22 问　保证反担保可以是见索即付独立保函吗?

问:我司是一家融资担保公司,在为借款企业向银行借款提供融资担保的业务中,一般会要求借款企业的法定代表人或者关联公司向我司提供连带责任保证反担保。听说最高人民法院出台了关于独立保函的司法解释,想请教我们可以要求借款企业的法定代表人或者关联公司向我公司出具见索即付独立保函吗?保函有效期和保证期间是什么关系?

答:根据最高人民法院《关于审理独立保函纠纷案件若干问题的规定》(以下简称《独立保函规定》)第 1 条的规定,独立保函,是指银行或非银行金融机构作为开立人,以书面形式向受益人出具的,同意在受益人请求付款并提交符合保函要求的单据时,向其支付特定款项或在保函最高金额内付款的承诺。该司法解释明确了独立保函的开立人为银行或非银行金融机构,不包含个人或者普通企业。根据《民法典》第 683 条的规定,机关法人不得为保证人,但是经国务院批准为使用外国政府或者国际经济组织贷款进行转贷的除外。以公益为目的的非营利法人、非法人组织不得为保证人。在实践中,向融资性担保公司提供连带责任保证反担保的主体一般是借款企业的法定代表人或者关联公司,根据上述司法解释,贵公司不具备开立独立保函的主体资格。即使借款企业的法定代表人或者关联公司向贵司出具了所谓的独立保函,也极有可能被法院认定为非独立保函。

保函又称保证书,是指银行、保险公司、担保公司或担保人应申请人的请求,向受益人开立的一种书面信用担保凭证,以书面形式出具的、凭提交与承诺条件相符的书面索赔通知和其他类似单据即行付款的保证文件。保函有效期一般只在独立保函中使用,如《国际商会见索即付独立保函统一规则(URDG758)》(以下简称《统一规则》)第 2 条规定,“失效,指失效日或失效事件,或两者均被约定情况下的较早发生者;失效日,指保函中指明的最迟交单日期;失效事件指保函条款中约定导致保函失效的事件,无论是在该事件发生之后立即失效,还是此后指明的一段时间内失效。失效事件只有在下列情况下才视为发生:a. 保函中指明的表明失效事件发生的单据向担保人提交之时;或者 b. 如果保函中没有指明该种单据,则当根据担保人自身记录可以确定失效事件已经发生之时”。《独立保函规定》对该条予以借鉴,其中第 11 条规定,“独立保函具有下列情形之一,当事人主张独立保函权利义务终止的,人民法院应予支持:(一)独立保函载明的到期日或到期事件届至,受益人未提交符合独立保函要求的单据……”

由于我国《民法典》及其司法解释仅规定了保证期间,没有“有效期”这一概念,即使在非独立保函业务中约定了保函有效期,也可能被人民法院认定为没有约定保证期间或约定保证期间不明确。依照《民法典》的有关规定,保证人与债权人未约定保证期间的,保证期间为主债务履行期届满之日起 6 个月。保证合同约定保证人承担保证责任直至主债务本息还清时止等类似内容的,视为约定不明,保证期间为主债务履行期间届满之日起 2 年。

如大连中合财富投资管理有限公司与孙某某合同纠纷案[(2017)辽 02 民终 1730 号]中,关于中合财富公司的保证期间,中合财富公司在履约保函中约定保函有效期至 2016 年 3 月 1 日,该日期也是华坤公司与孙某某之间主债务的履行期,辽宁省大连市中级人民法院视其为没有约定保证期间,将保证期间定位为主债务履行期届满之日起 6 个月。

而认定保证期间约定不明确的,则有卢某某与张某 1、张某、张某 2 民间借贷纠纷案[(2016)鲁 0105 民初 1725 号]。该案中,个人不可撤销的担保函载明“本担保函有效期自签发之日起,至担保范围内的一切经济责任履行完毕为止”,济南市天桥区人民法院认为该条款对保证期间约定不明,故保证期间依法应确定为主债务履行期届满之日起 2 年。而阳谷县人民法院在罗某某与张某某、孙某某民间借贷纠纷案[(2012)阳商初字第 1045 号]、西宁市城西区人民法院在西宁东方汇理资产管理有限公司和青海安纳电力安装调试有限公司、青海送变电工程公司合同案[(2017)青 0104 民初 806 号]中对类似案情也持有同样的观点。

综上所述,非独立保函业务中约定了保函有效期,一旦被人民法院认定为没有约定保证期间,将可能导致保证期间被缩短为主债务履行期届满之日起 6 个月。因此,在非独立担保中建议尽量避免使用保函有效期的概念,而应约定保证期间。

第 23 问　保证期间和诉讼时效的关系是怎样的?

问: **保证期间和诉讼时效一样吗?**

答: 保证期间和诉讼时效是两个不同的概念。

保证期间,是指保证人能够允许债权人不行使权利而仍然承担保证责任的期间。在该期间内若债仅人不积极向主债务人或保证人行使权利,保证人的保证责任即被免除。当事人约定或法律规定保证期间的目的在于对保证人利益的倾斜,因为保证合同是一种单务无偿合同,保证人只承担义务而不享有利益,为了平衡债权人和保证人间的利益关系,法律规定或当事人约定保证期间以对保证人的利益予以照顾,并敦促债权人尽快行使权利。

诉讼时效,是指民事权利受到侵害的权利人在法定的时效期间内不行使权利,当时效期间届满时,人民法院对权利人的权利不再进行保护的制度。债权人没有在该期间主张权利,则可能丧失胜诉权。

二者的区别主要表现在:

(1)诉讼时效期间为请求权人得请求法院以国家强制力保护其民事权利的法定期间,并且该期间为强制性规定,当事人不得以其意思而予以变更,它体现为国家对权利人意志的干预。而保证期间主要为约定期间,约定期间与否及期间的长短均由当事人自由决定。

(2)诉讼时效为可变期间,可因法定事由的发生而引起中断、中止或延长。而保证期间为不变期间,不因任何事由发生中断、中止、延长的法律后果。

(3)法律后果不同。诉讼时效届满后,实体权利本身并不消灭,仅诉权归于消灭。保证期间的效果为债权人在保证期间内若不行使权利丧失保证债权。

(4)阻碍期间完成的事由不同。在诉讼时效中,因不可抗力或其他障碍不能行使请求权的,诉讼时效中止;因起诉、当事人一方提出请求及义务人同意履行义务而引起诉讼时效中断,阻碍诉讼时效完成。阻止保证期间完成的事由因保证人是否享有先诉抗辩权而有所不同,在一般保证中,阻止保证期间完成的事由为债权人向债务人提起诉讼或申请仲裁,而不是向保证人主张权利。在连带责任保证中,阻止保证期间完成并发生效力的事由为要求保证人承担保证责任。

保证债务的诉讼时效应从债权人得向保证人行使保证债权之日起计算。保证期间与保证诉讼时效的联系如下:

(1)只有保证期间未经过,才有保证债务诉讼时效期间适用的机会(必要);否则,保证债务(责任)不存在,其诉讼时效期间也就不存在了。

(2)保证期间未经过,不意味着保证责任最终能得到法院判决支持。支持与否,还要看其诉讼时效期间是否经过:诉讼时效期间经过,则胜诉权丧失。

第 24 问　新诉讼时效制度对担保期间有什么影响?

问: **最高人民法院发布了《关于适用〈中华人民共和国民法典〉时间效力的若干规定》。这部新的司法解释对担保期间有什么影响吗?**

答: 2021 年 1 月 1 日,《民法典》开始施行。第一编第九章中将一般诉讼时效的规定由原《民法通则》的 2 年改为 3 年,并删除了原《民法通则》中关于短期诉讼时效(1 年)的规定,诉讼时效期间自权利人知道或者应当知道权利受到损害以及义务人之日起计算。

2020 年 12 月 29 日,最高人民法院发布《关于审理民事案件适用诉讼时效制度若干问题的规定》(以下简称《诉讼时效解释》),对前述问题作出了回应,并自 2021 年 1 月 1 日起施行。以下对诉讼时效新规适用、保证期间、抵押权行使期限与质权存续期间进行分析:

一、《诉讼时效解释》的具体内容

1. 原《民法总则》施行后起算诉讼时效的(见图 24 -1)。

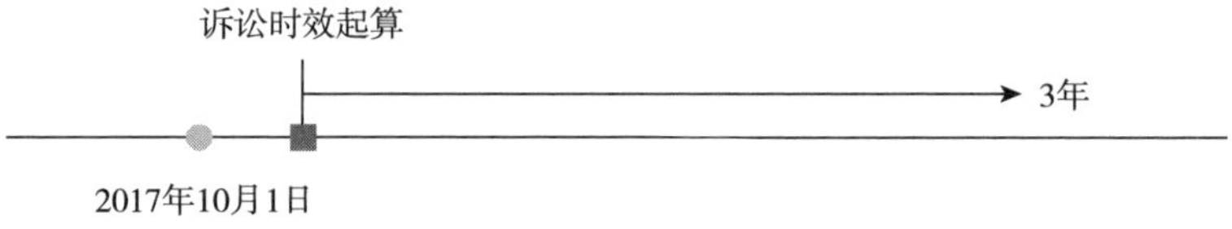

图 24 -1　原《民法总则》施行后的诉讼时效起算

2. 原《民法总则》施行前起算诉讼时效的。

（1）施行前未届满（见图24－2）。

图24－2 原《民法总则》施行前诉讼时效未届满

（2）施行前已届满（见图24－3）。

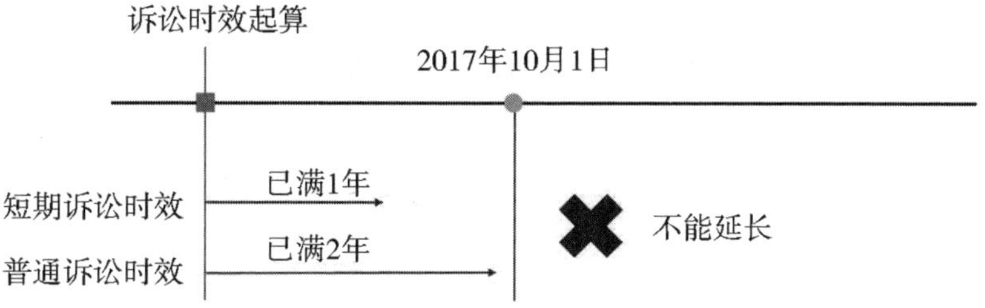

图24－3 原《民法总则》施行前诉讼时效已届满

3. 原《民法总则》施行后中止事由未消除（见图24－4）。

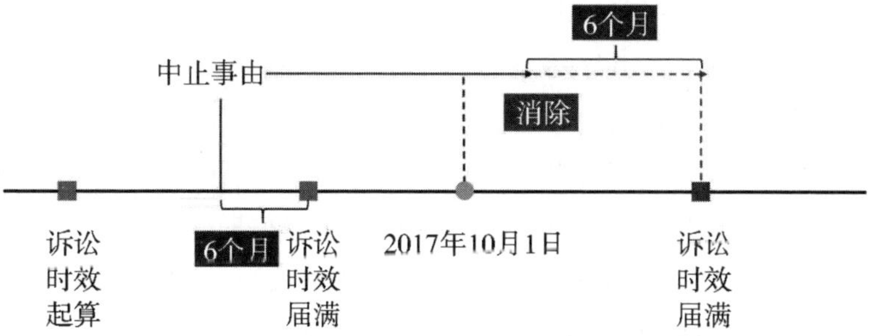

图24－4 原《民法总则》施行后中止事由未消除

4.《诉讼时效解释》与案件适用(见图 24－5)。

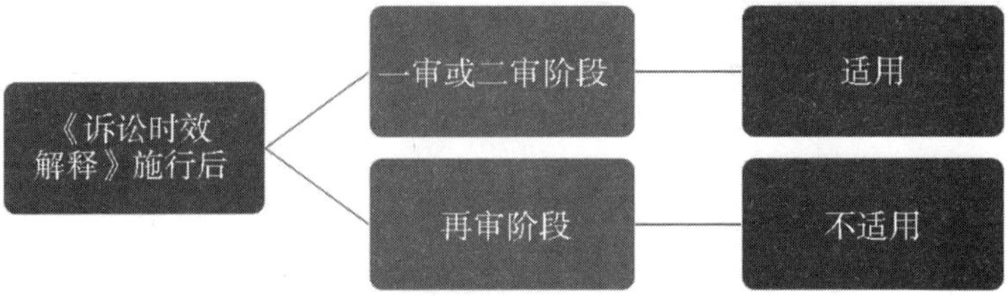

图 24－5 《诉讼时效解释》适用情况

二、诉讼时效与保证期间

保证期间的起算点一般为主债务履行期届满之日,如保证人与债权人未约定保证期间,保证期间为起算后 6 个月。在保证合同有约定的情况下,如保证合同约定的保证期间早于或者等于主债务履行期限,视为没有约定,保证期间为主债务履行期届满之日起 6 个月。如保证合同约定保证人承担保证责任直至主债务本息还清时为止等类似内容,视为约定不明,保证期间为主债务履行期届满之日起 6 个月。

关于诉讼时效与保证期间的关系,保证期间和诉讼时效是前后相继作用的法律制度,保证期间作用的终结后,诉讼时效紧随其后开始起算。在普通债权的诉讼时效已改为 3 年的情况下,保证期间相应约定为 3 年有其现实意义。如果主债权的诉讼时效为 3 年,而保证期间约定为 2 年,债权人在诉讼时效的最后一年才开始对债务人和保证人一并主张权利,则保证人可能因保证期间已过而免责。

三、诉讼时效与抵押权行使期间

根据《民法典》第 419 条之规定,抵押权人应当在主债权诉讼时效期间行使抵押权;未行使的,人民法院不予保护。即抵押权受保护期间与其担保的主债权诉讼期间一致。上述规定为强制性规定,当事人不能通过约定排除,登记部门也不能另行要求登记抵押权的行使期间。那么,在普通诉讼时效已改为 3 年的情况下,则抵押权行使期间也相应地调整为 3 年。

四、诉讼时效与质权存续期间

《民法典》并未规定质权的存续期间。根据《民法典》第 437 条第 1 款之规定,出质人可以请求质权人在债务履行期届满后及时行使职权;质权人不行使的,出质人可以请求人民法院拍卖、变卖质押财产。

《民法典》与人们的生活、经营息息相关，诉讼时效制度作为其重要制度之一，相比原《民法通则》有了较大的变化。因此，无论是债权人还是担保物权人，都需要慎重对待有关时效的规定，以免错过了期间而导致权利主张不能。

第 25 问　一般诉讼时效变成 3 年了,保证期间可否约定为 3 年?

问:《民法典》第 188 条规定,向人民法院请求保护民事权利的诉讼时效期间为 3 年;法律另有规定的,依照其规定。《民法典》自 2021 年 1 月 1 日起施行了,保证合同中的保证期间是否须相应地约定为 3 年呢?

答: 关于保证期间与诉讼时效的关系,可见于教科书或者理论文章,这里不做赘述。概言之,保证期间和诉讼时效是前后相继作用的法律制度,保证期间作用终结后,诉讼时效紧随其后开始起算。由于保证合同单务无偿,所以法律上增设了保证期间以平衡保证人的利益。

关于保证期间的长短,根据《民法典》及其司法解释,相关规则如下:

(1)保证合同有约定的,从其约定;

(2)保证合同没有约定或者视为没有约定(约定的保证期间早于或者等于主债务履行期限)的,保证期间为 6 个月;

(3)保证合同约定不明(约定保证人承担保证责任直至主债务本息还清时为止等类似内容)的,保证期间为主债务履行期届满之日起 2 年;

(4)保证期间从主债务履行期届满之日起算;

(5)保证期间不因任何事由发生中断、中止、延长的法律后果。

因保证合同多数情况下为债权人起草,故一般会明确约定保证期间。在实务中,大多数保证合同约定的保证期间为 2 年。那么,这个 2 年究竟是从何而来的呢?

前不久在网上看到一篇文章,大意是虽然法律并未明确规定当事人能够自行约定的最长保证期间只能是 2 年,但实践中大家都是这样理解和执行的,保证期间是除斥期间,不能仅因为诉讼时效变成 3 年了,保证合同当事人就当然可以将保证期间约定为 3 年了。这种说法乍一看似乎有点道理,但经不起仔细推敲。

首先,约定保证期间不能超过 2 年的看法没有任何法律和事实依据。其次,保证期间与诉讼时效确有不同,但不能因此就认为二者不能长短相同。

对于实践中可否约定超过2年的保证期间,且看有关司法判例。沧州市Z公司、徐某某买卖合同纠纷一审案[(2017)沪0104民初14223号]判决书中写明,关于徐某某的保证期间,法院认为,徐某某对展翼公司承担连带责任保证。合同约定的保证期是主债权履行期限届满之日3年,主债权的履行期限根据发货单以及其他确认书上的规定确定。涉案订单的债务履行期届满之日为2013年12月25日止,故徐某某的保证期间至2016年12月25日止。该判决书认可合同约定的3年保证期间。

又如,河南W农信社与刁某某、贾某某金融借款合同纠纷再审案[(2016)豫04民再12号]判决书中写明,"W农信社于2011年6月10日向人民法院提起诉讼,请求刁某某承担偿还贷款本息的责任,贾某某、王某某承担连带清偿责任,并未超出3年的保证期间,符合连带责任保证的债权人保证期间届满前要求保证人承担保证责任的条件,应当从此日起计算保证合同的诉讼时效"。该判决不仅认可了3年的保证期间,还明确了保证期间与诉讼时效二者之间的关系。

既然法院的判决书支持当事人约定的超过2年的保证期间,那为何实践中保证合同一般约定保证期间为2年呢?

笔者认为,主要原因可能是:第一,参照普通债权2年的诉讼时效;第二,习惯使然;第三,利益平衡,过长的保证期间毕竟对保证人不利。

回到题述的问题,既然普通债权的诉讼时效已改为3年,保证期间究竟要不要约定为3年呢?笔者的建议是肯定的。

首先,无论是法律还是司法案例都没有禁止这种做法,约定3年显然对债权人更为有利。

其次,这样做便于债权维护和管理。如果主债权的诉讼时效为3年,而保证期间约定为2年,债权人在诉讼时效的最后一年才开始对债务人和保证人一并主张权利,则保证人可能因保证期间已过而免责。

最后,这种做法与时俱进。合同版本好比人之成长,也需"苟日新,日日新";也好比汽车保养,建议每半年修订完善一次。

而合同版本的更新和修补,实属风险防控的重要环节,非同儿戏,须委托专业人士的介入。请切记:好版本胜过好律师!

第26问　保证人在哪些情况下可以拒绝承担保证责任?

问: 保证人在哪些情况下可以拒绝承担保证责任?

答: 根据法律法规及司法解释的规定,保证人在以下十种情况下可以拒绝承担保证责任:

一、已过保证期间

根据法律规定,保证期间有两种形式:一是约定期间,即保证合同中协议确定的保证期间,时间可长可短;二是法定期间,即在保证合同没有约定保证期间或约定不明的情况下由法律规定的强制适用的保证期间,现行法律规定为主债务人履行期届满之日起6个月。保证期间的设立,在于明确保证责任有效存续时间,同时明确债权人按照法定方式向保证人行使权利的起止时间。如果债权人未在约定保证期间或者法定保证期间内按照法定方式向行使权利(一般保证中为对债务人提起诉讼或者申请仲裁;连带保证中为请求保证人承担保证责任),则保证人有权依法提出抗辩,免除其保证责任。

最高额保证合同对保证期间没有约定或者约定不明的,如合同约定有保证人清偿债务期限的,保证期间为清偿期限届满之日起6个月;没有约定的,保证期间为自最高额保证终止之日或自债权人收到保证人终止保证合同的书面通知到达之日起6个月。保证人对于通知到达债权人前所发生的债权,承担保证责任。

一般认为,保证期间届满,保证人免除保证责任意味着该项实体权利及请求权均消灭,并且不存在任何形式的恢复问题。此时保证期间是否经过属于案件的基本事实,即使保证人未提出保证期间已过的抗辩,法院也应依职权主动审查该项事实并援引作出免责判决。人民法院在审理保证合同纠纷案件时,应当将保证期间是否届满、债权人是否在保证期间内依法行使权利等事实作为案件基本事实予以查明。债权人在保证期间内未依法行使权利的,保证责任消灭。保证责任消灭后,债权人书面通知保证人要求承担保证责任,保证人在通知书上签字、盖章或者按指印，债权人请求保证人继续承担保证责任的，人民法院不予支持，但是债权人有证据证明成立了新的保证合同的除外。

二、主债务不成立或者存在缺陷

主合同虽然已签订，但由于特殊原因而没有实际履行的，债权并未实际发生。在这种情况下，连带责任保证人自然可以拒绝债权人无中生有地履行保证责任的请求。主合同债务已逾诉讼时效，债权人就丧失了要求债务人履行债务的胜诉权，无法请求人民法院或者仲裁机构强制债务人履行债务。因此，连带责任保证人可以债权超过诉讼时效为由在债权人要求债权时提出抗辩，拒绝承担保证责任。即一般保证和连带责任保证的保证人享有债务人的抗辩权，包括：(1)主债务诉讼时效期间经过的抗辩权；(2)同时履行抗辩权；(3)先履行抗辩权；(4)不安抗辩权。

债务人放弃对债权人的抗辩权的，保证人仍可援用债务人对债权人的抗辩权。

三、债权人向保证人主张权利已过诉讼时效

在保证期间中，债权人主张权利的，保证责任确定。从确定保证责任时起，对于连带保证，即开始起算保证的诉讼时效。而对于一般保证，则从对债务人提起诉讼或者申请仲裁的判决或者仲裁裁决生效之日起算保证的诉讼时效。保证债务的诉讼时效期限，按照《民法典》的规定应为 3 年。

还须注意的是，一般保证中，若主债务诉讼时效中断，保证债务诉讼时效中断；连带责任保证中，若主债务诉讼时效中断，保证债务诉讼时效不中断。一般保证和连带责任保证中，主债务诉讼时效中止的，保证债务的诉讼时效同时中止。

四、主合同无效或者保证合同无效

根据《民法典》第 388 条第 1 款的规定，主债权债务合同无效的，担保合同也无效，但是法律另有规定的除外。但应当注意的是，免除担保责任并不意味着没有其他法律责任。《民法典》第 388 条第 2 款同时规定："担保合同被确认无效后，债务人、担保人、债权人有过错的，应当根据其过错各自承担相应的民事责任。"根据最高人民法院《关于适用〈中华人民共和国民法典〉有关担保制度的解释》（以下简称《〈民法典〉有关担保制度的解释》）第 17 条的规定："主合同有效而第三人提供的担保合同无效，人民法院应当区分不同情形确定担保人的赔偿责任：（一）债权人与担保人均有过错的，担保人承担的赔偿责任不应超过债务人不能清偿部分的二分之一；（二）担保人有过错而债权人无过错的，担保人对债务人不能清偿的部分承担赔偿责任；（三）债权人有过错而担保人无过错的，担保人不承担赔偿责任。主合同无效导致第三人提供的担保合同无效，担保人无过错的，不承担赔偿责任；担保人有过错的，其承担的赔偿责任不应超过债务人不能清偿部分的三分之一。”

五、一般保证的情况下，主债务未经诉讼或者仲裁，并且经强制执行仍不能清偿

一般保证的保证人在主债权人向其请求履行保证责任时，有权要求主债权人先就债务人财产诉请强制执行；在主合同债权债务纠纷未经审判或仲裁，并就主债务人财产依法强制执行仍不能履行债务前，保证人可以对主债权人拒绝承担保证责任，即一般保证人享有先诉抗辩权，又称检索抗辩权或先索抗辩权。

先诉抗辩权固然是为保护保证人的利益而设置的，但为了避免给债权人带来不利，大陆法系多数国家的民法典均明文规定了保证人不得行使先诉抗辩权的情形，对其加以限制。根据《民法典》第 687 条第 2 款的规定，有下列情形之一的，保证人不得行使先诉抗辩权：（1）债务人下落不明，且无财产可供执行；（2）人民法院已经受理债务人破产案件；（3）债权人有证据证明债务人的财产不足以履行全部债务或者丧失履行债务能力；（4）保证人书面表示放弃本款规定的权利。

六、约定担保责任超出债务人应当承担的责任范围

根据《〈民法典〉有关担保制度的解释》第 3 条第 1 款的规定，当事人对担保责任的承担约定专门的违约责任，或者约定的担保责任范围超出债务人应当承担的责任范围，担保人主张仅在债务人应当承担的责任范围内承担责任的，人民法院应予支持。

七、不成立保证或者保证合同无效的情形

例如，在借贷关系中，仅起联系、介绍作用的人，不承担保证责任。保证合同不成立或者不生效的，保证人不承担保证责任，但可能根据过错情况承担缔约过失责任。

根据《民法典》及有关司法解释的规定，下列情形下，担保合同无效：（1）机关法人提供担保的，人民法院应当认定担保合同无效，但是经国务院批准为使用外国政府或者国际经济组织贷款进行转贷的除外。（2）居民委员会、村民委员会提供担保的,人民法院应当认定担保合同无效,但是依法代行村集体经济组织职能的村民委员会,依照《村民委员会组织法》规定的讨论决定程序对外提供担保的除外。(3)以公益为目的的非营利性学校、幼儿园、医疗机构、养老机构等提供担保的,人民法院应当认定担保合同无效,但是有下列情形之一的除外:在购入或者以融资租赁方式承租教育设施、医疗卫生设施、养老服务设施和其他公益设施时,出卖人、出租人为担保价款或者租金实现而在该公益设施上保留所有权;以教育设施、医疗卫生设施、养老服务设施和其他公益设施以外的不动产、动产或者财产权利设立担保物权。登记为营利法人的学校、幼儿园、医疗机构、养老机构等提供担保,当事人以其不具有担保资格为由主张担保合同无效的,人民法院不予支持。(4)公司的法定代表人违反《公司法》关于公司对外担保决议程序的规定,超越权限代表公司与相对人订立担保合同,相对人非善意的,担保合同对公司不发生效力。(5)相对人未根据上市公司或者上市公司已公开披露的控股子公司公开披露的关于担保事项已经董事会或者股东大会决议通过的信息,与上市公司订立担保合同,上市公司主张担保合同对其不发生效力的。(6)公司的分支机构未经公司股东(大)会或者董事会决议以自己的名义对外提供担保,但是相对人不知道且不应当知道分支机构对外提供担保未经公司决议程序的除外。

八、债权转让或者主合同变更未经保证人同意

保证期间内,债权人转让全部或者部分债权,未通知保证人的,该转让对保证人不发生效力。保证人与债权人约定禁止债权转让,债权人未经保证人书面同意转让债权的,保证人对受让人不再承担保证责任。债权人许可债务人转让部分债务未经保证人书面同意的,保证人对未经其同意转让部分的债务,不再承担保证责任。但是,保证人仍应当对未转让部分的债务承担保证责任。

保证期间内,债权人与债务人对主合同数量、价款、币种、利率等内容做了变动,未经保证人同意的,如果减轻债务人的债务,保证人仍应当对变更后的合同承担保证责任;如果加重债务人的债务,保证人对加重的部分不承担保证责任。债权人与债务人对主合同履行期限做了变动,未经保证人书面同意的,保证期间为原合同约定的或者法律规定的期间。债权人与债务人协议变动主合同内容,但并未实际履行的,保证人仍应当承担保证责任。

九、债权人放弃物的担保

根据《民法典》第392条的规定,被担保的债权既有物的担保又有人的担保的，债务人不履行到期债务或者发生当事人约定的实现担保物权的情形，债权人应当按照约定实现债权；没有约定或者约定不明确，债务人自己提供物的担保的，债权人应当先就该物的担保实现债权；第三人提供物的担保的，债权人可以就物的担保实现债权，也可以要求保证人承担保证责任。提供担保的第三人承担担保责任后，有权向债务人追偿。

那么，何为“当事人约定的实现担保物权的情形”呢？在中国农业发展银行乾安县支行保证合同纠纷再审审查与审判监督案［（2016）最高法民申 2612 号］中，最高人民法院认为，保证合同第 6.14 条约定：当债务人未履行债务时，无论债权人对主合同项下的债权是否拥有其他担保，债权人有权直接要求保证人承担担保责任。保证合同的上述约定是关于实现保证债权而非实现担保物权的约定，上述约定并不能必然得出已就担保物权的实现顺序与方式等作出了明确约定的结论，故不能将本案保证合同中的上述约定理解为原《物权法》第 176 条规定的“当事人约定的实现担保物权的情形”。

而在黄山长江徽杭高速公路有限责任公司、上海新华闻投资有限公司与招商银行股份有限公司合肥马鞍山路支行借款担保合同纠纷案［（2011）民二终字第 113 号］中，不可撤销担保书中约定：“如借款人未按借款合同及时偿还贷款本息及其他相关费用，或发生《借款合同》规定的任何一项违约事件，贵行有权直接向本保证人追索，而无须贵行先行向借款人进行追索。即使有第三人为借款合同提供物的担保，贵行仍有权选择先行向本保证人进行追索。”最高人民法院认为原审法院根据原《物权法》第 176 条的规定，判令新华闻公司承担保证责任并无不妥。

对比上述两个案件可以看出，“当事人约定的实现担保物权的情形”，是对担保物权的行使前提、顺序的一种具体安排，保证合同没有明确涉及实现担保物权的内容，不能认定已就担保物权的实现顺序与方式等作出了明确约定，不属于民法规定的当事人约定的实现担保物权的情形。

十、债权人明知或应知债务人破产疏于申报和通知保证人

《〈民法典〉有关担保制度的解释》第 24 条规定，债权人知道或者应当知道债务人破产，既未申报债权也未通知担保人，致使担保人不能预先行使追偿权的，担保人就该债权在破产程序中可能受偿的范围内免除担保责任，但是担保人因自身过错未行使追偿权的除外。

第27问　对多人连带责任保证中的一人主张权利，是否会导致对其他保证人的诉讼时效中断？

问：对有多个连带保证人的债务，保证期间债权人仅对其中一个保证人主张权利，那么，对于其他连带保证人是否因债权人仅对其中一个保证人提出主张而对其他保证人产生诉讼时效中断的效力？担保法相关司法解释和关于诉讼时效的司法解释，对于这个问题，作出了相互冲突的规定。

答：在回答您的问题前，须先区分保证期间和诉讼时效这两种法律制度。

首先，保证期间和诉讼时效是两个不同的概念。

保证期间，是指保证人能够允许债权人不行使权利而仍然承担保证责任的期间。在该期间内，若债仅人不积极向主债务人或保证人行使权利，保证人的保证责任即被免除。当事人约定或法律规定保证期间的目的在于对保证人利益的倾斜，因为保证合同是一种单务无偿合同，保证人只承担义务而不享有利益，为了平衡债权人和保证人间的利益关系，法律规定或当事人约定保证期间以对保证人的利益予以照顾，并敦促债权人尽快行使权利。

诉讼时效，是指民事权利受到侵害的权利人在法定的时效期间内不行使权利，当时效期间届满时，人民法院对权利人的权利不再进行保护的制度。债权人没有在该期间主张权利，则可能丧失胜诉权。

二者的区别主要表现在：

(1)诉讼时效期间为请求权人得以请求法院以国家强制力保护其民事权利的法定期间，并且该期间为强制性规定，当事人不得以其意思而予以变更，它体现为国家对权利人意志的干预。而保证期间主要为约定期间，约定期间与否及期间的长短均由当事人自由决定。

(2)诉讼时效为可变期间，可因法定事由的发生而引起中断、中止或延长。而保证期间为不变期间，不因任何事由发生中断、中止、延长的法律后果。

(3)法律后果不同。诉讼时效届满后,实体权利本身并不消灭,仅诉权归于消灭。保证期间的效果为债权人在保证期间内若不行使权利则丧失保证债权。

(4)阻碍期间完成的事由不同。在诉讼时效中,因不可抗力或其他障碍不能行使请求权的,诉讼时效中止;因起诉、当事人一方提出请求及义务人同意履行义务而引起诉讼时效中断,阻碍诉讼时效完成。阻止保证期间完成的事由因保证人是否享有先诉抗辩权而有所不同,依《民法典》第 693 条第 2 款的规定,在一般保证中,阻止保证期间完成的事由为债权人向债务人提起诉讼或申请仲裁,而不是向保证人主张权利。依《民法典》第 693 条第 2 款的规定,在连带责任保证中,阻止保证期间完成并发生效力的事由为要求保证人承担保证责任。

保证债务的诉讼时效应从债权人得向保证人行使保证债权之日起计算。保证期间与保证诉讼时效的联系:

(1)只有保证期间未经过,才有保证债务诉讼时效期间适用的机会(必要);否则,保证债务(责任)不存在,其诉讼时效期间也就不存在了。

(2)保证期间未经过,不意味着保证责任最终能得到法院判决支持。支持与否,还要看其诉讼时效期间是否经过,诉讼时效期间经过,则胜诉权丧失。

其次,关于题述的问题,也须分别对待。

(1)关于诉讼时效问题,相关规定并无冲突。

最高人民法院《关于审理民事案件适用诉讼时效制度若干问题的规定》第 15 条规定,对于连带债权人中的一人发生诉讼时效中断效力的事由,应当认定对其他连带债权人也发生诉讼时效中断的效力。

对于连带债务人中一人发生诉讼时效中断效力的事由,应当认定对其他连带债务人也发生诉讼时效中断的效力。

根据上述规定,对于多个连带保证人的债务,保证期间债权人仅对其中一个保证人主张权利,那么,对于其他连带保证人可以产生诉讼时效中断的效力。

(2)在保证期间内,当债权人仅对多个连带责任保证人的一人主张权利后,能否也视为对其他连带责任保证人主张了权利?

对此,法律没有明确规定,但司法实践倾向于认为,当债权人仅对多个连带责任保证人的一人主张权利后,也视为对其他连带责任保证人主张了权利。例如,在诸暨 K 医药公司、福建 S 医药公司等合同纠纷申请再审案[(2015)民申字第

2064 号]中，最高人民法院认为，在连带共同保证中，保证人是作为一个整体共同对债权人承担保证责任，债权人向共同保证人中的任何一人主张权利，都是债权人要求保证人承担保证责任的行为，其效力自然及于所有的保证人。本案中，福建 S 医药公司向连带共同保证人之一的邱某某主张权利，其效力应当及于作为连带共同保证人的诸暨 K 医药公司。原审判决认定福建 S 医药公司的债权没有超过保证期间，判令诸暨 K 医药公司承担保证责任并无不当。

第28问　对于分离式保函，担保人是否享有追索权？

问：我是某融资担保公司员工，我有两个问题想咨询。第一个问题是关于分离式投标保函的。我公司为施工企业担保在银行开立投标保函，如果受益人要求索赔，银行只有出具的投标保函，未签约其他合同，银行是否有追索权？第二个问题是：我公司以申请人身份和银行签约承诺书为施工企业出具投标保函，但施工企业未与我公司签约委托合同，我公司是否有追索权？

答：所谓分离式保函，是指开函行应担保公司的要求，以出具保函的形式向受益人承诺，当申请人指定的被保证人不履行合同约定的义务或承诺的事项时，由开函行按照保函约定代为履行债务或承担责任的保函。分离式保函业务的申请人与被保证人为不同主体，是新型的境内保证业务，解决了工程施工类企业在申请开立银行保函时需提供相关担保及保证金的难题。当被保证人在银行的授信不足的时候，可以选择担保公司作为第三方，与其签署分离式协议，这样在办理银行保函的时候，占用的就是担保公司在银行的授信，解决被保证人银行授信不足的问题。

对于第一个问题，银行虽然未与被保证人签订合同，但和担保公司签订了授信协议、保证合同或者质押合同，约定了当受益人索赔时，银行向担保公司追索的前提条件。因此，一般情况下，银行会选择要求担保公司先行垫付受益人索赔的款项，或者要求担保公司直接将索赔款项支付给受益人。并且，一旦银行出具了保函，银行和受益人之间成立了保证合同关系。根据《民法典》第700条的规定，保证人承担保证责任后，除当事人另有约定外，有权在其承担保证责任的范围内向债务人追偿，享有债权人对债务人的权利，但是不得损害债权人的利益。银行在承担保证责任后，有权选择向被保证人或者担保公司追偿，也可对二者一并追偿。

对于第二个问题，从风控角度讲，建议担保公司应和被保证人及其反担保人签订委托开函合同，约定被保证人（施工企业）委托担保公司以自己的名义代为向银行申请开立保函并提供保证反担保，担保公司代偿后有权向施工企业及其反担保人追偿等事项。在实践中，由于投标保函竞争激烈，相对于其他保函，担保公司一般倾向于认为投标保函为低风险业务，所以才有未签订合同即代为申请银行出具保函的实务操作。在这种情形下，担保公司只能基于承担了反担保责任的事实和《民法典》第700条的规定，向施工企业追偿。

需要注意的是，分离式保函只是银行内部为规避业务限制的叫法，并非法律概念，银行可能因为内部政策调整等更换其名称或改变相关业务要求、流程。

第29问　未事先约定责任份额的共同担保应如何处理?

问: **我的一个朋友为借款人提供贷款担保,同时还有担保公司担保,后借款人不能按时还款,某银行债权人诉至法院,法院判决我朋友和担保公司共同承担连带责任保证,我朋友和担保公司之间事先并未约定各自的担保责任份额。现担保公司在债权人处有保证金未扣划和执行,该银行却要求法院执行我朋友名下的财产,这种做法是否违反法律规定?**

答: 关于共同保证问题,根据有关法律规定,应遵循以下规则:

第一,共同保证分为连带共同保证和按份共同保证,前者是指债权人可以要求任何一个保证人承担全部保证责任,保证人都负有担保全部债权实现的义务;后者是指保证人按照保证合同约定的保证份额,对债权人承担保证责任。

第二,当事人没有约定保证份额的,债权人可以请求任何一个保证人在其保证范围内承担保证责任。

第三,对于连带共同保证,连带共同保证的保证人以其相互之间约定各自承担的份额对抗债权人的,人民法院不予支持。债权人可以要求任何一个保证人承担全部保证责任。

第四,连带共同保证的保证人承担保证责任后,向债务人不能追偿的部分,由各连带保证人按其内部约定的比例分担。没有约定的,平均分担。

第五,按份共同保证的保证人按照保证合同约定的保证份额承担保证责任后,在其履行保证责任的范围内对债务人行使追偿权。

例如,在诸暨K医药公司、福建S医药公司等合同纠纷申请再审案[(2015)民申字第2064号]中,最高人民法院认为,根据2012年2月15日《协议书》,邱某某、诸暨K医药公司分别对X公司尚欠债权人货款9 383 986.12元承担连带保证责任,双方与债权人没有约定具体的保证份额。邱某某、诸暨K医药公司之间依法应认定为连带共同保证。

又如，在王某某与陈某甲、陈某乙等民间借贷纠纷二审案[(2015)苏民终字第00639号]中，江苏省高级人民法院认为，最高人民法院《关于适用〈中华人民共和国担保法〉若干问题的解释》(已失效)第20条第1款规定，连带共同保证的债务人在主合同规定的债务履行期届满没有履行债务的，债权人可以要求债务人履行债务，也可以要求任何一个保证人承担全部保证责任。王某某撤回对程立新的起诉，系王某某处分自身诉讼权利的行为，并不违反法律规定，陈某甲上诉称一审法院准予王某某撤诉不当，并无法律依据，二审法院不予支持。

本案中，由于法院判决您的朋友和担保公司共同承担连带责任保证，故银行要求法院执行您朋友名下的财产并不违反法律规定。现实中，共同担保还存在保证与抵押、质押或留置共存的情形，法律对于有些问题没有明确规定。笔者认为，如果法律有明确规定，应适用相关规定，如物保与人保并存的问题；如果法律没有明确规定，可以参照上述共同保证的规则处理。

第 30 问 拍卖房产担保业务中担保公司可否预先行使追偿权?

问: **我司开展的某拍卖房购买贷款担保项目操作和进展如下:**

(1)客户通过网络司法拍卖竞得标的房产,并按照约定支付了首期款,其余款项申请了按揭贷款,我公司对该按揭贷款提供阶段性连带责任担保,即我司担保责任自出具保函之日起至标的房产抵押给贷款银行后解除;

(2)在标的房产经法院裁定竞拍成交后,但过户(标的房产尚未过户至客户名下)前,因客户涉及另案民间借贷纠纷,标的房产被第三人申请了预查封,并诉至法院;

(3)目前我司尚未代偿,客户仍在正常支付利息,银行也暂未宣布提前收贷。

我司在未代偿的情况下,可否作为第三人加入民间借贷案件诉讼?可否申请法院轮候查封该房产?

答: 关于贵司申请拍卖房产轮候查封的问题,答复如下:

(1)依据最高人民法院、原国土资源部、建设部《关于依法规范人民法院执行和国土资源房地产管理部门协助执行若干问题的通知》第 27 条的规定,人民法院出具的《执行裁定书》具有变更物权的效力,涉案房产的所有权自该裁定送达贵司客户时转移。

参照最高人民法院、原国土资源部、建设部《关于依法规范人民法院执行和国土资源房地产管理部门协助执行若干问题的通知》第 15 条、第 16 条的规定,人民法院可以通知不动产登记机关办理预查封登记,贵司有权依法对涉案房产申请预查封。

(2)本案中,贵司对贵司客户涉诉的民间借贷案件申请作为第三人参加诉讼,依据为该案处理结果同贵司有法律上的利害关系,但贵司对涉案房产没有独立请求权,故不能在该案中申请保全并预查封涉案房产。

(3)若贵司申请法院对涉案房产进行轮候查封,可另行提起诉讼,并向法院申请财产保全,查封涉案房产,关键在于委托担保合同约定,经审阅相关合同,有关合同依据如下:

①依据《二手楼赎楼贷款担保委托合同》第 13.1 条的约定,若贵司客户未履行或不适当履行借款合同或房地产买卖相关合同并造成贵司承担担保责任的,贵司除依法行使追偿权外,还有权要求贵司客户支付行使追偿权的所有费用及违约金。若贵司承担担保责任并取得追偿权后,可向贵司客户及有关反担保人追偿。

②依据《二手楼赎楼贷款担保委托合同》第 11.5 条的约定,贵司客户应确保涉案房产"未被依法查封、扣押、监管,不存在争议、被禁止或限制转让和抵押等情况",现涉案房产被第三方查封,贵司有权依据第 13.2 条约定选择要求贵司客户提前偿还贷款银行贷款、提供其他担保以解除贵司的担保责任或向贵司提供足值的反担保。

③依据《二手楼赎楼贷款担保委托合同》第 13.4 条的约定,如贵司有证据证明贵司客户有提供虚假材料骗取银行贷款、贵司担保、购房资格等,贵司有权要求贵司客户提前偿还贷款或提供贵司认可的方案解除贵司担保责任(此种方案需要事先征得贷款银行的同意)。

第 31 问　主合同与从合同分别约定诉讼和仲裁，能否一并向法院起诉？

问：借款合同约定争议解决方式为向法院起诉，保证合同约定向仲裁委员会申请仲裁，能否一并向法院起诉？

答： 首先，如果主合同与从合同约定的争议解决方式皆为诉讼的，可以根据主合同确定案件管辖。最高人民法院《关于适用〈中华人民共和国民法典〉有关担保制度的解释》第 21 条规定，主合同或者担保合同约定了仲裁条款的，人民法院对约定仲裁条款的合同当事人之间的纠纷无管辖权。债权人一并起诉债务人和担保人的，应当根据主合同确定管辖法院。债权人依法可以单独起诉担保人且仅起诉担保人的，应当根据担保合同确定管辖法院。

其次，若借款合同约定争议解决方式为向法院起诉，担保合同约定向仲裁委员会申请仲裁，不能适用上述规定，理由是：上述司法解释第 21 条的规定解决的是主从合同约定诉讼管辖不一致问题，而非主管问题。民事诉讼的主管指法院主管，是人民法院依法受理、审判解决一定范围内民事纠纷的权限，也是确定人民法院和国家其他机关、社会团体之间解决民事纠纷的分工和职权范围。既然担保合同约定了仲裁条款，就不能选择诉讼。仲裁裁决一经仲裁庭作出即发生法律效力，实行一裁终局制。而当事人没有订立仲裁协议或者仲裁协议无效的，才可以向人民法院起诉。在最高人民法院《关于成都优邦文具有限公司、王国建申请撤销深圳仲裁委员会(2011)深仲裁字第 601 号仲裁裁决一案的请示的复函》[(2013)民四他字第 9 号]中，最高人民法院的答复认为，案涉担保合同没有约定仲裁条款，仲裁庭关于主合同有仲裁条款，担保合同作为从合同应当受到主合同中仲裁条款约束的意见缺乏法律依据。

但是，在上诉人 Z 化工公司与被上诉人郑某某、原审被告毕某某、刘某某民间借贷纠纷一案判决书[(2014)豫法民一终字第 143 号]中，一审和二审法院皆认为,郑某某依据借款合同、保证合同提起借款担保合同诉讼,其中借款合同约定发生争议由郑某某所在地人民法院管辖,保证合同约定发生争议可申请濮阳仲裁委员会仲裁,由于保证合同是借款合同的从合同,因此,当二者就管辖问题约定不一致时,应以主合同为确定管辖的依据。后Z化工公司不服河南省高级人民法院(2014)豫法民一终字第143号民事判决,向最高人民法院申请再审,再审裁定亦认定,虽然案涉保证合同约定了争议解决方式为仲裁,但由于该保证合同是借款合同的从合同,本案根据主合同约定,由人民法院管辖并无不当。由此看来,对此问题实践中仍存在争议。

最后,如果保证合同约定的为一般保证,则根据《民法典》第687条、第688条的规定,一般保证的保证人在主合同纠纷未经审判或者仲裁,并就债务人财产依法强制执行仍不能履行债务前,对债权人可以拒绝承担保证责任。如果保证合同约定的为连带保证,则债务人在主合同规定的债务履行期届满没有履行债务的,债权人可以要求债务人履行债务,也可以要求保证人在其保证范围内承担保证责任。

第 32 问　主合同为合作框架协议的保证合同是否成立?

问:甲公司与乙公司因项目合作实施的意愿签订了一份战略合作框架协议,约定了合作的方式以及内容、收益分享、双方的权利和义务、保密条款违约责任以及争议解决的方式等条款。战略合作框架协议签订以后,为了保障协议的顺利实施,甲公司与乙公司的实际控制人王某签订了一份书面的保证合同,约定王某以自有的合法财产向甲公司提供连带责任保证担保,其中对保证担保的范围及方式进行了初步约定,但没有约定具体的债权金额和发生期间。上述合同签订后,甲、乙双方开展了数个具体项目合作,但王某并未就具体项目和甲公司另行签订保证合同或者出具保证担保书。请问王某须承担保证责任吗?

答:《民法典》第 470 条规定,“合同的内容由当事人约定,一般包括以下条款:(一)当事人的名称或者姓名和住所;(二)标的;(三)数量;(四)质量;(五)价款或者报酬;(六)履行期限、地点和方式;(七)违约责任;(八)解决争议的方法。当事人可以参照各类合同的示范文本订立合同”。

《民法典》第 684 条规定,“保证合同的内容一般包括被保证的主债权的种类、数额,债务人履行债务的期限,保证的方式、范围和期间等条款”。

战略合作框架协议无论从形式还是内容上,都是约定甲公司与乙公司开展项目合作的总体协议,如果形成债权债务关系的话,类似与银行与企业之间的综合授信合同,而相应的《保证合同》则属于最高额保证合同。最高额保证即属于人的担保中保证的一种特殊形式,是在最高债权额限度内对一定期间连续发生的不特定同种类债权提供的保证。《民法典》第 690 条规定,“保证人与债权人可以协商订立最高额保证的合同,约定在最高债权额限度内就一定期间连续发生的债权提供保证”。结合该条规定,可以得出,除了当事人名称或姓名外,最高额保证合同还应具备两个必备要素:一是担保最高债权限额;二是主债权发生期间。例如,在

G 房地产开发公司与 H 实业公司、G 实业公司借款合同纠纷二审案[(2016)最高法民终 240 号]中,最高人民法院认为,合同双方应就债权种类数额、担保范围等合同主要条款达成合意并予以书面确认;被担保主债权,即保证合同的标的应当是特定化的、数额可以确定的、已经成立并合法有效的债权。如果保证合同中缺少特定化的被担保的债权种类和数额,保证合同应当被视为缺少必备的核心条款,因此保证合同不成立。

提问中所提及的保证合同虽然约定了和战略合作框架协议相一致的保证范围,但无论是战略合作框架协议还是保证合同,都没有确定主债权金额和主债权发生期间,因此应认定保证合同未成立。根据《民法典》的有关规定,如果当事人一方因违反依据诚实信用原则产生的先合同义务,导致合同不能成立、无效或被撤销的,有过错的一方应当赔偿他方所受的损失;双方都有过错的,各自向对方承担责任。

第33问　连带责任保证书中约定以股权提供担保，担保人承担何种责任？

问：担保人向债权人出具了如下一份无限连带责任保证书(以下简称保证书)，约定内容如下：

“根据××有限公司(以下简称甲方)与×××有限公司(以下简称乙方)于2021年1月28日签署的《借款合同》：

一、某某愿意以××有限公司20%股权为乙方向甲方提供无限连带责任保证担保，担保范围包括：甲方所提供的本金、代理费、逾期利息和管理费、违约金、赔偿金其他有关费用，以及贵公司实现债权的费用等(包括但不限于诉讼或仲裁费、财产保全或证据保全费、强制执行费、评估费、拍卖费、鉴定费、律师费、差旅费、调查取证费等)，且为甲方保证乙方按照合同从甲方获得的资金应严格按照合同约定的用途使用，不得挪作他用。

二、本担保人保证对乙方在本保证书上第一条所述的担保范围内负有法律上和经济上代为清偿的义务和责任。若乙方未能按约履行借款合同中约定的债务，本担保人保证在收到甲方通知书后十个工作日内无条件的支付本保证书第一条所述的所有款项，不得有任何异议。

三、本担保书下的担保是本担保人的连续性义务和责任，其连续性不受任何争议、索赔和法律程序的影响，也不因上述协议或合同的任何修改、补充、删除，而受到影响或失效，更不受借款人与其他方签订的任何合同、协议、文件的制约。本担保书始终有效。

四、甲方主债权存在物的担保的，不论该物的担保是由乙方提供还是由第三人提供，甲方均有权要求担保人先承担保证责任，本担保人承诺不因此而提出抗辩。甲方放弃、变更或丧失其他担保权益的，本担保人的保证责任仍持续有效，不因此而无效或减免。”

保证书第1条写的是以其所持有的公司股权做担保，其他条款又看似

是一个保证担保，这是可以追究个人作为保证人的保证担保，还是只能追究他所持有的股权给出的担保？

答： 首先，应确定该保证书是否合法。从私法自治的原则出发，该保证书在无其他法定无效原因的情况下，应属合法有效。

其次，如该保证书是合法有效的，若借款人无法偿还借款，就只能在担保人所持有××有限公司20%股权的范围内要求其承担担保责任，从这一角度来看，这一担保的内容是“特殊”的无限连带责任担保，即名义上虽为无限连带责任担保，但实际为限定范围的有限连带责任担保。《民法典》第691条规定，保证的范围包括主债权及其利息、违约金、损害赔偿金和实现债权的费用。当事人另有约定的，按照其约定。当事人对保证担保的范围没有约定或者约定不明确的，保证人应当对全部债务承担责任。根据该条规定，当事人可以对保证担保的范围进行特殊约定。

最后，从该保证书的内容来看，属于“物保＋人保”的混合，对于“××有限公司20%股权”既未约定质押，也未办理质押登记，债权人依法不能享有优先受偿权。最高人民法院作出的李某某与Z公司、韩某某等民间借贷纠纷申诉、申请民事裁定书[（2015）民申字第3256号]中确定的裁判思路与本案相似。由于借款协议、借条中均约定以Z公司所有的商都县商张公路北侧（工业园区）80 004平方米工业用地的国有土地使用证作为抵押，Z公司在借款协议和借条上均加盖了印章，Z公司与李某某达成了以上述土地使用权作为借款抵押担保的合意，原审法院认定当事人之间签订的抵押合同已经成立并生效，判令Z公司在其担保的土地使用权范围内对案涉债务承担相应责任。最高人民法院认为，原审认为抵押合同成立，抵押权并未设立，李某某可以主张Z公司在土地使用权范围内对债务承担连带清偿责任，但不能就土地使用权主张优先受偿，适用法律并无不当。综上所述，连带责任保证书中约定以××有限公司20%股权提供担保，担保人应以××有限公司20%股权范围内对借款合同项下担保范围内的债务承担连带清偿责任。

第34问　人民法院受理债务人破产申请之前的债务清偿有何风险?

问: **我司是一家融资担保公司,目前有个借款主体 Z 公司已被其他债权人起诉,现公司正在组织梳理该项目情况,如发现法律风险希望能尽快补签相关文件,该债务人欠我司两笔委托贷款债务,其中一笔已到期,另一笔明年 9 月到期。因该债务人对公司关联企业 Y 公司还有数笔建设工程债权,现提出初步解决方案:**

第一,非诉方案:由 Z 公司委托 Y 公司直接将相关应付款支付至我公司指定账户,用于偿还上述借款本息(补签的《委托付款函》)。或者我公司将对 Z 公司享有的债权转让给 Y 公司,由 Y 公司主张抵销。

第二,诉讼方案:根据合同约定宣布委托贷款合同提前到期,然后直接以我公司的名义对 Z 公司进行追偿。

目前,因 Y 公司尚有大量应付尾款应向 Z 公司支付,在不增加 Y 公司的风险前提下,我们更希望通过以非诉方式结清以上贷款。

烦请金律师针对以上项目及现状给予意见,尤其是:(1) Y 公司代付的法律风险及应对措施(补签文件等);(2)如果 Z 公司进入破产程序对我司债权及第三方代付是否有影响及应对措施,万分感谢。

答: 首先,Z 公司的提前清偿或者个别清偿存在被管理人申请法院撤销的风险。如 Z 公司进入破产程序,依照《企业破产法》第 31 条的规定,人民法院受理破产申请前 1 年内,涉及债务人财产的下列行为,管理人有权请求人民法院予以撤销:(1)无偿转让财产的;(2)以明显不合理的价格进行交易的;(3)对没有财产担保的债务提供财产担保的;(4)对未到期的债务提前清偿的;(5)放弃债权的。

《企业破产法》第 32 条规定,“人民法院受理破产申请前六个月内,债务人有本法第二条第一款规定的情形，仍对个别债权人进行清偿的，管理人有权请求人民法院予以撤销。但是，个别清偿使债务人财产受益的除外”。(《企业破产法》第2条规定，“企业法人不能清偿到期债务，并且资产不足以清偿全部债务或者明显缺乏清偿能力的，依照本法规定清理债务”。)

因此，贵司存在的风险，一是对未到期的债务提前清偿的风险；二是对个别债权人进行清偿的风险。

其次，防范上述风险可采取一定的措施。对前者进行防范的措施为提前使借款合同到期并经担保人书面确认，宣布到期的方式为签订补充协议约定或贵司根据合同约定宣布提前到期；对于后者建议尽量避免在人民法院受理破产申请前6个月内受偿或者延缓Z公司向法院申请破产的时间。

另外，根据最高人民法院《关于适用〈中华人民共和国企业破产法〉若干问题的规定(二)》第15条的规定，债务人经诉讼、仲裁、执行程序对债权人进行的个别清偿，管理人依据《企业破产法》第32条的规定请求撤销的，人民法院不予支持。但是，债务人与债权人恶意串通损害其他债权人利益的除外。

根据该条的规定，除非管理人能举证证明债务人与债权人恶意串通损害其他债权人利益，否则不能请求撤销债务人经诉讼、仲裁、执行程序对债权人进行的个别清偿。这里的恶意串通，主要是从订立合同的主观目的、合同订立与履行过程、关联关系、明显不合理低价、是否明知对方存在巨额债务等方面结合证据综合判断。因此，通过诉讼、仲裁、执行方式进行的个别清偿，可以降低因Z公司破产而导致个别清偿被法院撤销的风险(另有观点认为，前述诉讼、仲裁必须经过法院强制执行程序)。笔者建议：

(1)若Z公司所欠贵司的债务尚未到期，应尽快通过补充协议或者单方通知(须有合同依据)使债务提前到期；

(2)通过应收款清偿贵司债务的对价基本公平合理；

(3)通过仲裁和解可出具调解书和裁决书，可要求仲裁机构出具仲裁裁决书。

最后，关于债权抵销与破产受理的关系。《企业破产法》第40条规定的抵销，是债权人向管理人主张抵销，管理人是人民法院受理破产申请后指定的，而贵司所主张的抵销，是在Z公司破产申请被法院受理之前，而且是贵司对Z公司提出的，故不应适用《企业破产法》第40条的规定。根据《民法典》第557条的规定，债务相互抵销是合同权利义务终止的情形之一,故破产受理前的抵销,实际上仍为债务清偿问题。而无论是《企业破产法》第40条规定的抵销,还是其他条款规定的清偿,所要求的条件在实质上并无差异。

第 35 问　借款人濒临破产时,担保人该如何应对?

问: 我司目前有一担保项目遇到以下情况:A 公司委托某银行向 B 公司贷款,由我司对该笔债务承担连带保证责任。同时,由 B 公司的关联公司对我司提供反担保保证,并提供 10 套房产作为反担保抵押物。在贷款尚未到期之时,借款人 B 公司就出现了资不抵债的破产风险。在这种情况下,我们想问:

(1)能否让债权人在债务人破产前处置债务人的房产呢?可能存在什么风险,又需要怎样防范这些风险?

(2)抵押房产中还有部分是个人的房产,这部分房产处置起来又存在哪些风险,我司需要如何防范?

(3)如果房产处置不能,债权人或我司需要采取什么措施来保障自身的权益?

(4)在进行这些操作时,我司需要签署哪些资料?

答: 1. 关于问题(1),依据《企业破产法》第 31 条、第 32 条的规定,在破产申请受理前 1 年内,破产管理人有权请求人民法院予以撤销对未到期的债务提前清偿的;在破产申请受理前 6 个月内,债务人出现不能清偿到期债务并且资产不足以清偿全部债务或者明显缺乏清偿能力的情形而对个别债权人进行清偿的,管理人有权请求人民法院予以撤销。

鉴于目前 B 公司对 A 公司的债务为未到期债务,如提前清偿,可能会被人民法院撤销;同时如 B 公司半年内破产申请被受理,其对债权人的清偿可能属于个别清偿,也存在被人民法院撤销的风险。

笔者给出的防范建议是:

(1)如果偿还债务人非属于将要破产企业,则不适用上述规定,故债权人可接受非破产企业(如担保人)的清偿。

(2)如果该企业明示将要违约或者已违反合同约定,债权人可宣布债权提前到期,并在债权受偿后,尽量延迟该企业申请破产的时间。

2. 关于问题(2),对于抵押物的处置,比较安全的方式为依法请求法院拍卖、变卖抵押物优先受偿,或者在拍卖不成时以物抵债。但前提是贷款到期并且贵司已发生代偿。如抵押人向第三方转让贵司享有抵押权之房产,在征得贵司同意的情况下,贵司可以要求将转让价款用于清偿借款人所欠 A 公司的债务。

因 B 公司经营状况恶化,可能面临其他债权人申请人民法院查封、冻结、扣押其财产的问题,贵司享有抵押权的房产在解除抵押、办理过户环节可能被人民法院采取查封措施。因此,抵押权人在解除抵押之前需要对向东公司相关情况进行全面了解,并对过户时间及查封风险要有合理预估。

3. 关于问题(3),对于债权人而言,可以使贷款提前到期:

(1)债务人出现委托贷款合同约定之违约事件,债权人可根据约定宣布贷款提前到期,并要求债务人立即偿还所有贷款本金并结清利息。

(2)债务人没有出现委托贷款合同约定之违约事件,但鉴于债务人已濒临破产,如债务人向债权人书面声明其将不能履行还本付息义务,则债权人可以根据《民法典》第 563 条的规定,行使法定解除权,并要求其立即偿还全部借款本息。

对于贵司而言,可以在代偿后行使追偿权,也可以在代偿前行使预先追偿权。

(1)贵司代偿后依法向借款人及其担保人依法追偿,并立即对包括抵押物在内的财产申请财产保全。

依据《委托贷款合同》及《担保委托合同》,借款人逾期归还借款的,A 公司(或委托银行)有权要求贵司代偿借款本金及利息等。贵司代偿后有权要求借款人偿还代偿款本息、违约金,并要求反担保保证人承担连带保证清偿责任,变卖、拍卖抵押人之抵押房产优先受偿。但是借款人一旦进入破产清算程序,贵司实现债权的成本将增大。

因借款人及反担保人可能对其他债权人负债,贵司虽然对抵押房产享有抵押权,但若借款人其他债权人为实现债权对借款人及反担保人房产进行查封,届时贵司在抵押房产处置上也处于被动地位。特别提醒的是,优先受偿权不等于优先处置权。

(2)若法院受理债务人的破产申请,贵司在代偿后可依法向法院申报债权。

申报债权时，书面说明债权的数额和有无财产担保，并提交有关证据。《企业破产法》第 109 条规定，对破产人的特定财产享有担保权的权利人，对该特定财产享有优先受偿的权利。第 110 条规定，享有该法第 109 条规定权利的债权人行使优先受偿权利未能完全受偿的，其未受偿的债权作为普通债权；放弃优先受偿权利的，其债权作为普通债权。

（3）若法院受理债务人的破产申请，贵司在实施代偿前也可以预先行使追偿权。《民法典》第 536 条规定，债权人的债权到期前，债务人的债权或者与该债权有关的从权利存在诉讼时效期间即将届满或者未及时申报破产债权等情形，影响债权人的债权实现的，债权人可以代位向债务人的相对人请求其向债务人履行、向破产管理人申报或者作出其他必要的行为。因此，在债权人未申报债权时，贵司也可以化被动为主动，预先行使追偿权。

4. 关于问题（4），笔者认为：

（1）鉴于债务人已濒临破产，贵司无论是否提前代偿，都应尽量督促债权人使贷款提前到期并让借款人及其担保人在到期通知书上签字确认，到期方法如前所述。

（2）如果可能，可要求债务人立即增加反担保，并依法办理相应的登记手续。但根据《企业破产法》第 31 条的规定，在人民法院受理破产申请前 1 年内发生增加担保的，存在将来管理人请求人民法院予以撤销的风险。

（3）立即对债务人及其担保人进行保后检查，重点在于发现财产线索（包括但不限于银行存款、不动产、股权、机器设备、应收账款等），并做好立即保全准备。

（4）若贵司发生代偿，应取得相应的代偿证明。贵司代偿后，如债务人及其担保人愿意配合，可立即达成仲裁协议，向仲裁机构申请仲裁调解，以快速确定实体权利。

（5）若债务人已陷入破产，则可依法向法院提交债权申报申请及相关证明材料。如债务人未进入破产程序，则应尽快向人民法院起诉（若未能达成仲裁协议）或者申请强制执行（若已完成仲裁调解）。

第36问 免除部分保证人责任或者仅起诉部分保证人有何法律风险?

问:2021年,李某、杨某和王某等三人为某公司向我借款100万元的债务提供连带共同责任保证。现在因借款公司逾期未偿,我想要起诉公司偿还借款,并要求保证人承担保证责任。但因王某与我有生意上合作关系,我想要不追究王某的保证责任,那么请问:

第一,如果我向王某出具《承诺函》放弃其保证责任,是否会影响我对其他保证人的追偿?

第二,如果我并非出具《承诺函》,而只是对其不予起诉,又会造成什么法律后果呢?我在以后是否还可以对其追偿?

答:一、第一个问题是在连带责任保证前提下,主债权人明确承诺放弃共同保证中其中一个连带保证人的保证责任时,保证责任应当如何分配的问题

针对该争议问题主要有两种观点:第一种认为,债权人放弃行为无效,其无法免除某一保证人的保证责任,本案三名保证人仍需对所有债务承担连带保证责任。第二种认为,债权人放弃行为有效,其免除某一保证人的保证责任时,该共同保证未约定保证人份额,视为各保证人平均分配,则另两名保证人对本案债务的剩余部分承担连带保证责任。

笔者认为,第一种观点有违背当事人意思自治、处分权利的自由之嫌,没有法律依据,故不予采纳。第二种观点符合法律规定,且合情合理。《民法典》第699条规定:“同一债务有两个以上保证人的,保证人应当按照保证合同约定的保证份额,承担保证责任;没有约定保证份额的,债权人可以请求任何一个保证人在其保证范围内承担保证责任。”您享有自由处分自己的权利,但损害了其他保证人追偿的法定权利,所以,其他担保人的担保责任应相应减轻。

本案中,您明确承诺放弃对王某诉请,其他担保人的担保责任在被免除的责任的范围内应相应减轻。最高人民法院《关于适用〈中华人民共和国民法典〉有关担保制度的解释》(以下简称《〈民法典〉有关担保制度的解释》)第13条第1款“同一债务有两个以上第三人提供担保,担保人之间约定相互追偿及分担份额,承担了担保责任的担保人请求其他担保人按照约定分担份额的,人民法院应予支持;担保人之间约定承担连带共同担保,或者约定相互追偿但是未约定分担份额的,各担保人按照比例分担向债务人不能追偿的部分”的规定,现各当事人无证据证明连带保证人之间对担保份额有内部约定,应按平均分担处理。您放弃对三个担保人中其中一个的诉请,应视为免除总债务1/3的保证份额,其余两个担保人应对主债务的2/3承担连带保证责任。债权人自愿放弃部分保证人的保证债务,是自由处分权的体现,因根据上述担保法司法解释,在保证人未约定保证份额下,由每个保证人平均分担。因此该意思自治并未加重其他保证人的负担,损害剩余保证人合法权益,故应为合法有效。

二、第二个问题涉及当债权人未明确放弃某一保证人的保证债权,而只起诉某部分保证人要求承担保证责任时,其余保证人是否还须承担保证责任的问题

(一)起诉其他保证人的事实与法律基础

根据《民法典》第699条及《〈民法典〉有关担保制度的解释》第13条第1款的规定,在共同保证人之间的内部法律关系中,基于公平原则,连带共同保证的保证人承担保证责任后,有权要求其他保证人承担相应的份额,不受债权人是否在保证期间内向未承担保证责任的保证人主张过保证责任的影响。而连带共同保证人对外系一个整体的保证关系,每一个保证人无论有没有被债权人直接主张履行保证责任,在符合法定责任免除的要件前仍有义务承担保证责任。

《民法典》第688条第2款规定连带责任保证的债务人不履行到期债务或者发生当事人约定的情形时,债权人可以请求债务人履行债务,也可以请求保证人在其保证范围内承担保证责任。根据该规定,债权人可以选择起诉对象来行使诉权,“可以”代表可以选择一个或者可以选择几个保证人行使权利。法条所赋予的权利是行使“选择权”而不是行使“放弃权”,债权人选择向部分保证人行使权利不代表放弃对另外一部分保证人的权利,除非债权人自行作出放弃对其他保证人主张权利的意思表示。若债权人并未向其他保证人主张过权利,也没有放弃对其主张权利,按照民法精神、按照法理一般解释应当作此推定:未明示放弃权利即推定为未曾放弃权利,权利一直保留至失效之时或明示放弃之时。法院不能以债权人未对其他保证人提起诉讼,就当然认定原告放弃对被申请人的诉权。因此,未向部分保证人主张权利不代表放弃了权利,只是对权利的行使对象进行选择。未被主张的部分保证人仍有义务承担保证责任。

(二)是否涉及“一事不再理”

根据最高人民法院《关于适用〈中华人民共和国民事诉讼法〉的解释》第 247 条的规定,“一事不再理”要同时符合下列条件的,方才构成重复起诉,“(一)后诉与前诉的当事人相同;(二)后诉与前诉的诉讼标的相同;(三)后诉与前诉的诉讼请求相同,或者后诉的诉讼请求实质上否定前诉裁判结果”。

在本案中,如果债权人已经提起了一次诉讼,但债务人及部分保证人经过执行仍不能清偿债务。那么,此时再次基于“同一债权债务关系”再次起诉,是否是“一事二诉”呢?笔者认为不是,理由如下:

首先,债权人并未向其他保证人主张过权利,请求尚未被起诉的其他保证人承担连带责任,前诉与后诉之间的当事人与之前不同,不符合“一事二诉”的第一要件。

其次,诉讼标的不相同,前诉标的为完整的债务人所欠债务的债权债务关系,后诉标的为前诉中不能清偿的部分的债权债务关系。且每个保证人的保证责任虽对外是一个整体,对内也相对独立,即便保证人系连带责任,最终都有份额划分至每个保证人。

最后,诉求也不尽相同,后诉的诉求是请求保证人承担保证责任,偿还前诉中不能清偿的部分的债务或者请求尚未起诉的其他保证人与前面已经起诉的保证人承担连带保证责任,与前诉中请求债务人和保证人偿还全部债务是不同的。

故两案之间没有违反“一事不再理”的原则,可以另案起诉。

(三)连带共同保证的关联关系问题与诉讼时效计算

连带债务的核心是连带债务人之间的连带性,根据最高人民法院《关于审理民事案件适用诉讼时效制度若干问题的规定》第 15 条的规定,“对于连带债务人中的一人发生诉讼时效中断效力的事由,应当认定对其他连带债务人也发生诉讼时效中断的效力”。就多数债务人中的一人发生效力的事项,对于其他债务人也发生同样的效力。连带共同保证也是为同一主债务设定的保证,在有意思联络的情况下，完全可以看作一种特殊的连带债务人，债权人可要求任一保证人承担保证责任，其他保证人也发生诉讼时效中断的效果。因此，笔者认为，在有意思联络的连带担保合同中，债权人在保证期间内向任一保证人主张权利都意味着其向其他承担连带保证责任的共同保证人主张了权利。

连带保证人的存在是加强了债权人签订合同的可能，甚至起了决定性的作用。如果仅因诉讼中并未起诉所有的连带保证人，便推定视为放弃保证的处分的意思表示，那么对债权人来说是极为不公的。故从立法本意上分析，不宜认定保证人可以因此免除保证责任。笔者认为，连带共同保证合同中仅起诉部分保证人后，还能在诉讼时效期限内继续起诉其他保证人。

综上所述，在存在多人保证的合同纠纷中，笔者建议：债权人在签订合同前应通过有效方法调查保证人的财务状况，并在事后进行监督，以免在出现纠纷时无法知悉其财产状况和行踪，而使追究保证责任遇到障碍。同时，应避免在借款主合同中或者在出现纠纷后约定签订免除某一保证人保证责任协议或者出具类似承诺函，并且若能一起起诉所有保证人尽量一次起诉，从而使追偿风险最小化。

第37问　借款人违约后可暂不起诉连带责任保证人吗?

问:2021年2月,我公司与王某某、Y银行签订委托贷款协议,约定我公司委托Y银行向王某某发放贷款2000万元用于公司经营,贷款期限为1年,年利率为15%,按月付息,到期还本。同日,我公司与李某某、王某某签订保证合同,约定李某某以其拥有合法处分权的财产向我公司提供保证担保,担保范围为:委托贷款协议项下的借款本金、利息及逾期利息、违约金、为实现债权支出的全部费用等,保证方式为连带保证责任。后王某某及李某某皆未依约履行还款及担保义务,出于特殊原因考虑,我公司拟向借款人王某某提起诉讼,暂时不起诉保证人李某某。请问这样做可以吗?

答:依据《民法典》第577条之规定,当事人一方不履行合同义务或者履行合同义务不符合约定的,应当承担继续履行、采取补救措施或者赔偿损失等违约责任。现借款人王某某、担保人李某某未依约履行还款、付息及担保的义务,贵司有权要求其承担违约责任。

根据《民法典》第588条之规定,当事人在保证合同中约定保证人与债务人对债务承担连带责任的,为连带责任保证。连带责任保证的债务人在主合同规定的债务履行期届满没有履行债务的,债权人可以要求债务人履行债务,也可以要求保证人在其保证范围内承担保证责任。

因此,贵司可以要求借款人王某某履行债务,也可以要求保证人承担全部保证责任。

如最高人民法院在牛某某、冯某某小额借款合同纠纷再审审查与审判监督案民事裁定书[(2017)最高法民申3672号]中认为,"……根据上述法律规定,巨丰公司(债权人)有权起诉本案的保证人牛某某,要求其承担保证责任。至于巨丰公司是否要求案涉借款之外的借款人与保证人承担责任,系巨丰公司对自身权益处分问题,与牛某某无关……"

又如，高县人民法院在L贸易公司、徐某某因保证合同纠纷二审民事判决书[（2015）川民终字第896号]中认为，“……最高人民法院《关于适用〈中华人民共和国担保法〉若干问题的解释》第20条第1款明确规定，连带保证的债务人未履行债务的，债权人可以要求债务人履行债务，也可以要求保证人承担保证责任。根据该条文的精神，债权人是既可向债务人主张权利，也可以向提供连带责任保证的保证人主张权利的……”

那么，如债权人起诉债务人并获得生效判决后再次起诉保证人，这是否违反“一事不再理”原则呢？在D公司、NY银行枣庄分行保证合同纠纷申请再审案[（2015）民申字第154号]中，最高人民法院认为，NY银行枣庄分行曾就本案债权以债务人M公司、保证人H公司、戴某兵为被告提起另案诉讼，山东省枣庄市中级人民法院作出（2009）枣商初字第17号民事判决，该判决已发生法律效力。另案中，NY银行枣庄分行虽未向D公司主张权利，但并未明确放弃对D公司享有的担保权，不能视为其自认D公司不是本案债权的保证人。之后，NY银行枣庄分行就上述判决未得履行部分债权要求D公司承担保证责任，并不违反《民事诉讼法》的相关规定。D公司主张NY银行枣庄分行提起本案诉讼违反“一事不再理”原则，缺乏法律依据，不能成立。

此外，根据《民法典》第693条的规定，一般保证的债权人未在保证期间对债务人提起诉讼或者申请仲裁的，保证人不再承担保证责任。连带责任保证的债权人未在保证期间请求保证人承担保证责任的，保证人不再承担保证责任。在合同约定的保证期间和前款规定的保证期间，债权人未要求保证人承担保证责任的，保证人免除保证责任。因此，如贵司需保证人承担保证责任，应在保证期间内提出。

综上所述，贵司可以要求借款人王某某履行债务，也可以要求保证人承担全部保证责任。故贵司有权暂时仅对借款人王某某提起民事诉讼；在保证期间内，也有权就未获清偿的部分另行要求保证人李某某承担保证责任。

第38问 融资担保公司开展诉讼保全担保业务存在哪些困境和出路?

问:我司属于一家融资担保公司,近期有开展诉讼保全担保业务的打算,但听其他开展相关业务的同行介绍,行业内存在一定的困境,请问有哪些困境和解决之道?

答:诉讼保全担保属于担保公司的业务范围之一,而且只要业务来源稳定、风险控制得当,完全可以做到实际承担较低风险并获得可观的收益。《融资性担保公司管理暂行办法》《融资担保公司监督管理条例》皆已明确规定诉讼保全担保是融资性担保公司的兼营业务之一,而现实中,不少地方的融资(性)担保公司开展此类业务其实面临困境。

一、困境之一:业务通道问题

为什么通道是首要问题?应该说,担保公司只要是开展担保业务,都存在这个问题。比如,融资性担保,银行是否愿意给予担保公司授信额度往往是担保公司能否开展相关业务的决定性因素,即便是非融资性担保,有关债权人是否认可担保公司的信用也是开展担保业务的首要前提。但是,相对于获得银行授信来说,担保公司保函或者银行保函获得法院认可更难。原因在于:一方面,担保公司是为解决中小企业融资难问题而产生的,无论是从社会需求、政府支持还是大众理解上来看,担保公司切入融资担保业务都是合情合理,尽管诉讼保全担保也存在需求和提供担保难的问题,但并未引起各级政府的重视;另一方面,法律对于诉讼保全担保的具体担保方式并未作规定,实践中有赖于各地法院做法。

如何解决通道问题?对这个问题,笔者总结出以下几点建议:

(一)根本之道

立法上求得突破,借《民事诉讼法》修改或者出台有关司法解释之机,明确规定法院可以接受担保公司或者银行出具的诉讼保函。当然并不是所有担保公司或银行的保函都能接受，而是设定一定的门槛和条件，允许具备条件的担保公司或银行出具保函。尽管这样的期待近乎理想，但并非不可能，随着担保行业的发达和担保公司的兴起，担保公司提供的信用增级作用正日益广泛和受到重视。

（二）开拓之道

万事开头难，但事在人为。虽然法律没有明确规定，但按照民事领域法无明文禁止即允许之原则，以及民事诉讼上的处分原则，限制担保公司提供的保函担保是没有法律依据的，而限制银行保函担保，则不仅没有法律依据可循，更在情理上难容。担保公司可以与当地法院积极沟通，通过申报资信材料、存放一定比例的保证金等措施，促使法院认可担保公司的担保能力。实践中，近年来，不断有法院（广东省居多）出台关于担保公司提供诉讼保函的准入规定和操作流程，作为重要的一项便民措施，担保公司应积极联系争取获得准入资格。

（三）陈仓之道

如果担保公司出具的保函暂时不能被法院接受，则提议法院接受银行或者其他金融机构出具的保函，担保公司可以运用在银行等金融机构的到担保授信额度开展诉讼保全担保业务。对于银行来说，因为担保公司承担全部保证责任，银行仅作形式审查并收取一定比例的手续费，无疑增加了银行的低风险收入。只要银行保函能被法院接受，担保公司仅需与银行沟通联系，取得银行对开展此类业务合作的支持即可。综上所述，这方面的难度相对争取法院接受担保公司保函要小得多。

（四）退守之道

实践中，确实有不少法院不接受任何机构（包括银行）出具的保函，仅认可金钱或者实务担保。法院对此并不出具任何决定、裁定或者判决，担保公司或当事人不服的，连法律救济渠道都没有。在经过努力仍无办法的情况下，只得回归传统担保方式，以自有或者他人的金钱、实物财产提供诉讼保全担保。用自有财产提供担保成本过高或者数量有限的，可以考虑与有闲钱或者闲置房产（指产权明晰且未提供抵押）者合作，担保公司审核项目、承担最终风险，双方按约定比例分享收益。

近年来，融资担保公司提供诉讼保全担保越来越成为人们津津乐道的话题，也有越来越多的法院出台有关规定，允许符合一定条件的担保公司提供信用担保。应该说,担保公司解决业务通道问题,只要肯积极努力,还是有一定希望的。

二、困境之二:业务来源问题

担保公司的所有业务都面临来源问题,业务种类不同,来源渠道各异,业务宣传和推广中的大道相通。但诉讼案件的发生一般具有一定的偶然性,按照常规的市场开拓手段进行诉讼保全业务开拓,可能难以奏效。下面针对诉讼保全担保业务的特点,介绍常见的业务来源:

(一)律师或律师事务所

这是首选的业务来源。当今社会,打官司不请律师的已是少数,律师对于债务追偿案件的支招,常见的如申请诉讼保全,力求不战而屈人之兵。至于如何与律师或律师事务所保持合作或联系,常见的如发宣传单、邮件、短信,甚至直接打电话,但效果肯定不佳。直接走访,可能需花费的时间成本过巨,事倍功半。笔者认为,以下几种方式可能效果比上述方式要更好:第一,在省、市协会主办律师刊物乃至《中国律师》上刊登广告,如中国投资担保有限公司在几乎每期的《中国律师》杂志上都刊登有专版财产保全担保宣传彩页。第二,在省市级乃至全国律协网站上发布广告、帖子。第三,定期或不定期与律所合作举办诉讼保全业务交流活动,当然需要前期充分的联络和准备。第四,在各种论坛、交流会上发表演讲等。

(二)建立了业务通道的法院

获得法院或法官推荐的前提当然是担保公司或者银行出具的保函获得认可。一般来说,事先采取保全措施的案子,和解、调解的可能性更大,而且不用担心原告胜诉后的执行问题,推荐保全担保机构对于法院来说也是一项便民措施。担保公司也可在建立业务通道的法院附近发布广告(如果条件允许的话),或者安排业务人员到法院立案庭协助律师或者当事人取号、排队、填写资料,顺便发放名片、资料。

(三)业界名气和口碑

名气和口碑是拓展任何业务的根本,无论多么高明的营销方式,都离不开这个根本。业务通道建立、业务品种齐全再加上收费合理、服务质量和效力提高,当事人的口口相传要胜过无数宣传。口碑积累到一定程度就会形成担保公司独特的名气、品牌,并带来成数效应。

三、困境之三：风险控制问题

与一般担保业务如综合授信担保、贷款担保、银行承兑汇票担保、商业承兑汇票贴现担保、进口开证担保等相比，相似之处在于诉讼保全担保业务的法律风险主要也是代偿风险和追偿权不能实现的风险，不同之处在于担保的当事人、担保的主债权、担保的范围和担保期限等方面存在一定的差别。

（一）代偿风险控制

在前期审查阶段，首先要审查企业营业执照、起诉状及其相关的证据材料或能够证明申请人对被申请人享有债权的其他文书材料、诉讼保全申请书、律师提供的法律意见书和被申请人营业执照等基本资料。如果法院已经受理案件，还须对法院受理案件通知书、开庭通知及其他诉讼文书进行审查，重点在于查明：（1）是否存在诉讼争议，且争议的解决是否具有财产给付之内容；（2）是否具备诉讼保全的理由，如不立即采取财产保全措施将有可能使利害关系人的合法权益遭受难以弥补的损害；（3）申请人是否具备原告的主体资格；（4）诉讼请求是否适当以及证据材料是否确实、充分；（5）被申请人是否为适格的被告，以及申请保全的财产权属是否明确。必须指出的是，因为担保公司审查争议的目的在于防范代偿风险，而不是代替人民法院解决争议，所以前期审查主要是书面、单方审查，这和人民法院通过质证和言辞审理查明的案件事实肯定是有些出入的。

（二）求偿风险的控制

在前期审查中，仍不可忽略一般担保业务的常规审查项目，如申请人的资产状况、生产经营状况、履约信用等情况，目的主要在于确保求偿权能得以实现。前期审查通过后，担保公司应及时安排业务人员对企业提供的情况进行实地核实，并审查相关证据材料原件。调查人员根据对企业的资格审查情况，汇总所有原始资料及信用评价结果，出具详细的评审报告。经担保公司内部审批通过后，对于风险较大的项目，可要求申请人提供反担保，既可以由第三方提供保证反担保，也可以用申请人或者第三人用土地使用权或其他财产提供抵押、质押反担保。

（三）保后管理

出具财产保全担保之后的担保管理是风险控制全过程的重要阶段，包括从人民法院采取保全措施之日起到案件审理并执行终结时止的各个环节的保后管理活动。保后管理的目的是监督谨慎采取诉讼策略和遵守担保服务合同义务，减少担保公司风险。保后担保管理应实行分工负责与部门合作制度,并建立相应的责任机制。担保公司应与被担保方在担保服务合同中明确约定,被担保方应将所有与诉讼阶段有关的诉讼文书和资料及时提交担保人,并及时通报诉讼中出现的一切可能影响诉讼进程的特殊情况。

四、困境之四:审批效率问题

相对于银行等金融机构,担保公司的生命力和竞争力在于其灵活性、高效性等诸多方面。为了有效地识别和防范风险,担保公司必须针对不同的业务制定不同的受理条件、操作流程、审核要点、收费标准、管理方式等,具体还应做到以下几个方面。

(一)受理条件可以放宽

被担保人可以是法律上具备诉讼主体资格的任何当事人,如公民、法人或其他组织,只要有权提起民事诉讼并申请财产保全,都可以成为担保申请人。根据有关司法解释,可以作为民事诉讼的当事人的其他组织包括:(1)依法登记领取营业执照的私营独资企业、合伙组织;(2)依法登记领取营业执照的合伙型联营企业;(3)依法登记领取我国营业执照的中外合作经营企业、外资企业;(4)经民政部门核准登记领取社会团体登记证的社会团体;(5)法人依法设立并领取营业执照的分支机构;(6)中国人民银行、各专业银行设在各地的分支机构;(7)中国人民保险公司设在各地的分支机构;(8)经核准登记领取营业执照的乡镇、街道、村办企业;(9)符合法律规定条件的其他组织。

(二)业务流程可以从简

和融资性担保业务必须注重第一还款来源考察不同,诉讼财产保全担保主要在于对诉讼案件有关事实和法律的分析判断,保全是否存在错误,因此诉讼财产保全担保业务考察的风险点与融资性担保业务存在很大的不同。担保公司常见的错误在于,用融资性担保业务的思路和流程来开展诉讼保全担保业务,造成过度调查和时间拖延,使申请人失去先机和采取保全措施的意义。诉讼保全担保业务可以在以下几个方面简化。

1. 资料提供和审查

重点首先在于与案件事实有关的证据材料,其次是法院的诉讼文书(如有),还包括保函申请人以及其提供的反担保人的主要资产情况。简言之,与案件有关的材料,包括被申请人及保全财产的基本资料,可尽量要求多提供,以便分析和掌握案情,判断是否存在保全错误的可能。而与被担保人偿付能力有关的资产负债情况,也尽可能要求提供,但不必像融资性担保业务那样要求面面俱到。

2. 审核流程简化

不是所有的项目皆应走完整个上会流程,可适当下放一定权利给有关部门或者业务审核小组,以便提高审核效率。在项目评审过程中,可适当邀请律师等专业人士参与,如果当事人已聘请律师,可要求当事人的律师到场对有关法律问题进行具体说明。对于标的较大且疑难复杂的案件,可要求专业律师对项目风险判断和防范措施提出法律意见。

3. 出函流程走快捷通道

根据担保项目的轻重缓急,建议担保公司内部建立紧急项目快捷通道,制定非常规措施确保项目审核通过后的出函流程尽量缩短,公司所有业务流程环节必须通力配合。担保公司要赢得竞争优势,必须在效率上满足客户要求,即使收费稍高,但效率若能保证,也能勉强为客户所接受;但如果出函效率太低,即使收费相当低廉,也难以赢得客户的认可。

(三)收费标准可以降低

对于担保公司来说,非融资性担保业务的风险要远低于融资性担保业务,但诉讼保全担保业务风险在非融资性担保业务里面还算较低的。为了控制风险,担保公司一方面要进行项目尽职调查,另一方面要收取一定的担保费并提取相应的风险准备金,根据风险与收益相匹配的一般规则,担保业务风险越大,收费就应当越高;反之,收费就应当降低。对于诉讼保全担保应当如何收费,国家或者地方都没有规定上下限,笔者认为,诉讼保函的担保费收取标准以适当低于工程保函收费标准为宜。

总之,融资担保公司虽然可以把诉讼保函作为一项担保业务来开展,但必须正视其在有关条件、要求、收费和风险控制手段方面与其他担保业务的区别。融资担保公司要想在夹缝中求得生存和发展,就必须业务品种多样化,对市场需求保持高度的敏感性和灵活性。

第39问 涉及“外保内贷”的担保合同是否有效?

问: **2021年12月8日,A银行与B公司签订流动资金借款合同,约定B公司向银行借款2亿元,借款期为6个月。同日,A银行分别与C公司、香港D公司签订保证合同,合同均约定,C公司、香港D公司为B公司在借款合同项下的债务承担连带保证责任,保证期间为主债务履行期届满之日起2年。在A银行向B公司发放贷款后,除了前两期B公司按时偿还借款利息外,此后B公司再也没有偿还借款本息。香港D公司属于境外主体,与A银行签订的保证合同属于外保内贷之情形,请问该保证合同有效吗?**

答: 所谓“外保内贷”,是指在境外机构或个人提供担保(保证、抵押、质押等)条件下,由境内金融机构向境内中资企业发放本外币贷款。

在实务中,影响“外保内贷”担保合同效力的情形主要存在以下几种。

一、未履行相关程序性手续

一直以来,外保内贷政策对境内中资企业限制非常严格,根据国家相关规定,境外机构或自然人为境内借款提供担保的,应遵守国家关于外债管理的规定。查阅我国相关的法律法规可以发现,国家对外保内贷的监管态度,从“不得接受外资银行和境外机构提供的各种外汇担保”①,到经外汇局批准可外保内贷,②再到《外债登记管理办法》《跨境担保外汇管理规定》的实施,对外保内贷业务限制正在慢慢放松。

根据《外债登记管理办法》《外债登记管理操作指引》的相关规定,中资企业可在分局核定的外保内贷额度内,直接签订外保内贷合同。中资企业外保内贷项

---

① 《关于加强境内金融机构外汇担保项下人民币贷款业务管理的通知》(银发〔1998〕458号,已废止)第2条。

② 参见《国家外汇管理局关于完善外债管理有关问题的通知》(汇发〔2005〕74号,已失效)第4条第4款。

下发生境外担保履约的，境内债务人应到所在地外汇局办理短期外债签约登记及相关信息备案。那么如未履行相关外汇管理手续，在发生债务人到期未履行债务情形时，是否可以认定借款合同及担保合同合法有效呢？这个问题存在争议。

笔者认为，有关外保内贷等外债方面的规定很大程度是为了控制对外借款规模和规范国家对外汇的流出、流入管理，因此，如未按照规定履行相关手续，存在符合《民法典》第154条规定的“恶意串通，损害他人合法权益的民事法律行为无效”情形而无效的可能性。

司法实践中也存在合同因缺乏相应手续被认定无效的案例。如凤凰县国土资源局与湖南德夯电力有限责任公司建设用地使用权出让合同纠纷案中，最高人民法院认为，虽然委托征地协议系双方当事人真实意思表示，但在电力公司不具备相关用地规划手续的情况下，双方约定由国土局征收尚属集体所有的土地并以协议方式低价出让土地使用权，属于恶意串通损害国家利益的行为，根据原《合同法》第52条第2项之规定，该协议应当认定无效。①

但同时应该注意到的是，司法实践中法院对于合同无效越来越采取一种审慎态度。如从最高人民法院《关于审理外商投资企业纠纷案件若干问题的规定（一）》关于外商投资企业经营中股权转让合同、股权质押合同效力认定的原则来看，对于未经批准的合同，法院在认定合同无效方面是相当谨慎的，一般不会因合同未经主管机关审批而认定无效，而仅认定合同未生效。也有司法案例表明，确认合同效力的法律依据是全国人大及其常委会制定的法律和国务院制定的行政法规，而不是地方性法规和行政规章等；违反行政规章的行为应由主管部门依据相关的行政规章进行处理，而不应作为判定合同无效的依据。② 在本问答问题提及的案例中，也应认定“外保内贷”的担保合同有效，香港D公司应当对债务承担连带保证责任。

二、提供担保的行为违反担保人所在国或地区的法律，是否导致合同无效？

在“外保内贷”的案件中，由于担保人一方为境外机构，在提供担保的时候可能涉及需要遵循担保人所在国或地区与担保相关的法律。那么，当担保人提供担保的行为违反了所在国或地区的法律时，是否会导致合同无效呢？

---

① 参见最高人民法院民事判决书，(2014)民一终字第277号。

② 参见最高人民法院民事判决书，(1999)经终字第431号。

笔者认为,在此种情况下,担保合同的效力与该合同争议应适用的准据法有莫大的关系。即如果该涉外纠纷在我国人民法院提起诉讼,根据法律的相关规定应适用担保人所在国或地区的准据法,而担保行为又是违反当地法律规定的,担保合同存在被认定为无效的风险。根据《涉外民事关系法律适用法》第41条的规定,当事人可以协议选择合同适用的法律。当事人没有选择的,适用履行义务最能体现该合同特征的一方当事人经常居所地法律或者其他与该合同有最密切联系的法律。因此,在"外保内贷"的业务中,境内机构应在合同中预先选择好纠纷适用的法律,以免因不熟悉担保人所在国或地区的法律而导致合同无效的情况发生或者在境外机构签订担保合同的同时,要求其提供由担保人所在国或地区的律师所出具的法律意见。

三、总结

目前,我国对于"外保内贷"的法律依据为国家外汇管理局发布的部门规章,法律、法规以及相关司法解释中尚不存在对"外保内贷"的相关规定,这也是"外保内贷"的担保合同的效力存在不确定性的重要因素。因此在从事"外保内贷"业务的时候,作为债权人的金融机构需要关注担保行为的程序性要求,以防范因缺少相应的手续而导致担保合同无效的风险。

第40问 什么是差额支付承诺函？其法律效力如何？

问：对方实际控制人不愿意承担连带责任担保，仅提供一份《差额支付承诺》。这种承诺有效吗？

答：差额支付承诺函又称为差额补足承诺函，是承诺人承诺对他人的债务到期后，若现金流的回款不足以偿付到期本息，由差额支付义务人负责承担差额的支付义务。差额支付承诺明确载明了承诺范围、承诺期间、差额支付的条件、差额支付义务的承担、差额支付资金的偿还与追偿等内容，从实质意义上接近保证担保。

差额支付承诺函在《民法典》中并无明确界定，原《担保法》及有关司法解释对此也没有规定。

最高人民法院《关于适用〈中华人民共和国民法典〉有关担保制度的解释》第36条规定，"第三人向债权人提供差额补足、流动性支持等类似承诺文件作为增信措施，具有提供担保的意思表示，债权人请求第三人承担保证责任的，人民法院应当依照保证的有关规定处理。第三人向债权人提供的承诺文件，具有加入债务或者与债务人共同承担债务等意思表示的，人民法院应当认定为民法典第五百五十二条规定的债务加入。前两款中第三人提供的承诺文件难以确定是保证还是债务加入的，人民法院应当将其认定为保证。第三人向债权人提供的承诺文件不符合前三款规定的情形，债权人请求第三人承担保证责任或者连带责任的，人民法院不予支持，但是不影响其依据承诺文件请求第三人履行约定的义务或者承担相应的民事责任"。

可见，根据该条规定，差额支付承诺函的法律性质有三种：一是保证；二是债务加入；三是单方承诺。

具体是上述哪种情形，须根据函件的内容确定。而一旦公司出具的差额支付承诺函的法律性质被认定为保证，则须按照公司对外担保的规定审核认定其法律效力。

ZQ 保理有限公司、ZT 股份有限公司、ZTH 股份有限公司合同纠纷[(2019)皖01民初1506号、(2020)皖民终1009号、(2021)最高法民申2775号]案的裁判结果可谓一波三折,三级法院判决结果及说理皆有很强的代表性,值得借鉴。

2018年9月13日,ZQ 保理有限公司与 ZTH 股份有限公司签订两份《差额支付承诺》,约定无论任何原因,如在上述应收账款到期日2019年3月12日 ZQ 保理有限公司未足额收到上述款项,ZTH 股份有限公司向 ZQ 保理有限公司支付不足差额部分;如 ZTH 股份有限公司违反差额支付义务,ZTH 股份有限公司应及时缴纳相应款项,在逾期期间承担每日万分之五的违约金,并赔偿 ZQ 保理有限公司因此所受的损失(包括但不限于诉讼费、律师费、差旅费等为实现债权而支付的费用)。

对此,一审法院认为,ZQ 保理有限公司未提交证据证明 ZTH 股份有限公司作出的差额付款承诺已经其股东会或董事会决议并符合其公司章程的要求,所以 ZTH 股份有限公司作出的该承诺无效。ZQ 保理有限公司要求 ZTH 股份有限公司承担差额付款责任的诉请,不能成立。

二审法院则认为,《差额支付承诺》实系 ZTH 股份有限公司为其控股子公司 ZT 股份有限公司开展经营活动向债权人提供的担保,虽然该担保事项未经公司有关机构决议,但基于 ZTH 股份有限公司与 ZT 股份有限公司之间特殊的利益关联,应当认定担保行为符合 ZTH 股份有限公司的真实意思表示,合法有效。原审法院关于《差额支付承诺》效力的认定不当,予以纠正。因 ZT 股份有限公司未在到期日向 ZQ 保理有限公司足额支付应收账款,根据《差额支付承诺》约定,ZTH 股份有限公司应就 ZT 股份有限公司逾期未付款项向 ZQ 保理有限公司承担连带清偿责任。

后 ZTH 股份有限公司不服安徽省高级人民法院(2020)皖民终1009号民事判决,向最高人民法院申请再审。

最高人民法院认为,本案中,ZQ 保理有限公司与 ZTH 股份有限公司签订了2份由 ZTH 股份有限公司及其法定代表人签章的《差额支付承诺》。ZTH 股份有限公司主张对《差额支付承诺》不知情,《差额支付承诺》未经公司董事会或股东大会通过不产生效力,但其未对《差额支付承诺》的内容、公司及法定代表人签章的真实性提出异议,亦未提交相反证据推翻《差额支付承诺》所记载的内容,且 ZT

股份有限公司系ZTH股份有限公司的控股子公司,ZQ保理有限公司有理由相信上述《差额支付承诺》所载事项系ZTH股份有限公司的真实意思表示,应当认定ZQ保理有限公司已经尽到了审查注意义务,属于善意相对人。ZTH股份有限公司主张其未公示案涉担保信息,ZQ保理有限公司在此情形下仍与ZTH股份有限公司签订《差额支付承诺》未尽到审慎审查义务,不构成善意,依据不足。本案所涉法律事实、纠纷发生及当事人提起诉讼均在《民法典》实施之前。根据最高人民法院《关于适用〈中华人民共和国民法典〉时间效力的若干规定》第1条第2款"民法典施行前的法律事实引起的民事纠纷案件,适用当时的法律、司法解释的规定,但是法律、司法解释另有规定的除外"及第5条"民法典施行前已经终审的案件,当事人申请再审或者按照审判监督程序决定再审的,不适用民法典的规定"的规定,本案应适用法律事实及纠纷发生当时的法律。《关于适用〈中华人民共和国民法典〉有关担保制度的解释》属于《民法典》配套的司法解释,对于本案当事人的再审申请,不适用该司法解释。关于上市公司对外担保应当披露的强制性规定,目的在于规范上市公司对外担保行为,有效防范上市公司对外担保风险,保护投资者的合法权益。作为上市公司的ZTH股份有限公司明知相关规定,应首先遵守,而不能将自己违反规定的责任推诿成ZQ保理有限公司的过错,其保证责任不能因对外担保未披露而免除。二审判决认定《差额支付承诺》有效,并无不当。

第 41 问　《民法典》关于公司对外担保的要求有哪些变化?

问:《民法典》施行以后,公司对外担保有什么变化吗?

答: 公司对外担保问题一直是一个争议较大的法律问题,自 2021 年 1 月 1 日起施行的最高人民法院《关于适用〈中华人民共和国民法典〉有关担保制度的解释》(以下简称《〈民法典〉有关担保制度的解释》)第 7 ~ 12 条对此问题予以了明确。笔者结合相关条款,分别阐述如下:

一、有限责任公司对外担保

根据《公司法》第 16 条的规定,公司向其他企业投资或为他人提供担保,依照公司章程的规定,由董事会或者股东会、股东大会决议;公司章程对投资或者担保的总额及单项投资或者担保的数额有限额规定的,不得超过规定的限额。公司为公司股东或者实际控制人提供担保的,必须经股东会或者股东大会决议。前款规定的股东或者受前款规定的实际控制人支配的股东,不得参加前款规定事项的表决。该项表决由出席会议的其他股东所持表决权的过半数通过。

公司的法定代表人违反《公司法》关于公司对外担保决议程序的规定,超越权限代表公司与相对人订立担保合同,人民法院应当依照《民法典》第 61 条和第 504 条等规定处理:

第一,相对人善意的,担保合同对公司发生效力;相对人请求公司承担担保责任的,人民法院应予支持。

第二,相对人非善意的,担保合同对公司不发生效力;相对人请求公司承担赔偿责任的,参照适用《〈民法典〉有关担保制度的解释》第 17 条的有关规定。

所谓"善意",是指相对人在订立担保合同时不知道且不应当知道法定代表人超越权限。相对人有证据证明已对公司决议进行了合理审查,人民法院应当认定其构成善意,但是公司有证据证明相对人知道或者应当知道决议系伪造、变造的除外。

《公司法》第16条对关联担保和非关联担保的决议机关作出了区别规定，相应地，在善意的判断标准上也应当有所区别。一种情形是，为公司股东或者实际控制人提供关联担保，《公司法》第16条明确规定必须由股东（大）会决议，未经股东（大）会决议，构成越权代表。在此情况下，债权人主张担保合同有效，应当提供证据证明其在订立合同时对股东（大）会决议进行了审查，决议的表决程序符合《公司法》第16条的规定，即在排除被担保股东表决权的情况下，该项表决由出席会议的其他股东所持表决权的过半数通过，签字人员也符合公司章程的规定。另一种情形是，公司为公司股东或者实际控制人以外的人提供非关联担保，根据《公司法》第16条的规定，此时由公司章程规定是由董事会决议还是由股东（大）会决议。无论章程是否对决议机关作出规定，也无论章程规定决议机关为董事会还是股东（大）会，根据《民法典》第61条第3款关于“法人章程或者法人权力机构对法定代表人代表权的限制，不得对抗善意相对人”的规定，只要债权人能够证明其在订立担保合同时对董事会决议或者股东（大）会决议进行了审查，同意决议的人数及签字人员符合公司章程的规定，就应当认定其构成善意，但公司能够证明债权人明知公司章程对决议机关有明确规定的除外。

债权人对公司机关决议内容的审查一般限于形式审查，只要求尽到必要的注意义务即可，标准不宜太过严苛。公司以机关决议系法定代表人伪造或者变造、决议程序违法、签章（名）不实、担保金额超过法定限额等事由抗辩债权人非善意的，人民法院一般不予支持。但是，公司有证据证明债权人明知决议系伪造或者变造的除外。关键在于，相对人是否有证据证明已对公司决议进行了合理审查。

二、《公司法》第16条的例外情形

《〈民法典〉有关担保制度的解释》第8条规定，有下列情形之一，公司以其未依照《公司法》关于公司对外担保的规定作出决议为由主张不承担担保责任的，人民法院不予支持：

（1）金融机构开立保函或者担保公司提供担保。银行保函，是指银行应某种合约关系一方（申请人）的要求，向合约关系的另一方（受益人）担保合约项下的某种责任或义务的履行，所作出的在一定期限内承担一定金额支付责任或经济赔偿责任的书面保证承诺。根据其性质和作用的不同，分为非融资性保函和融资性保函两大类。担保公司包括融资性担保公司和非融资性担保公司。

(2)公司为其全资子公司开展经营活动提供担保。全资子公司指的是完全由唯一一家母公司所拥有或控制的子公司。在 2005 年《公司法》修订前,只有国有独资公司可以设立全资子公司。2006 年 1 月 1 日修订的《公司法》实施后,容许设立一个自然人股东或者一个法人股东的有限责任公司,即一人有限责任公司。例如,B 公司只有 A 公司一个股东,即 A 公司拥有 B 公司 100% 的股权,则 B 公司是 A 公司的全资子公司。

(3)担保合同系由单独或者共同持有公司 2/3 以上对担保事项有表决权的股东签字同意。

上市公司对外提供担保,不适用后两种情形的规定。

本条主要规定了《公司法》第 16 条的例外情形,是对《全国法院民商事审判工作会议纪要》(以下简称《九民纪要》)第 19 条的适当修正。

三、上市公司对外担保

《〈民法典〉有关担保制度的解释》第 9 条规定:相对人根据上市公司公开披露的关于担保事项已经董事会或者股东大会决议通过的信息,与上市公司订立担保合同,相对人主张担保合同对上市公司发生效力,并由上市公司承担担保责任的,人民法院应予支持。相对人未根据上市公司公开披露的关于担保事项已经董事会或者股东大会决议通过的信息,与上市公司订立担保合同,上市公司主张担保合同对其不发生效力,且不承担担保责任或者赔偿责任的,人民法院应予支持。相对人与上市公司已公开披露的控股子公司订立的担保合同,或者相对人与股票在国务院批准的其他全国性证券交易场所交易的公司订立的担保合同,适用前两款规定。

上市公司提供担保的有效要件包括:董事会或者股东大会决议、公开披露、担保合同。《〈民法典〉有关担保制度的解释》不仅明确了不符合上述要件担保合同的效力,还将上市公司扩展至上市公司的控股子公司和股票在国务院批准的其他全国性证券交易场所交易的公司。

控股子公司是指其公司出资或股份的 50% 以上被另一家公司所控制,但未达到 100% 。公司依据国家相关法律法规和规范性文件对上市公司规范化运作以及上市公司资产控制的要求,以控股股东或实际控制人的身份行使对控股子公司的重大事项监督管理权,对投资企业依法享有投资收益、重大事项决策的权利,同时负有对控股子公司指导、监督和相关服务的义务。

例如,2018年8月2日,Z公司向华商银行出具《担保函》,为确保有关《委托贷款借款合同》的履行,Z公司同意为K公司如期、足额履行债务清偿义务提供不可撤销连带责任保证担保。后双方发生争议,诉诸法院。

法院认为,Z公司不应对K公司涉案债务承担保证责任。理由如下:

(1)黄某代表Z公司签署《担保函》属于超越其法定代表人权限的行为。《公司法》第16条第2款规定:“公司为公司股东或者实际控制人提供担保的,必须经股东会或者股东大会决议。”本案事实显示,K公司与Z公司股东X公司均为黄某实际控制的公司,因此涉案担保属于关联担保,应当符合上述规定。本案没有证据证明Z公司股东大会作出了同意出具涉案《担保函》的决议。因此,黄某代表Z公司签署《担保函》超越了其作为法定代表人的权限。

(2)H公司知道或者应当知道黄某的上述行为超越权限。《公司法》第16条第2款属于对法定代表人代表权的法定限制,H公司应当知晓,但H公司在接受《担保函》时未审查Z公司股东大会决议,不属于善意相对人。根据原《合同法》第50条的规定:“法人或者其他组织的法定代表人、负责人超越权限订立的合同,除相对人知道或者应当知道其超越权限的以外,该代表行为有效。”H公司应当知道黄某代表Z公司签署《担保函》的行为超越其法定代表人的权限,《担保函》对Z公司不发生效力,故对H公司请求Z公司对K公司涉案债务承担连带清偿责任的主张,法院不予支持。

关于Z公司的赔偿责任问题。H公司主张,即使涉案《担保函》无效,Z公司也应当承担相应的赔偿责任,其法律依据是最高人民法院《关于适用〈中华人民共和国担保法〉若干问题的解释》(已失效)第7条:“合同有效而担保合同无效,债权人无过错的,担保人与债务人对主合同债权人的经济损失,承担连带赔偿责任;债权人、担保人有过错的,担保人承担民事责任的部分,不应超过债务人不能清偿部分的二分之一。”法院认为,该条所规定的是担保人在主合同有效而担保合同无效情形下的缔约过失责任。缔约过失责任所保护的是受损害方的信赖利益,在合同无效的情形下,受损害方可以请求的,是恢复合同缔结前所处的状态。因此,要评价Z公司是否应向H公司承担缔约过失责任,应当考察H公司是否因Z公司出具无效《担保函》而导致信赖利益受损。根据本案事实,H公司向K公司出借涉案款项的行为发生在 2016 年 8 月 8 日,黄某代表 Z 公司出具《担保函》的行为发生在 2 年后的 2018 年 8 月 2 日。H 公司向 K 公司出借涉案款项时,并非基于对 Z 公司的信赖。Z 公司出具《担保函》后,H 公司亦未就涉案借款的数额、期限、利率等要素进行任何有利于债务人或担保人的变更。与 Z 公司出具《担保函》之前相比,H 公司并未产生任何新的损失。因此,Z 公司即使存在对法定代表人选任、管理不当的过错,该过错与 H 公司在本案中的损失之间也无因果关系。故 H 公司主张 Z 公司应当就其损失承担赔偿责任,缺乏事实与法律依据,法院不予支持。

四、一人有限责任公司为其股东提供担保

《〈民法典〉有关担保制度的解释》第 10 条规定:一人有限责任公司为其股东提供担保,公司以违反《公司法》关于公司对外担保决议程序的规定为由主张不承担担保责任的,人民法院不予支持。公司因承担担保责任导致无法清偿其他债务,提供担保时的股东不能证明公司财产独立于自己的财产,其他债权人请求该股东承担连带责任的,人民法院应予支持。

一人有限责任公司简称一人公司(也称独资公司、独股公司),是指由一名股东(自然人或法人)持有公司的全部出资的有限责任公司。

我国《公司法》中的国有独资公司,其性质也是一人公司,但由于其特殊性,即设立人既非自然人亦非法人,而是由国家单独出资、由国务院或者地方人民政府委托本级人民政府国有资产监督管理机构履行出资人职责的有限责任公司,所以将其单独作为一种特殊类型的有限责任公司。故国有独资公司应按其特别规定。

由于一人公司存在上述弊端,法律在允许设立一人公司的同时,往往规定若干不同于一般情形下有限责任公司的限制性条件,对一人公司进行规制,旨在防止股东借一人公司的独立法律地位和股东有限责任损害公司债权人及其他利害关系人的利益。

人格混同时的股东连带责任,即发生公司财产与股东个人财产的混同,进而发生公司人格与股东个人人格的混同。此时适用公司法人人格否认制度,股东必须对公司债务承担连带责任,公司的债权人可以将公司和公司股东作为共同债务人进行追索。《公司法》第 63 条规定:“一人有限责任公司的股东不能证明公司财产独立于股东自己财产的,应当对公司债务承担连带责任。”

在薛某、D 公司股权转让纠纷再审民事判决书[(2019)最高法民再 178 号]中，最高人民法院认为，Y 公司系一人公司，虽然其股权结构具有特殊性，但目前我国法律并未禁止一人公司对外提供担保。由于一人公司只有一名股东，在对外提供担保时，无法根据《公司法》第 16 条的规定召开股东会进行决议。因此，Y 公司对外担保的效力认定应以其担保行为是否得到股东 D 公司同意而定。本案中，《担保函》出具之时，迟某担任 Y 公司和 D 公司的法定代表人，同时实际控制两家公司，本案并无证据证明 D 公司的另一名时任股东吴某反对 Y 公司提供担保，故 Y 公司出具《担保函》为 D 公司提供担保的行为，应视为征得其唯一股东 D 公司的同意，Y 公司担保行为合法有效，应受《担保函》约束，其依法应承担担保责任。

五、公司分支机构对外担保问题

根据《〈民法典〉有关担保制度的解释》第 11 条的规定，具体分下列三种情形：

(1)一般情形。公司的分支机构未经公司股东(大)会或者董事会决议以自己的名义对外提供担保，相对人请求公司或者其分支机构承担担保责任的，人民法院不予支持，但是相对人不知道且不应当知道分支机构对外提供担保未经公司决议程序的除外。

(2)金融机构分支机构对外担保。金融机构的分支机构在其营业执照记载的经营范围内开立保函，或者经有权从事担保业务的上级机构授权开立保函，金融机构或者其分支机构以违反《公司法》关于公司对外担保决议程序的规定为由主张不承担担保责任的，人民法院不予支持。金融机构的分支机构未经金融机构授权提供保函之外的担保，金融机构或者其分支机构主张不承担担保责任的，人民法院应予支持，但是相对人不知道且不应当知道分支机构对外提供担保未经金融机构授权的除外。

(3)担保公司的分支机构对外担保。担保公司的分支机构未经担保公司授权对外提供担保，担保公司或者其分支机构主张不承担担保责任的，人民法院应予支持，但是相对人不知道且不应当知道分支机构对外提供担保未经担保公司授权的除外。

公司的分支机构对外提供担保，相对人非善意，请求公司承担赔偿责任的，参照该解释第 17 条的有关规定处理。

企业分支机构主要有两种形式：一种为分公司，另一种为办事处。分公司可以从事经营活动,而办事处一般只能从事总公司营业范围内的业务联络活动,不能申请领取营业执照,不具有经营资格,不能以自己的名义签订商业贸易合同进行营利性的贸易、投资活动。

例如,在青海 H 混凝土有限公司(以下简称 H 公司)、HT 建设集团有限公司青海分公司(以下简称 HT 青海分公司)民间借贷纠纷二审民事判决书[(2019)最高法民终 1535 号]中,最高人民法院认为,虽然 H 公司与 HT 青海分公司就案涉债务的担保问题达成一致意见,但 HT 青海分公司作为分支机构,未取得总公司的书面授权,而其总公司事后亦未对该担保行为进行追认,因此,根据有关法律及司法解释的规定,H 公司与 HT 青海分公司之间的担保合同无效。H 公司请求 HT 青海分公司及其总公司承担连带保证责任的主张不能成立。结合各方当事人的过错程度,法院酌定由 HT 青海分公司以其经营管理的财产对于 H 公司案涉债权不能清偿部分的 50% 承担赔偿责任,HT 青海分公司经营管理的财产不足以承担前述赔偿责任的,由其总公司承担。

六、债务加入参照公司为他人提供担保规则

《〈民法典〉有关担保制度的解释》第 12 条规定,法定代表人依照《民法典》第 552 条的规定以公司名义加入债务的,人民法院在认定该行为的效力时,可以参照该解释关于公司为他人提供担保的有关规则处理。

所谓“债务加入”,即并存债务承担,是指债务人并不脱离合同关系,而由第三人加入合同关系,与债务人共同承担合同义务的债务承担方式。根据《民法典》第 552 条的规定,第三人与债务人约定加入债务并通知债权人,或者第三人向债权人表示愿意加入债务,债权人未在合理期限内明确拒绝的,债权人可以请求第三人在其愿意承担的债务范围内和债务人承担连带债务。该条司法解释系对《九民纪要》第 23 条的沿袭。

此前,有案例对公司进行债务加入行为的效力认定持不同的态度。例如,在许某等诉 LH 公司等股权转让合同纠纷案中,江苏省无锡市中级人民法院经审理认为,LH 公司在承诺书上加盖公章并由该公司法定代表人徐某签名,该承诺书即对 LH 公司发生法律效力,LH 公司应按承诺书履行。现有法律没有规定公司加入公司股东的债务需经股东会决议,故 LH 公司出具承诺书虽未经过股东会决议,但不影响债务加入的效力。《〈民法典〉有关担保制度的解释》的出台,可谓一锤定音。

第42问 未经股东会决议的公司对外担保是否有效?

问:公司实行对外担保时如果未经股东会决议,或者股东会决议存在瑕疵的,是否会影响担保协议的效力?

答: 关于公司对外担保是否需要出具公司决议,以及未出具股东会决议对担保协议效力的影响,在理论和实践中都存在许多分歧。我们可以先看相关法律的规定。

《民法典》除对保证人的主体资格作出一般性规定外,无明确关于公司对外担保的规定。最高人民法院《关于适用〈中华人民共和国民法典〉有关担保制度的解释》(以下简称《〈民法典〉有关担保制度的解释》)第7条第1款规定:"公司的法定代表人违反公司法关于公司对外担保决议程序的规定,超越权限代表公司与相对人订立担保合同,人民法院应当依照民法典第六十一条和第五百零四条等规定处理:(一)相对人善意的,担保合同对公司发生效力;相对人请求公司承担担保责任的,人民法院应予支持。(二)相对人非善意的,担保合同对公司不发生效力;相对人请求公司承担赔偿责任的,参照适用本解释第十七条的有关规定。"

现行《公司法》于2005年10月27日、2013年12月28日、2018年10月26日修订后,第148条规定,董事、高级管理人员不得有下列行为:"违反公司章程的规定,未经股东会、股东大会或者董事会同意,将公司资金借贷给他人或者以公司财产为他人提供担保。"

《公司法》关于公司对外担保的规定为第16条,该条规定:公司向其他企业投资或者为他人提供担保,依照公司章程的规定,由董事会或者股东会、股东大会决议;公司章程对投资或者担保的总额及单项投资或者担保的数额有限额规定的,不得超过规定的限额。公司为公司股东或者实际控制人提供担保的,必须经股东会或者股东大会决议。前款规定的股东或者受前款规定的实际控制人支配的股东,不得参加前款规定事项的表决。该项表决由出席会议的其他股东所持表决权的过半数通过。该条规定应当既适用于有限公司,也适用于股份有限公司。

并且,《公司法》第 121 条规定:“上市公司在一年内购买、出售重大资产或者担保金额超过公司资产总额百分之三十的,应当由股东大会作出决议,并经出席会议的股东所持表决权的三分之二以上通过。”该条为《公司法》关于上市公司对外担保的特别规定。除此之外,证监会和证券交易所也对上市公司对外担保作出了许多规定。

上述规定虽多,但大体上可以分为两大类:一类规范董事、经理以公司的资产对外提供担保的行为;另一类规范公司对外提供担保的行为。对于第一类行为,尽管实践中对于两类行为的区分存在争议,但这纯属对法律规定的理解问题,不是真正的法律争议,加之《〈民法典〉有关担保制度的解释》第 7 条已经作出了明确的规定,故笔者认为没有过多讨论的余地。但需注意的是,董事、经理虽然违法越权以公司的资产对外提供担保,除债权人明知董事、经理的行为违法越权外,公司仍需对债权人的损失承担连带赔偿责任,这里可以看出《民法典》偏重于债权保护的立法倾向。

那么对于第二类公司对外提供担保的,股东会决议是否影响担保协议效力呢?可分为两种情况讨论:

(1)公司为股东或实际控制人之外的他人提供担保。《公司法》第 16 条第 1 款规定这种情况下,“依照公司章程的规定,由董事会或者股东会、股东大会决议”,在这里,《公司法》将需要何种决议的选择权交给公司章程,即《公司法》只是概括地规定此类担保需要作出机关决议,至于是董事会决议还是股东会决议,则由章程自定。

(2)公司为股东或实际控制人提供担保的。《公司法》第 16 条第 2 款规定这种情况下,“必须经股东会或者股东大会决议”,这是法律作出的强制性要求,所以未经股东会决议,公司不得为股东或实际控制人进行担保。可见,并非公司对外提供的所有担保都需要股东会作出决议,只有在公司为股东或实际控制人进行担保时,是否经过了股东会决议同意才应成为判断公司担保行为效力的考量因素。

那么公司为股东或实际控制人进行担保,如未经股东会决议,是否会导致担保协议无效呢?在《商事审判若干疑难问题的探讨——在全国法院商事审判工作会议上的讲话(摘录)》中,宋晓明法官提到,不宜笼统认定该担保无效,应当根据不同情形分别判断。对封闭性公司，如有限公司或未上市的股份公司，由于股东人数少，股东通常兼任公司董事或高管，管理层与股东并未实质性地分离，股东对公司重大事项仍有一定的影响力，该类事项即使未经股东会决议，但通常也不违背股东的意志。况且封闭性公司不涉及众多股民利益保护、证券市场秩序维护等公共利益问题，因此，能否绝对地以未经股东会决议为由认定担保无效，值得商榷。但是如果是公众公司，如上市公司为股东或实际控制人提供担保，应当审查该担保是否经过股东大会决议同意，未经股东大会决议同意的担保，属于重大违规行为，侵害了众多投资者利益，扰乱了证券市场秩序，应当认定无效。尤其是在当接受担保的债权人是商业银行等专业金融机构时更是如此。应当注意的是，商业银行接受担保时对股东大会决议仅负形式审查的义务，不应要求其进行实质审查，如即使上市公司提供的股东大会决议是伪造的，也不应影响担保的效力。

在 Z 进出口公司诉 D 经贸公司、T 投资公司、T 科技公司、Y 科技公司、E 工程公司进出口代理合同纠纷上诉案中，北京市高级人民法院认为，《公司法》第 16 条第 1 款规定："公司向其他企业投资或者为他人提供担保，依照公司章程的规定，由董事会或者股东会、股东大会决议；公司章程对投资或者担保的总额及单项投资或者担保的数额有限额规定的，不得超过规定的限额。"该条第 2 款规定："公司为公司股东或者实际控制人提供担保的，必须经股东会或者股东大会决议。"但公司违反前述条款的规定，与他人订立担保合同的，不能简单认定合同无效。第一，该条款并未明确规定公司违反上述规定对外提供担保导致担保合同无效；第二，公司内部决议程序，不得约束第三人；第三，该条款并非效力性强制性的规定；第四，依据该条款认定担保合同无效，不利于维护合同的稳定和交易的安全。

在 ES 公司、LC 公司保证合同纠纷再审审查与审判监督民事裁定书[（2018）最高法民申 2295 号]中，最高人民法院认为，2000 年 9 月 29 日通过的最高人民法院《关于适用〈中华人民共和国担保法〉若干问题的解释》（已失效）第 4 条规定，"董事、经理违反《中华人民共和国公司法》第六十条的规定，以公司资产为本公司的股东或者其他个人债务提供担保的，担保合同无效。"。由于 1999 年《公司法》中关于公司董事、经理不得以公司资产为本公司的股东或者其他个人债务提供担保的规定已被 2005 年《公司法》删除，故上述司法解释第 4 条目前不应再作为认定担保合同无效的依据，ES 公司依据该条主张《反担保合同》无效，不应支持。

综上所述,仅凭《公司法》第 16 条不能一概认为未经股东会决议或者股东会决议瑕疵的对外担保行为无效,还须结合其他相关规定一同考虑,同时在判断时应区分封闭性公司和公众型公司。公众公司为股东提供担保,如果未经股东大会决议,可以认定担保无效。这种违规行为损害了公众利益,因为上市公司的股东是社会公众,因此,认定无效的依据已经不是《公司法》第 16 条第 2 款,而是《〈民法典〉有关担保制度的解释》第 9 条的有关规定。实践中,对于担保人是金融机构或者公众公司的,建议被担保人对公司章程和决议进行必要的审查。

第43问 上市公司的哪些担保须经股东大会审批?

问: 上市公司的哪些担保须经股东大会审批?

答: 最高人民法院《关于适用〈中华人民共和国民法典〉有关担保制度的解释》(以下简称《〈民法典〉有关担保制度的解释》)第9条规定,相对人须根据上市公司公开披露的关于担保事项已经董事会或者股东大会决议通过的信息与上市公司订立担保合同,才能对上市公司发生效力。但该条及《公司法》第16条皆未规定究竟哪些情形需要出具董事会决议,哪些情形需要出具股东会决议。

2022年1月28日,证监会、公安部、国资委和银保监会四部门联合发布《上市公司监管指引第8号——上市公司资金往来、对外担保的监管要求》(以下简称8号指引)第9条规定,"应由股东大会审批的对外担保,必须经董事会审议通过后,方可提交股东大会审批。须经股东大会审批的对外担保,包括但不限于下列情形:(一)上市公司及其控股子公司的对外担保总额,超过最近一期经审计净资产百分之五十以后提供的任何担保;(二)为资产负债率超过百分之七十的担保对象提供的担保;(三)单笔担保额超过最近一期经审计净资产百分之十的担保;(四)对股东、实际控制人及其关联方提供的担保。股东大会在审议为股东、实际控制人及其关联方提供的担保议案时,该股东或者受该实际控制人支配的股东,不得参与该项表决,该项表决由出席股东大会的其他股东所持表决权的半数以上通过"。

但该条列举的事项并非全部,上市公司的章程可以规定更为严格的上市公司对外担保规定。8号指引还要求,上市公司为控股股东、实际控制人及其关联方提供担保的,控股股东、实际控制人及其关联方应当提供反担保。

关于上市公司公开披露的位置和内容,8号指引第12条规定,上市公司董事会或者股东大会审议批准的对外担保,必须在证券交易所的网站和符合中国证监会规定条件的媒体及时披露,披露的内容包括董事会或者股东大会决议、截止信息披露日上市公司及其控股子公司对外担保总额、上市公司对控股子公司提供担保的总额。

8 号指引第 13 条还要求,上市公司在办理贷款担保业务时,应向银行业金融机构提交《公司章程》、有关该担保事项董事会决议或者股东大会决议原件、该担保事项的披露信息等材料。银行业金融机构在接受上市公司担保时,应特别注重对前述材料进行审查,并保留决议原件,对于比较重要的上市公司担保公告,还应及时取证,必要时还可通过公证机构办理公证的方式固定证据。

关于公司对外担保法律要求的变化,须引起债权人特别注意。2020 年 12 月 30 日,刘贵祥就《〈民法典〉有关担保制度的解释》回答记者提问指出,关于企业之间相互提供担保的问题,以往的司法实践倾向于认为,既然是相互担保,是互惠互利的,担保不经决议程序,也应有效。但新担保解释没有采用原来的裁判思路,而是规定,即便是相互担保,也必须进行公司决议程序,否则,构成越权代表,可能影响担保合同的效力。这样规定的目的,在于防止法定代表人规避《公司法》的规定,也是为了遏制相互担保现象,防止相互担保导致债务危机连锁反应,防范金融风险。

刘贵祥还指出,上市公司属于公众公司,涉及众多中小投资者利益。法律为保护投资者的利益,明确规定上市公司有信息披露的义务,其中担保事项也是必须披露的内容。为全面落实法律关于上市公司信息披露的规定,新担保解释对于上市公司对外提供担保进行了特别规定:上市公司对外担保,不仅需要依据《公司法》第 16 条由董事会或股东大会决议,而且还要对决议公开披露,如果债权人是根据披露的信息与上市公司签订担保合同的,担保有效,上市公司承担担保责任。但是,如果债权人不是根据上市公司公开披露的对外担保的信息签订担保合同的,担保合同对上市公司不发生效力,公司既不承担担保责任,也不承担其他赔偿责任。由此可以看出,上市公司对外担保,在效力认定上比一般封闭性公司要严格得多:比如,一般公司在担保合同对公司不发生效力情况下,虽不承担担保责任,但要承担一定的赔偿责任。而上市公司在担保合同对其不发生效力的情况下,不承担任何责任。

可见,上市公司对外担保的要求比普通公司要严格得多。对此,可以参考的典型案例有缪某根与江苏某某新材料股份有限公司(以下简称某某公司)、圣某控股集团有限公司(以下简称圣某控股公司)等股权转让纠纷案[(2019)苏05民终7996号]。一审法院认为,关于缪某根主张某某公司承担连带保证责任的诉请,《公司法》第16条规定:"公司为公司股东或者实际控制人提供担保的,必须经股东会或者股东大会决议。"某某公司章程第42条也规定:"公司下列对外担保行为,须经股东大会审议通过:……(五)对股东、实际控制人及其关联方提供的担保……"本案中,圣某控股公司为某某公司股东,戴某明也系某某公司股东,在某某公司向其提供担保时,其应当知晓该担保应当经某某公司股东大会审议并通过,但本案中缪某根并未提供相应证据证明上述事实,故某某公司向戴某明所作担保因未经股东大会审议通过,应认定无效,缪某根基于权利确认和受让向某某公司主张相应担保权利,并无事实根据,对于缪某根该项诉请一审法院不予支持。缪某根不服该案一审判决提起上诉,二审判决维持。

第44问 债权人可以仅凭股东会决议要求公司承担保证责任吗?

问: 债权人可以仅凭股东会决议要求公司承担保证责任吗?

答: 关于公司对外担保应当出具股东会或者董事会决议及其例外情形,之前的文章已有分析,本文不再赘述。本文仅对案例中的另一种情形进行分析,即仅有股东会决议而没有保证合同,能否认定公司提供了保证?

近期有同事的客户就此问题反复纠结、咨询,并多次与本律师探讨。大致情形是公司向银行债权人提供了一份同意为债务提供担保的股东会决议原件,现债务出现逾期风险,公司担忧被银行追究保证责任。再联想到大概10年前,笔者还遇到另一个类似的案例,担保公司出具了为债务提供担保的股东会决议,与会股东在决议上签名,后债务逾期,债权人向法院起诉要求追究全体股东的担保责任。

笔者认为,就上述情形而言,无论是公司还是股东,都没有与债权人形成提供担保的合意。理由如下:

第一,股东会决议是公司内部股东决策的决议文件,无论是从形式还是内容来看,原则上都只发生内部效力,即对股东及公司具有约束力,仅有股东会决议不能发生外部效力。

第二,不符合担保合同的形式要件。《民法典》第685条规定,保证合同可以是单独订立的书面合同,也可以是主债权债务合同中的保证条款。第三人单方以书面形式向债权人作出保证,债权人接收且未提出异议的,保证合同成立。也就是说,保证合同有三种形式:一是书面保证合同;二是主合同中的保证条款;三是第三方单独出具的保函。而股东会决议与此三种形式皆不符合。

第三,银行非普通债权人,其风控要求不可能将一份股东会决议作为担保措施。按照正常的放贷审核流程,如果银行将公司纳入了担保措施,必然要求与公司签订书面保证合同,并以此作为放贷审核前提。而银行仅能提供股东会决议,显然表明其并未将公司担保纳入债务担保措施之一。

可供参考的典型案例,如浙江W农村合作银行与浙江S照明电器有限公司、WT电机有限公司等金融借款合同纠纷。

2013年3月31日,原告与被告W凯丰金属制品有限公司签订《最高额保证合同》,被告W凯丰金属制品有限公司自愿同意为债权人向债务人浙江S照明电器有限公司自2013年3月31日至2015年3月30日融资期间内最高融资限额为人民币300万元的所有融资债权提供最高额连带保证担保。2013年3月30日,王某、周某强向浙江W农村合作银行出具保证函,同意浙江W农村合作银行向浙江S照明电器有限公司2013年3月30日至2015年3月30日最高融资限额人民币600万元的所有融资债权提供最高额连带责任保证。次日,黄某强、梅某丽向浙江W农村合作银行出具保证函,同意浙江W农村合作银行向浙江S照明电器有限公司2013年3月31日至2015年3月30日最高融资限额人民币300万元的所有融资债权提供最高额连带责任保证。上述保证合同和保证函均约定保证范围包括本息及实现债权的律师代理费等。

2013年3月31日,被告浙江S照明电器有限公司向原告借款50万元,用途:流动资金,月利率为7‰,期限为2013年3月31日至2014年3月30日。2014年4月3日,被告浙江S照明电器有限公司又向原告借款人民币250万元,用途:流动资金,月利率7‰,期限为2013年4月3日至2014年4月2日。2份合同均约定未按期归还贷款本金,从逾期之日起按借款合同所约定的利率加收50%的罚息利率计收罚息;未按期偿付贷款利息,按罚息利率计收复息。合同所产生的费用诉讼费、律师代理费等实现债权费用均由借款人承担,本合同对应的担保为最高额保证合同。原告均于合同当日向被告浙江S照明电器有限公司发放了贷款。被告浙江S照明电器有限公司对上述两笔借款支付了2014年2月20日止的利息。后未再还本付息。另查,原告因本案聘请律师支付律师代理费12.15万元。

原告诉请法院判令:(1)被告浙江S照明电器有限公司立即归还原告借款本金300万元及相应利息29 527.86元(利息已算至2014年4月2日,以后利息按借款合同有关约定执行,即到期前按月利率7‰按月结息,未按合同约定按月付息的加收复息;到期以后的借款利息按月利率10.5‰按月结息,未按月付息的加收复息)。(2)被告浙江S照明电器有限公司支付实现债权的费用(律师费)121 500元。(3)被告WT电机有限公司、W凯丰金属制品有限公司、浙江C工贸有限公司、周某强、王某、黄某强、梅某丽对上述第(1)、(2)项请求的款项承担连带责任。(4)由上述被告承担本案的诉讼费用。

被告浙江 S 照明电器有限公司、WT 电机有限公司、W 凯丰金属制品有限公司、浙江 C 工贸有限公司、周某强、王某、黄某强、梅某丽未做答辩。

其中,为追究浙江 C 工贸有限公司、WT 电机有限公司的保证责任,原告仅提交了证据 6——浙江 C 工贸有限公司的股东会同意保证决议书和 WT 电机有限公司的股东会同意保证决议书,证明两公司分别提供向债务人浙江世普照明电器有限公司 2013 年 3 月 30 日至 2015 年 3 月 30 日、2013 年 3 月 31 日至 2015 年 3 月 30 日最高融资限额人民币 300 万元、600 万元的所有融资债权最高额连带保证担保的事实。经庭审调查、审核,法院认为原告出示的证据 6 仅有股东会决议,并无保证合同和出具保证函,不足以证明浙江 C 工贸有限公司和 WT 电机有限公司提供相关保证担保的事实,故不予确认;对原告出示的其他证据,能证明其所主张的相关事实,被告也未作答辩和提出相反的证据,故予以确认和采信。

法院认为:浙江 W 农村合作银行与浙江 S 照明电器有限公司之间的金融借款合同和 W 凯丰金属制品有限公司、周某强、王某、黄某强、梅某丽提供的最高额连带保证担保合法有效,依法受保护。浙江 S 照明电器有限公司未依约清偿借款,违背了诚实信用原则,其行为已构成违约,应承担相应的民事责任;W 凯丰金属制品有限公司、周某强、王某、黄某强、梅某丽应依约承担相应的保证责任。浙江 W 农村合作银行要求 WT 电机有限公司、浙江 C 工贸有限公司承担保证责任,证据不足,不予支持。

基于前述分析与案例,探寻公司的内部决议为何会出现在债权人那里,得到的答案是小股东擅自提供的。站在公司的角度,如果没有为他人债务提供担保的意思表示,就不应轻易作出相关的决议,如果作出相关决议之后并未落实,就应当及时处理相关决议文件,即做好销毁或者保管工作。公司内部文件泄露,不仅可能导致公司商业秘密泄露,还可能导致公司承担经济责任或者其他损失。

因此,客户担忧的表面上看是一个法律隐患,实际上是更为严重的内部管理问题,或者是公司治理问题。在日常管理方面,公司的重要证照、公章、合同及其他文件资料都应安排专人保管,严格使用登记和建立岗位责任制度,千万不要以公司“现在还小”为由随意妄为,否则可能导致“千里之堤,毁于蚁穴”。

第 45 问　担保人代偿之后，可否不经过起诉直接对债务人申请执行？

问：担保人代偿之后，可否不经过起诉直接对债务人申请执行？

答： 在 Z 投资公司、G 贸易公司等金融借款合同纠纷民事二审民事判决书中，对于判决主文是否应明确抵押担保人追偿权的问题，最高人民法院认为：最高人民法院原《关于适用〈中华人民共和国担保法〉若干问题的解释》（以下简称原《担保法解释》）第 42 条第 1 款规定："人民法院判决保证人承担保证责任或者赔偿责任的，应当在判决书主文中明确保证人享有担保法第三十一条规定的权利。判决书中未予明确追偿权的，保证人只能按照承担责任的事实，另行提起诉讼。"该规定虽然在文义上只适用于保证人的追偿权，但因第三人提供物的担保，在承担担保责任后对债务人追偿与保证人承担保证责任后对债务人追偿的法理基础并无二致，追偿权的行使程序亦无不同，故抵押担保人实际承担担保责任后对债务人的追偿权，亦可以参照适用该规定。

尤其该案一审已经在判决主文中明确保证人在实际承担保证责任后，有权向债务人 F 公司追偿的情况下，基于公平原则，作为抵押担保人的 Z 投资公司、G 贸易公司在实际承担抵押担保责任后，亦应有权向债务人 F 公司追偿。由此，一审在判决主文中对抵押担保人 Z 投资公司、G 贸易公司的追偿权未予明确有失公允，最高人民法院予以纠正。

该案基本事实发生于 2012 ~ 2018 年，为《民法典》实施之前。根据最高人民法院《关于适用〈中华人民共和国民法典〉时间效力的若干规定》，除了法律、司法解释另有规定之外，《民法典》施行前的法律事实引起的民事纠纷案件，适用当时的法律、司法解释的规定。故一审、二审法院判决的主要依据是原《合同法》《担保法》《物权法》。

针对债务人破产后债务停止计息的效力是否及于担保债务的问题，在最高人民法院《关于适用〈中华人民共和国民法典〉有关担保制度的解释》（以下简称《〈民法典〉有关担保制度的解释》）于 2021 年 1 月 1 日施行之前，法律、司法解释并没有明确的规定，《企业破产法》第 46 条第 2 款规定是否适用于担保债务在理解上也有分歧，导致司法实践中出现两种不同的处理方式。

《〈民法典〉有关担保制度的解释》第 22 条关于“人民法院受理债务人破产案件后，债权人请求担保人承担担保责任，担保人主张担保债务自人民法院受理破产申请之日起停止计息的，人民法院对担保人的主张应予支持”的规定，实质解决了人民法院受理债务人破产申请后，债务停止计息是否及于担保债务的法律适用不统一的问题，明确了担保债务亦同时停止计息。

依据最高人民法院《关于适用〈中华人民共和国民法典〉时间效力的若干规定》的规定精神，该案适用《〈民法典〉有关担保制度的解释》第 22 条的规定，认定案涉担保债务自人民法院裁定受理 F 公司破产重整申请之日停止计息，并没有明显减损当事人合法权益、增加当事人法定义务或者背离当事人合理预期，而且更有利于法律适用的统一，有利于尽快稳定社会和经济秩序。同时，鉴于 G 贸易公司作为抵押担保人有权就主债务的利息计算提起上诉，债务人 F 公司也主张其债务应自人民法院受理其破产重整申请之日停止计息，而主债务停止计息后，包括抵押担保在内的所有担保债务作为从债务亦应一并停止计息。

由此，本案主债务及担保债务的利息均应计算至南宁市中级人民法院裁定受理 F 公司破产重整申请之日的前一日，即 2018 年 7 月 18 日。一审判决在已经查明相关事实的情况下，依然判决案涉主债务及担保债务的利息均计算至本金清偿之日，适用法律有误，应予纠正。

无论是《民法典》，还是《〈民法典〉有关担保制度的解释》都没有就判决书中是否应当明确担保人的追偿权作出规定，对于《民法典》实施后新发生的事实，究竟能否适用原《担保法解释》第 42 条的规定不无疑问，笔者认为顶多只能作为说理参照。

那么，可能有人会问，为什么《民法典》及其司法解释对如此重要的条文不做规定呢，是不小心遗漏，还是有意为之？笔者认为，前者的可能性较小。之所以不做规定，大概是因为该条的“鸡肋”作用使然，判决书上对于担保人的追偿权写于不写，实际意义并不大。因为担保人代偿之后，如果没有经过诉讼直接对债务人申请执行仍存在执行依据不明确、执行金额不确定、执行程序无法启动等诸多难题。因此，担保人在代偿之后要想对债务人实施追偿，无论判决书中是否明确其追偿权，都建议尽量另行向法院起诉。

第46问 工程保函担保业务如何防控法律风险?

问: **随着“一带一路”建设以及企业“走出去”战略的持续深入推进,独立保函业务的规模和体量已远远超过商业跟单信用证。与独立保函商业实践高速发展的趋势相对应的是,诉至法院的独立保函纠纷案件逐年增多。2016年11月22日,最高人民法院发布《关于审理独立保函纠纷案件若干问题的规定》,于同年12月1日正式施行,这也就确认了独立保函的法律地位。我公司拟开展工程保函担保业务,请问如何防控法律风险?相对于其他担保业务,出函流程该如何优化设计?**

答: 见索即付保函多用于工程建设领域,大多数受益人对于担保机构直接开具的保函并不认可,实践中担保机构多以反担保人为被担保人开具银行保函提供担保的方式开展此类业务。

一、相关法律风险

(一)建筑行业法律风险

由于建筑市场竞争非常激烈,发包方(甲方)在合同谈判中占据优势,往往利用不公平合同条款压迫承包方,甚至开工日久仍不签订施工合同,合同订立后双方不按照合同履行义务,合同修改也未书面落实,留下争议隐患。而承包方迫于生计,往往被迫接受显失公平的合同条件。并且,在利益驱动下,不少建筑企业或者包工头通过挂靠其他单位,借用其他单位的名义和资质投标或者签订合同,以规避法律、法规的强制性规定和招标文件要求。名义承包人与实际承包人不一致且背景关系复杂,看似简单的施工合同背后隐藏多方博弈,违法违规现象屡禁不绝。

(二)基础合同风险

被担保人未能履行基础合同是受益人提出索赔的基本前提条件,也是见索即付保函的应有之义。在建筑市场激烈的竞争过程中,被担保人未能依约履行合同，以双方违约的情形最为常见，也存在施工碰到较大技术难度，原材料价格上涨而合同事先未约定价格调整，施工方拖欠工人工资造成工人罢工闹事等多种合同继续履行障碍。

（三）受益人恶意索赔风险

在建设工程合同履行过程中，当受益人与承包人就基础合同发生纠纷时，即使受益人违反合同是造成纠纷的主要原因，为了在谈判中增加筹码和逼迫承包人就范，受益人也动辄以保函索赔为要挟甚至付诸实施。根据《国际商会见索即付保函统一规则（URDG758）》的规定，国内法律可制定防止欺诈性、明显滥用或者不正当索赔的规则，欺诈性例外是申请法院强制止付的重要依据。但由于我国目前的法律还没有相关规定，担保人和被担保人在明知受益人恶意索赔的情况下，仍缺乏明确有效的反击手段。

（四）保函文本风险

受益人往往对保函文本有一定的要求，不允许做任何修改，且一般要求担保人承诺“在保函有效期内，当申请人违反相关的合同规定，在收到你方依据本保函发出的要求支付的书面通知后，立即无条件支付不超过保证金额的款项”，并规定其他有利于受益人的条款。开函行为了维护自己的信誉，避免卷入基础合同纠纷，在担保机构承担全部保证责任的情况下，很容易倾向于兑现其于保函中所作出的承诺。因此，过于容易索赔的银行保函近似于银行支票。

（五）债务追偿风险

通常认为，保函担保风险要显著低于融资类担保风险，故对被担保人及其反担保人的资信调查相对宽松。特别是明知存在挂靠关系的异地企业，由于核实被挂靠方财务数据和现场考察较为困难，加上同行业竞争和保函时限要求，保函担保项目的调研评审和反担保要求反而更容易流于形式。担保机构赔付后的债务追偿风险主要体现在：（1）被担保人的资产情况、财务数据未进行实地调查、核实；（2）被担保人主要账号、保函项下工程收款账号、其他工程项目账号收集不全；（3）收取保证金比例过低，反担保个人或企业无任何资产信息，或虽提供了资产清单但未予核实。

二、见索即付保函的法律风险防范策略

良好的风险防范制度和风险控制文化是担保机构可持续发展的核心动力。

综上分析,因保函担保的基础合同不同和见索即付性质,保函担保项目的法律风险呈现出不同于融资担保的特点。因此,在担保业务法律风险一般控制的基础上,还须针对保函担保项目的特点采取合理措施。

(一)做好保前尽职调研是防范项目出现风险的关键

对于保函项目,不能因为其风险不同于贷款担保风险而认为不存在风险或者很少风险,更不能因此降低保前调研要求,抱有侥幸心理。保前调研的范围,不仅要重点考察实际承包人的履约能力和履约记录,还应注重对受益人信用、资产情况的调查,因为在双务合同履行中,仅有一方具备履约能力和履约意愿是远远不够的。

(二)须注重基础合同的风险分析和防范

在施工合同履行过程中,是否合法施工、价格调整情况、材料涨价等市场风险、发包方付款能力、工人工资支付保障等都是应当重点关注的风险因素。一旦发现风险隐患,要对其进行认真分析和判断,尽可能采取相应的防范措施。

(三)争取有利的保函文本,适当增加保函索赔难度

保函文本审核不能流于形式,审核意见必须连同评审报告的其他内容一并上会评审。对于保函条款极为苛刻且不同意修改的保函担保,须慎重考虑是否接受,综合各种因素后作出最后结论;可以协商修改的保函文本,应设法增加保函索赔的难度;受益人对保函文本无任何要求的,则须出具对银行及担保机构最为有利的保函格式。

(四)反担保须落实到具体财产

应牢控被担保人重要和核心资产,否则难以让其实际承担责任。对反担保人,同样也应事先调查了解其主要资产,而不是仅仅签字或者盖章了事。在承保阶段,应密切关注保证人的财产变化。除此之外,还应在保前发现实际承包人并让其承担主要的反担保责任。实践表明,实际承包人对保函无责任往往导致对其承包行为的不负责任,其违约风险的加大等于保函索赔风险的增加。保函赔付风险出现后,若再要求实际承包人承担反担保责任,无异于“虎口拔牙”。

(五)应加强承保后的检查

加强保后跟踪检查,有利于及时发现问题,尽早采取化解措施。担保机构应对保后检查制定严格的规章制度并监督执行,并对保后检查的目的、内容和方式

作出相应要求和指引。当得知可能发生索赔风险时，担保机构应立即与开函行、受益人等多方沟通、协调。在要求银行严格审查索赔文件，合理谨慎地履行赔偿义务同时，尽快促使被担保人与受益人达成和解，争取受益人撤回索赔文件或者放弃索赔权利。

（六）财产保全措施

若开函行审核索赔文件后决定赔付，担保机构可要求被担保人以受益人为被告提起诉讼，并申请诉前或者诉讼财产保全措施，请求法院裁定通知开函行暂停保函项下赔付，待基础合同纠纷解决后，视生效判决或裁定结果决定最终是否赔付，以避免给担保机构或者被担保人造成无法挽回的经济损失。但由于我国现有法律并没规定保函欺诈或不当索赔例外的规则，被担保人只能依据《民事诉讼法》的相关规定提出上述请求，实践中法院是否作出上述裁定，有待具体裁量。

三、保函业务出函流程优化

工程保函、诉讼保函是担保机构的主要业务范围之一，相对于融资担保项目，也属于风险较低的非融资担保业务。担保保函业务一般对时限要求比较高，担保机构要想获得竞争优势，就必须提高出函效率。

（一）项目评审

保函评审可分为保函小组会签、上会评审两种，可考虑根据会签条件从严，上会条件从宽的原则予以划分：

1. 保函小组会签

下列保函项目实行保函小组会签（呈批表须附最后确定的保函格式），例如：

（1）单笔金额300万元以下的市政工程投标保函；

（2）额度项下单笔金额300万元以下的市政工程履约保函、预付款保函、进度款保函、税款保付保函；

（3）按照额度评审意见可免予上会的保函，如1000万元以下的诉讼保函、投标保函等。

2. 上会评审

（1）除了可以实行保函小组会签的保函项目外，其余保函一律应上会评审；

（2）可由保函小组会签的保函项目，保函小组认为需要上会的，应当上会评审；

(3)可由保函小组会签的保函项目,项目经理申请上会的,可以上会评审。

(二)明确银行手续费、担保费、保证金收取标准

关于担保费、保证金的收取标准,公司应公布明确的指导意见,容易造成项目谈判、评审及合同制作中的效率低下,甚至出现差错。因此,建议担保业务部门在经过咨询和调查的基础上整理并公布:

(1)各家银行保函手续费的收取标准:含银行费用的,公司与银行合作协议约定的收取手续费标准;不含银行费用的,银行自行收取手续费的通常标准。

(2)担保费、保证金的最低收取标准(特殊项目申请调低的,须上会决定),可以根据企业资质、工程性质、是否挂靠等情形区别制定。

(三)出函流程优化

1. 合同制作

(1)《保函申请书》的法律性质相当于要约,其内容可以为《开立保函委托合同》或者《开立保函确认书》所涵盖,因此可免予制作,只需将最后确定的保函格式附在《开立保函委托合同》或者《开立保函确认书》之后(盖骑缝章)即可。

(2)保函申请人的股东会决议或者董事会决议,属于企业内部经营决策,委托他人提供担保并非《公司法》规定必须经过股东会决议或者董事会决议的事项,其是否提供,并不影响委托保证合同的效力,即使提供,也无法核实其真实性,故可以免予提供。但对于反担保保证人为公司的而言,由于《公司法》明确规定,公司向其他企业投资或者为他人提供担保,依照公司章程的规定,由董事会或者股东会、股东大会决议,该规定对于担保合同效力的影响存在争议,还是要求提供为妥。

(3)公司与银行之间的保证合同既然为固定格式,因此可以考虑将其内容纳入合作协议,无须每笔业务单独签署或提供。若约定担保公司就保函项下保函申请人的债务向银行提供反担保,不仅担保范围可以相对减少,银行与企业之间的开立保函合同也无必要向担保公司提供,办理具体保函业务时,公司只需向银行发出《出函通知书》即可。

因此,对于额度项下单笔保函,《开立保函确认书》加上《出函通知书》即已满足出函合同文件要求。

2. 合同审核

(1)一般情况下,项目经理制作合同,部门审核,然后签约,但下列合同可以在

签约之前先交法务经理审核：①没有固定版本的合同；②虽有固定版本，但评审会要求增加特别内容的合同，或者须对固定版本作出修改的合同；③需要特别谨慎的风险项目合同；④经过法律事务部部长同意提前审核的其他合同。

（2）实行合同出错通报制度。为了促进项目经理认真制作合同，减少不必要的错误，强化部门审核功能，法务经理应当对合同出错记录在案，法律事务部每周（或每月）定期统计并对合同出错进行通报，通报内容包括项目名称、项目经理及所在部门、出错内容、出错原因等，对出错较多的项目经理及所在部门提出批评。

3. 优先通道

由于保函的时限性要求，要提高出函效率，应规定在项目受理、调研、评审、保函格式审核、合同审核、公司签字盖章、收费确认和审核出函各个环节，实行 A、B 角负责制和保函优先处理原则。

第47问 工程保函索赔的常见原因有哪些?

问: 工程保函索赔的常见原因有哪些?

答: 通常而言,保函项下索赔的原因有以下几种:

一、承包人违约

具体情形如下:

1. 承包人没有经营资质。

在建设工程合同中,经常会出现一些非法转包、违法分包的情况;或者签订合同的承包人是挂靠经营,自己根本不具备承包工程的资格。在项目承接及办理保函的过程中,基本都是实际施工人全程操办,一旦发生纠纷,受益人将矛头对准被挂靠的建筑公司,名义上的施工人才会浮出水面。

2. 承包人没有履约能力。

无论是预付款保函还是履约保函,都是担保承包人履行建设施工合同约定的义务,一旦承包人没有履约能力,则出现纠纷为必然结果。履约能力不足主要体现在两个方面:一是技术上的不足,不能解决施工中的技术难题,说到底还是资质问题;二是资金上的不足,没有足够的资金实力垫付工人工资、材料款等。

3. 工期、质量问题。

承包人未能按照合同约定的进度施工或者工程质量达不到甲方要求,是承包人违约的两大常见现象。当然,这两个问题不见得都是承包人违约造成的,如工期,很多时候是由于甲方不具备进场条件或者甲方没有按合同约定支付进度款导致。但双方一旦发生了纠纷,发包人通常会从工期和质量方面挑出承包人的毛病。

二、发包人违约

具体情形如下:

1. 拖欠工程款。

工程款拖欠也是建设工程合同发生纠纷的主要原因之一,甚至是最为常见的原因。

2020 年,A 房地产公司与 B 建筑公司签订工程总包合同,约定将其开发建设的案涉商品房楼盘项目交给 B 建筑公司承包施工,合同总造价约 3 亿元。合同签订后,建筑公司又将其中的部分工程分包给了 C 劳务公司。C 劳务公司投入了大量的人力、物力入场施工,但在工程尚未完工时,因为房地产公司资金链断裂,导致工程款不能按时支付,工程被迫停工,劳务公司也不得不随之停工。劳务公司对已完工的工程进行了核算,截至停工之日,其尚有 8000 万元工程款没收到。C 劳务公司不得已向法院提起诉讼。

2. 因发包人的原因未能开工。

发包人未能在计划开工日期前 7 天内下达开工通知,造成承包人迟迟不能进场施工,由此给承包人造成窝工损失。或者开工后,由于发包人施工手续不齐全等原因被政府有关部门叫停,施工不得不随之停止。如上所述,工期问题即使是甲方的原因导致,受益人也可能会提出保函项下索赔。

3. 发包人自行施工或者转由他人施工。

此为发包人单方违约或者行使合同救济权利的行为,前者属于明示违约,后者通常行使合同解除权。除此以外,还有其他违约情形,如发包人提供的材料、工程设备的规格、数量或质量不符合合同约定,或因发包人原因导致交货日期延误或交货地点变更等。

三、新冠疫情等外部原因

自 2020 年新冠疫情暴发以来,全国各地疫情反复,给很多行业都造成了巨大的冲击。部分涉及建设工程施工合同存在履行障碍的情形,可能导致相关纠纷增长,此类案件通常具有标的大、周期长、涉及面广等特点。具体原因包括:

一是合同工期因疫情防控延误。因疫情防控需要,政府防疫指挥部门可能会要求一段时间内在建工程禁止施工;复工后,施工进度仍可能因人员隔离观察、交通管制等防疫措施而被迫延缓。如承包人未及时向发包人、监理单位通过签证等方式确认顺延工期或者通知发生不可抗力事件,可能导致因工程逾期承担违约责任等后果,同时也将影响承包人行使工程价款优先受偿权的起算时间。

二是增加防疫费用和停工损失。采购防控物资、增设临时设施和人员等防疫措施必然会增加合同订立时难以预见的成本。如果发包人为缩短延误工期要求赶工,也将增加赶工费用。此外,停工期间还将产生人员工资、设备折旧或租金、现场材料仓储费用等损失。如果合同缺乏相关约定并且双方不能协商达成共识,以上费用和损失的负担问题可能会引发争议。

三是施工成本波动明显。建设工程所需人工、材料、机械设备等受疫情影响处于短缺状态,价格可能出现不同程度上涨,从而带来工程价款的计算问题。特别是在固定总价建设工程合同中,承包方可能以上述价格波动超出正常市场风险,继续履行合同对其明显不公平为由,根据情势变更为相关规定请求调整工程价款。

第48问　反担保保证期间应如何约定?

问:我司目前正在使用的《委托担保协议》项下的《个人反担保函》中,保证期间的表述为“至你方履行完毕保函项下赔付责任”。针对前述表述,想请教您几个问题:

(1)我司的个人反担保函上保证期间的表述是否会存在约定不明的情形呢?

(2)如果被认定为约定不明,我司主协议中的主债务履行期限应该以哪个节点为准呢?

(3)如果上述保证期间的表述存在歧义,那么站在维护我司利益的角度,应该如何表述更妥当呢?是否需要一并更改主协议内容呢?

答:关于问题(1)和问题(2)。不存在约定不明,但表述欠精确。《民法典》第692条规定,保证期间是确定保证人承担保证责任的期间,不发生中止、中断和延长。债权人与保证人可以约定保证期间,但是约定的保证期间早于主债务履行期限或者与主债务履行期限同时届满的,视为没有约定;没有约定或者约定不明确的,保证期间为主债务履行期限届满之日起6个月。由该条规定可见,无论是本担保还是反担保,保证期间皆应从主债务履行期限届满之日起算。

反担保是为保障主债务担保人承担担保责任后的追偿权的实现而设定的担保,适用担保的相关规定。一般情况下,反担保保证责任承担的前提是追偿权成立,而追偿权成立需以本担保人向主债权人履行了保证责任为基础,但《委托担保协议》另有约定的,从其约定。

另外,最高人民法院《关于适用〈中华人民共和国民法典〉有关担保制度的解释》第32条规定适用的是未约定具体保证期间的情形,而贵司协议中表述的是“至你方履行完毕保函项下赔付责任后三年”与该规定情形不一致。因此,贵司《个人反担保函》第4条约定,“本反担保的保证期间自《委托担保协议》生效之日起至你方履行完毕保函项下赔付责任后三年止”,不存在约定不明。

关于问题(3),《委托担保协议》第3.1条约定,若保函受益人或保函开立行提出索赔,甲方应无条件地向乙方承担赔付责任,甲方不得以任何形式或理由抗辩。

第3.2条约定,甲方在收到乙方的索赔通知后当日内向乙方缴存与保函金额等额的保证金或按照本协议4.1条款缴存的保证金不足部分,甲方应无条件配合并不持任何异议。如甲方违反上述义务的,乙方有权直接扣除甲方已缴存的所有保证金以处理索赔相关事项,且乙方有权向人民法院提起诉讼要求甲方继续履行协议并依协议约定立即向乙方缴存与保函金额等额的或不足部分保证金。

根据上述约定,贵司在收到索赔通知后有权要求乙方缴存保证金,并非仅有代偿之后的追偿。

鉴于“你方履行完毕保函项下赔付责任”意思表示有欠缺,可将该部分表述修改为:“《委托担保协议》项下委托人的债务履行期限届满之日起三年”。

附1　相关案例:

1. 钱某富与H置业公司、H汽车公司追偿权纠纷申请再审民事裁定书[最高人民法院(2014)民申字第1298号]中,“本院认为”部分有如下表述:“反担保人承担反担保责任应以担保人已承担保证责任为前提,担保人承担担保责任之时,就是反担保人担保期间的起算日……钱某富作为反担保人,其应承担的反担保责任期间如在担保人H置业公司实际承担担保责任前即结束,则反担保失去了法律意义,对担保人也显失公平。”

2. S科技公司、甘肃省W融资担保公司等追偿权纠纷民事申请再审审查民事裁定书[最高人民法院(2021)最高法民申5421号]中,“本院认为”部分有如下表述:“反担保是为保障主债务担保人承担担保责任后的追偿权的实现而设定的担保,适用担保的相关规定。本案中,甘肃省W融资担保公司为S科技公司的主债务提供连带责任保证,保证期间为主债务履行期限届满之日起两年。S科技公司与甘肃省W融资担保公司签订了《最高额保证反担保合同》,为甘肃省W融资担保公司所承担的保证责任提供连带保证担保。反担保期间为主债务履行期间届满之日起两年止……S科技公司的反担保期间应为甘肃省W融资担保公司在保证期间内履行保证责任之日起六个月。”

附2　法律规定：

《民法典》第三百八十七条第二款　第三人为债务人向债权人提供担保的，可以要求债务人提供反担保。反担保适用本法和其他法律的规定。

第六百八十九条　保证人可以要求债务人提供反担保。

第六百九十二条第二款　债权人与保证人可以约定保证期间，但是约定的保证期间早于主债务履行期限或者与主债务履行期限同时届满的，视为没有约定；没有约定或者约定不明确的，保证期间为主债务履行期限届满之日起六个月。

第 49 问　工程保函文本有哪些审核要点与注意事项?

问: 工程保函文本有哪些审核要点与注意事项?

答: 保函文本审核是工程保函项目审核的重要组成部分,不同的保函文本意味着不同层级的法律风险。例如,见索即付的独立保函与一般保证保函相比,显然前者的风险更高。因为不同的项目通常会要求债务人提交不同的保函文本,因此难以确定使用通用的保函文本,只能在具体的项目中,根据不同项目的需求区别对待,逐一审核。

需要注意的是,保函文本的审核仅为保函项目审核的一部分而非全部,保函文本是评判项目风险大小的重要因素,但不是绝对因素。对于保函文本过于苛刻的项目,如果项目背景、承包人资质、受益人条件、基础合同约定等风险可控,未必会发生保函项下索赔风险;反过来说,保函文本即便对担保人十分有利,但其他方面风险较大,也需要审慎考虑。

一、保函文本的基本要素

通常来说,保函涉及的基本要素包括:

1. 主债务人(申请人):是工程承包合同中的承包人(乙方),负有按照招标文件要求投标和中标后签订施工合同、提交履约保函或者依约完成工程施工等义务。

2. 债权人(受益人):是工程施工合同中的招标方或者发包人,也即通常所说的业主,负有依约支付工程款等义务。

3. 担保人(开函行):是根据主债务人申请,向受益人开立保函,承诺当主债务人违约时支付担保款项给受益人的银行。

4. 开立保函依据的交易(基础合同):招标文件或者建设施工(承包、分包)合同。

5. 保函担保金额:担保人保函担保的最高金额上限。

6. 要求付款的条件及所附单据：担保人承担保函项下的担保责任的先决条件或者所要求提交的索赔单据。

7. 保函失效日期/失效事件/保证期间：独立保函的有效期或者失效条件，如果是非独立保函，则为保证担保的保证期间。

8. 其他条款：如保函项下权利是否可以转让条款、减额条款、争议解决条款等。

二、不同保函文本的应对策略

按照保函文本是否可以修改，可以分为如下两类：

第一类是不可修改文本：通常因为与甲方沟通困难，甲方明确告知保函条款不能修改或者乙方怕得罪甲方，不愿意沟通等原因，导致保函文本不能被修改。

第二类是可修改文本，具体包括下列情形：(1)甲方对保函文本没有要求；(2)保函条款可以少量修改，但不能大幅度更换；(3)银行提出附加条件，否则不同意开立保函；(4)可以约定一般保证等赔付条件。

(一)应对不可修改文本

首先，保持沟通，不放弃与甲方的沟通，只有穷尽了所有的努力仍不能修改之后，才能接受不能修改的现实，否则应继续争取修改保函文本。

其次，对保函文本不能修改且条款苛刻的保函项目严格进行项目调查和评审，包括保函格式审核和合同审核、反担保审核等。

最后，对于保函文本十分不利的保函项目，保后应列入重点关注类项目进行保后检查，要求提供施工进展材料，提前固定证据，防止恶意索赔。

除此以外，还可采取其他变通的做法：

1. 甲方承诺放弃索赔权利。甲方向担保人承诺其不会行使保函项下索赔权利，权利可以自愿放弃，实际上是免除保函项下保证人的付款义务。

2. 签订补充协议。当保函文本不能修改的时候，可以通过补充协议约定实质改变保函文本中的部分条款，如增加保函索赔所需要的条件或者单据，删除保函项下权利可以转让的规定等。

3. 甲方提供反担保。这种情况比较少见，但实务中也有采取的，而且容易产生争议，即甲方为担保人的追偿权提供担保是否有违公平原则或者公序良俗，存在一定的争议，但无疑可以降低保函索赔的风险。

(二)应对可修改文本

1. 事先与合作银行商定多种保函文本。对于担保公司担保,银行出具保函的情形,保函文本并非一家审核通过即可,而是合作双方皆要认可,否则可能会出现担保公司审核通过的保函文本,银行不认可的情况,或者担保公司与银行之间就保函文本问题不能达成一致,必然影响出函效率。为了节省时间,提高出函效率,担保公司与银行应事先就客户没有提出要求的保函文本及保函文本审核尺度达成共识,以避免临时协商,增加内耗。下面以投标保函作为示例:

投标保函

编号:____________

致:______(下称受益人)

鉴于______(下称被保证人)参加受益人编号为______、项目名称为________的投标,我方接受被保证人的委托,在此向受益人提供如下投标保证:

一、本保函担保金额为人民币(大写)______(小写)______元。

二、本保函的有效期为自________年____月____日起至________年____月____日止。

三、如被保证人发生下列情形之一:

1. 被保证人在投标有效期内撤回其投标;

2. 被保证人在投标有效期内收到受益人发出的中标通知后,不能或拒绝按招标文件的规定签署项目合同。

我方在收到受益人在本保函有效期内提交的书面索赔通知、本保函原件、人民法院或仲裁机构依法出具的被保证人应承担赔偿责任的生效裁判文书后,7 个工作日内向受益人无条件支付索赔款,直至本保函的最高担保金额。

四、本保函项下的权利不得转让及设定担保。

五、本保函有效期届满受益人未依法主张权利,或我方向受益人支付的索赔款已达本保函的担保金额,我方的保证责任免除。

六、本保函适用中华人民共和国法律,如有争议,诉讼管辖法院为我方所在地的人民法院。

七、本保函以中文文本为准,涂改无效。

(以下无正文)

保证人(盖章):

法定代表人或其委托代理人(签字或盖章):

单位地址:________________

邮政编码:____________电话:____________传真:____________

日期:________年____月____日

(本保函失效后,请将原件退回我方注销)

2. 增加受理保函索赔的难度。将保函中载明的担保方式明确为一般保证,或者在独立保函中增加较难取得的索赔单据,如“证明承包人违约的生效判决或者仲裁裁决”“监理公司出具的经过公证机关公证的监理报告”“承包人确认违约的书面文件”。

3. 加设保函赔付前提条件。一般情况下,基础合同项下承包人违约为保函项下索赔的常见触发条件,当然违约是否需要证明及证明程度如何因不同的保函文本而异。但很多项目在基础合同履行过程中存在交叉违约,或者因为第三方的原因无法继续施工,当然还包括不可抗力的情形,如新冠疫情导致不能开工,这些情形都可以排除在索赔前提之外。

4. 明确保函生效和失效条款。保函可以附生效条件和失效条件,附生效条件的保函,自条件成就时生效;附失效条件的保函,自条件成就时失效。注意应尽量避免无法直接判定的生效条款,如基础合同生效等。

5. 常见的保函项下生效条款如下:(1)保函自开立之日起生效;(2)指定日期生效(如开标日、合同签订日期或×年×月×日生效);(3)指定事件生效(如预付款保函自承包人某一账户收到预付款后生效)。

保函项下常见失效条款如下:(1)指定失效日期(如×年×月×日失效);(2)指定失效事件(如交工证书颁发起××日内,发货后××日)。

对承包人不利的失效条款如下:(1)事实性条款(如货物验收合格、合同项下义务全部履行完毕后)。(2)不延期即付款/自动延期(如开标日延期,保函有效期将自动延迟至开标日后××日;此时合同存在争端,保函有效期将自动延长至争端最终解决后)。(3)须经特定人确认的条款。

保函的失效需业主书面确认、业主退保函正本或转开行向指示方银行来电确认后方可撤销。

6. 减额条款。

部分保函中会对特定事件发生时减少担保金额的情形做出约定,这就是通常称的减额条款。在被担保人确实履行了相关的合同义务并提交特定单据后,无须受益人确认,保函自动减额条款会释放保函项下相应金额的担保责任,因此该条款可谓是对申请人及担保人十分有利的条款。

减额条款最常见于预付款保函,也多见于履约保函等。保函自动减额条款适用的交易类型多种多样,分批交货的货物贸易、大型多机组工程项目和工程总承包项目等,都可以在预付款等类型的保函中拟定保函自动减额条款。这有助于商务合同的债务人在履行义务后释放担保人及债务人相应的担保或反担保责任,降低保函项下被恶意索赔的风险。

保函自动减额条款常见的表述有:"我们承担的保函项下赔付责任应按照本合同项下设备交付批次,根据卖方出具的发票上声明货值的 20%(百分之二十)自动递减。"等等。减额条款的拟定,可根据基础合同的实际情况而定,但条款中必须具备以下要素:减额发生的特定事件或时间、减额的方式、减额时需提交的单据。

(1)一般常见多在履约、预付款保函中出现,对申请人和担保人有利,但如不能满足单据化要求,在实际执行中,仍需要受益人确认方可减额(如保函金额随×××合同项下履行金额递减;或"随验收金额递减")。

(2)应尽量采用本保函担保金额"随申请人提交的每批货物的发货的提单/发票按比例递减""随申请人提交的由受益人签署的验收证书金额递减"之类的表述。

7. 金额敞口风险如下:(1)赔付利率不明确;(2)赔付币种与担保币种之间汇率不明确;(3)承担无上限律师费和诉讼费等。

8. 索赔条款注意事项如下:

(1)尽量避免索赔条款过于简单,给受益人不当索赔提供了便利[如"银行在收到你方(受益人)以书面形式要求付款时,我方不要求你方出具证明或说明背景、理由""银行将按买方的要求付给买方等"]。

(2)增加索赔声明的内容及证明(如声明申请人违约,并具体说明申请人在那些方面违约,声明申请人违反了招标文件/合同××条的规定,并提供有效证明等）。

9. 变更风险。

如保函文本中有“主合同变更或者补充无须征得开函行同意，开函行仍要承担责任”之类的条款，可能加重开函行的责任，应尽量删除。

10. 转让风险。

如保函文本要求“受益人要求保函项下的权利可单独转让的”，增加了受益人索赔的不确定性，通常情况下应避免。

11. 法律适用及争议解决。

尽量明确纠纷的解决应适用的法律、法院管辖或诉讼地/仲裁地，通常为担保人所在地。

【第三篇　抵押篇】

第50问 抵押物被刑事机关查封后存在何种风险?

问: **我司有一项目借款企业的实际控制人因涉嫌犯罪被刑事机关采取强制措施,项目抵押物(登记在企业名下)目前也被刑事机关查封,请问如果之后项目出现风险,对我们处置抵押物会有何影响呢?**

答: 本案中贵司的项目抵押物可能存在以下法律风险:

一、被刑事机关认定为赃款赃物并予以追缴

根据最高人民法院《关于刑事裁判涉财产部分执行的若干规定》(以下简称《刑事涉财产执行规定》)第11条的规定,被执行人将刑事裁判认定为赃款赃物的涉案财物用于清偿债务、转让或者设置其他权利负担,具有下列情形之一的,人民法院应予追缴:(1)第三人明知是涉案财物而接受的;(2)第三人无偿或者以明显低于市场的价格取得涉案财物的;(3)第三人通过非法债务清偿或者违法犯罪活动取得涉案财物的;(4)第三人通过其他恶意方式取得涉案财物的。

第三人善意取得涉案财物的,执行程序中不予追缴。作为原所有人的被害人对该涉案财物主张权利的,人民法院应当告知其通过诉讼程序处理。即如果刑事机关认为抵押物系赃款赃物的情况下,抵押物可能会面临被刑事机关追缴的风险,此时贵司应证明抵押权是基于合法真实的交易,通过合法有效的途径设立的,即证明自身获得抵押权是善意的。

如在交通银行股份有限公司中山分行与张某某、高某某金融借款合同纠纷一审案[(2014)中一法民二初字第2178号]中,中山市第一人民法院认为,本案所涉抵押权既符合原《物权法》第106条关于善意取得所有权以外其他物权的规定,且不违反法律法规禁止性规定,应认定合法有效。当张某某、高某某不履行债务时,交行中山分行有权以该财产折价或者以拍卖、变卖所得的价款在抵押担保范围优先受偿。如被害单位因交行中山分行行使抵押权而无法取回涉案土地的,被害单位有权依据《刑事涉财产执行规定》第11条第2款关于“第三人善意取得涉案财物的,执行程序中不予追缴。作为原所有人的被害人对该涉案财物主张权利的,人民法院应当告知其通过诉讼程序处理”的规定,另案主张权利。

至于对赃款赃物如何认定,根据广东省高级人民法院《关于刑事案件赃款赃物适用法律问题的若干指导意见》第 1 条的规定,犯罪分子违法所得的一切财物及其孳息,均属赃款赃物。如在本案,如果抵押物系实际控制人使用违法所得的资金购买的,即使抵押物登记在企业名下,也有可能被认定为赃款赃物。

二、对抵押物的优先受偿权受到影响

根据《刑事涉财产执行规定》第 13 条的规定,被执行人在执行中同时承担刑事责任、民事责任,其财产不足以支付的,按照下列顺序执行:(1)人身损害赔偿中的医疗费用;(2)退赔被害人的损失;(3)其他民事债务;(4)罚金;(5)没收财产。债权人对执行标的依法享有优先受偿权,其主张优先受偿的,人民法院应当在前款第 1 项规定的医疗费用受偿后,予以支持。

如在靳某、张某金融借款合同纠纷执行审查类执行案件[(2018)粤 03 执复 36 号]中,深圳市中级人民法院认为,根据上述《刑事涉财产执行规定》第 13 条的规定,债权人对执行标的依法享有优先受偿权,其主张优先受偿的,人民法院应当在前款第 1 项规定的医疗费用受偿后,予以支持。本案中,申请执行人系涉案房产的抵押权人,依法对涉案房产享有合法有效的抵押权。除上述规定的第 1 项情形外,抵押权人的优先受偿权在刑事案件中依然受到法律保护。复议申请人所提的异议不属于上述规定的第 1 项情形,复议申请人主张被执行人王某某对赃款置业的房产不具有合法所有权,王某某将上述房产抵押的行为无效,以此为由请求排除本案执行,因已有生效判决确认申请执行人系涉案房产的抵押权人,故对复议申请人的该项主张,法院不予支持。

因此,在刑事机关认为涉案抵押物属于实际控制人所有的情况下,贵司作为抵押权人,享有优先受偿权,贵司的债权可以在人身损害赔偿中的医疗费用(如刑事案件涉及)后获得清偿。

三、在执行过程中需要与有关部门进行协商解决

但在实践中,该类案件往往涉及多个部门的协调和沟通,根据最高人民法院、最高人民检察院、公安部等《关于印发〈公安机关办理刑事案件适用查封、冻结措施有关规定〉的通知》第 47 条的规定,要求查封、冻结涉案财物的有关国家机关之间，因查封、冻结事项发生争议的，应当自行协商解决。协商不成的，由其共同上级机关决定；分属不同部门的，由其各自的上级机关协商解决。协助执行的部门和单位按照有关争议机关协商一致后达成的书面意见办理。该通知第 48 条规定，需要查封、冻结的或者已被查封、冻结的涉案财物，涉及扣押或者民事诉讼中的抵押、质押或者民事执行等特殊情况的，公安机关应当根据查封、冻结财物的权属状态和争议问题，与相关国家机关协商解决。协商不成的，各自报请上级机关协商解决。协助执行的部门和单位按照有关争议机关协商一致后达成的书面意见办理。

因此，如涉案抵押物存在已被刑事机关查封的情形，在执行中可能需要与不同机关之间进行协商解决，才能顺利处置不动产。

第 51 问　债权人与抵押人协商和解可能导致保证人的责任减免吗?

问: **我司有一风险项目,债权金额约为 5000 万元,有保证、抵押反担保。抵押房产目前市值约 3000 万元,抵押人提出与我司和解,向我司支付 2400 万元后解除其抵押责任。若以比市场价格低的金额和解解除抵押后,其他保证人是否会有权要求我司就放弃的债权部分减免其保证责任?**

答: 首先,贵司没有也不能放弃剩余债权;如已放弃,就不存在向其他保证人追偿的问题了。

其次,关于人保与物保并存的问题,民法有相应的规定。《民法典》第 392 条规定,被担保的债权既有物的担保又有人的担保的,债务人不履行到期债务或者发生当事人约定的实现担保物权的情形,债权人应当按照约定实现债权;没有约定或者约定不明确,债务人自己提供物的担保的,债权人应当先就该物的担保实现债权;第三人提供物的担保的,债权人可以就物的担保实现债权,也可以要求保证人承担保证责任。提供担保的第三人承担担保责任后,有权向债务人追偿。

根据该规定,当事人有约定的按约定;如果没有约定或者约定不明的,债务人自己提供物的担保的,债权人应当先就该物的担保实现债权,第三人提供物的担保的,贵司有权选择。如果不属于贵司应先实现担保物权的情形,贵司可以就剩余的债权要求保证人承担保证责任;反之,则存在保证人主张部分免责的风险。

再次,关于和解价款问题,建议参照市场价格。《民法典》第 410 条规定:"债务人不履行到期债务或者发生当事人约定的实现抵押权的情形,抵押权人可以与抵押人协议以抵押财产折价或者以拍卖、变卖该抵押财产所得的价款优先受偿。协议损害其他债权人利益的,其他债权人可以请求人民法院撤销该协议。抵押权人与抵押人未就抵押权实现方式达成协议的,抵押权人可以请求人民法院拍卖、变卖抵押财产。抵押财产折价或者变卖的,应当参照市场价格。"

贵司与抵押人和解,属于与抵押人就抵押权的实现达成一致协议,应当参照市场价格,并且不得损害其他债权人利益。所谓损害其他债权人利益,主要是以物抵债过分低于市场价格,损害了其他债权人的利益。

债权人以低于市场的价格与抵押人达成协议,法律并未禁止,况且何为市场价格,也不能随意下结论,司法拍卖、变卖抵押物也需要支付一定的成本。但既然民法对于协议价格已有应当参照市场价格的要求,建议贵司与抵押人协议价格不要过于低于市场价格(不低于市场价格的70%),并且应当有评估报告作为参考依据。

最后,如抵押物和解的价格比市场价格要低,保证人是否可以就其中的差额主张免除保证责任呢?笔者认为应该区分两种情况:一种情况是,抵押物为债务人提供的,根据《民法典》第409条的规定,债务人以自己的财产设定抵押,抵押权人放弃该抵押权、抵押权顺位或者变更抵押权的,其他担保人在抵押权人丧失优先受偿权益的范围内免除担保责任,但其他担保人承诺仍然提供担保的除外。因此在此种情况下保证人可以就差额部分主张免除保证责任。另一种情况是,抵押物为第三人提供,即便在债权人放弃在第三人提供的担保物上的担保物权的,保证人也不享有在债权人放弃担保物权价值范围内免责的权利。同理可推知,在抵押物和解的价格比市场价格要低的情况下,保证人也不可以就差额部分主张免除保证责任。

第 52 问　抵押房产二次流拍且变卖未成交后怎么办?

问:我司某项目的抵押房产被另案查封,目前由深圳市某区法院处置,评估价 2000 万元,起拍价 1700 万元,经两次流拍、一次变卖仍未成交。据了解,首封人债权约 250 多万元,其间我司曾向法院申请该案参与分配。请问现我司如申请以物抵债是否合理合法?如申请以物抵债注意哪些事项,有何风险?如还存在其他方案,请问优先选择何种方案才更加合适?

答:关于贵司所提的就抵押房产是否可以申请以物抵债的问题,根据最高人民法院《关于人民法院民事执行中拍卖、变卖财产的规定》(以下简称《拍卖、变卖规定》)第 23 条的规定,在拍卖的不动产第一次流拍时,到场的申请执行人或者其他执行债权人即可申请以物抵债。第 25 条第 1 款规定,对于第二次拍卖仍流拍的不动产或者其他财产权,人民法院可以依照该规定第 16 条的规定将其作价交申请执行人或者其他执行债权人抵债。申请执行人或者其他执行债权人拒绝接受或者依法不能交付其抵债的,应当在 60 日内进行第三次拍卖。

最高人民法院《关于认真做好网络司法拍卖与网络司法变卖衔接工作的通知》第 2 条规定,网拍二拍流拍后,人民法院应当于 10 日内询问申请执行人或其他执行债权人是否接受以物抵债。不接受以物抵债的,人民法院应当于网拍二拍流拍之日起 15 日内发布网络司法变卖公告。该法第 7 条规定,变卖期内无人出价的,变卖期结束时变卖程序结束,相关财产按相关司法解释和规范性文件依法处置。

根据广东省高级人民法院执行局《关于执行程序法律适用若干问题的参考意见》问题十的处理意见:委托拍卖的不动产及其他财产权经三次拍卖流拍,或者动产经两次拍卖流拍,网络拍卖的财产经两次拍卖流拍,不能依法变卖或者以物抵债的,人民法院可以重新委托评估、拍卖。因此,在目前阶段,贵司可以选择行使申请以物抵债或申请法院举行第三次拍卖。

结合《拍卖、变卖规定》第 25 条第 2 款的规定，如贵司既不申请第三次拍卖，也拒绝以物抵债，则存在该执行标的可能被法院解除查封、冻结，将该财产退还被执行人的法律风险。但根据上述广东省高级人民法院执行局《关于执行程序法律适用若干问题的参考意见》问题十的主要理由：委托拍卖的动产及网络拍卖的动产、不动产和其他财产权经过两次拍卖流拍后，不能依法变卖或者以物抵债的，执行法院也可以根据市场价格变化，重新启动评估、拍卖程序，而非必须立即解除查封、冻结措施。根据上述规定，执行法院享有一定的裁量权，建议贵司与执行法官沟通，争取对贵司更为有利的处理方案。

如贵司选择以物抵债，在贵司申请以物抵债后不能全部实现债权的，贵司仍可就剩余未受偿的债权向执行法院申请继续执行。

第53问　抵押权人、建设工程优先受偿权人、首轮查封申请人之间的分配顺序是怎样的?

问:我司是一家融资担保公司,2021年7月28日,我司与S公司签订委托保证合同,我司受S公司委托,为S公司与Y银行签订的借款合同项下贷款提供连带责任保证,并与Y银行签订了保证合同。Y银行据此向S公司发放了合计人民币2000万元贷款。同时,G公司以其名下位于J省某地7幢房产及其上土地使用权提供抵押反担保,与我公司签订抵押反担保合同及抵押物价值确认书,并依法办理了房产抵押登记手续。因当地国土部门拒绝配合,未能办理土地使用权抵押登记。

S公司出现逾期未能偿还上述借款本息,我司分三笔合计代偿约1600万元,并分三个案件分别向法院起诉。2022年6月9日,L法院作出判决书,确定我公司有权对G公司位于J省某地7幢房产行使抵押权,以上述房产折价或者以拍卖、变卖所得价款优先受偿。上述判决于2021年7月19日生效。

2022年11月12日,L法院作出另外一份判决书,其中涉及本案抵押人G公司的判决如下:贵司有权对G公司名下位于J省某地7幢房产行使抵押权,以上述房产折价或者以拍卖、变卖所得价款优先受偿。上述判决于2023年2月生效。

2022年11月29日,L法院作出第三份判决书,其中涉及本案抵押人G公司的判决如下:贵司有权对G公司名下位于J省某地面积为28 456.47平方米工业用地使用权,J省某地7幢房产行使抵押权,以上述土地及房产折价或者以拍卖、变卖所得价款优先受偿。上述判决于2023年3月19日生效。

2022年5月27日,J省某中级人民法院作出判决书,判决:G公司向Z公司支付工程款15 695 370.08元及利息,若G公司未履行付款义务,Z公

司有权对涉案工程的变卖、拍卖款优先受偿。

此外,G公司名下涉案7幢抵押房产已于2021年11月22日被Z公司申请法院首轮查封。涉案7幢抵押房产所在土地使用权被另一民间借贷债权人王某申请法院首轮查封。根据J省某中级人民法院委托评估机构对涉案7幢抵押房产及其上土地使用权评估结果,预计拍卖所得价款不足清偿上述所有债务。请问:

(1)我公司对涉案房产及土地使用权是否享有抵押权?

(2)抵押权人、建设工程优先受偿权人、首轮查封人我公司之间的受偿顺序应当如何?

答: **一、关于贵司能否对涉案土地及房产同时享有抵押权的问题**

根据《民法典》第397条的规定,以建筑物抵押的,该建筑物占用范围内的建设用地使用权一并抵押。以建设用地使用权抵押的,该土地上的建筑物一并抵押。抵押人未依照前款规定一并抵押的,未抵押的财产视为一并抵押。即尽管贵司未就J省某地的土地使用权进行抵押登记,但贵司已完成该土地上的7幢房产的抵押登记,依照上述《民法典》的规定,应认为土地使用权也一并进行了抵押,贵司可以就土地及7幢房产行使抵押权。

但是,L法院作出的三份判决书中,有两份判决并未确认贵司对涉案土地使用权享有抵押权,贵司也未上诉,三份判决书皆已生效。故只有一份判决确定贵司对涉案房屋及土地享有抵押权,贵司可在该两份判决生效之日起6个月内向上一级法院申请再审。

二、关于建设工程价款优先受偿权与抵押权并存的问题

(一)建设工程款优先权与抵押权受偿顺序

《民法典》第807条规定,发包人未按照约定支付价款的,承包人可以催告发包人在合理期限内支付价款。发包人逾期不支付的,除按照建设工程的性质不宜折价、拍卖的以外,承包人可以与发包人协议将该工程折价,也可以申请人民法院将该工程依法拍卖。建设工程的价款就该工程折价或者拍卖的价款优先受偿。

(二)建设工程款优先权的受偿范围

对于工程款的利息是否属于违约所造成的损失,司法实践中存在不同的看法。最高人民法院在中国建设银行股份有限公司广州天河支行与广州房实工程总承包有限公司、广州洪德置业有限公司金融借款合同纠纷二审判决书中指出,“洪德公司拖欠上述工程款所产生的利息不属于最高人民法院《关于建设工程价款优先受偿权问题的批复》中优先受偿的范围,也即房实公司对上述利息不享有优先受偿权……”该案中,该院认定工程款的逾期利息应属于违约所造成的损失,不被包括在优先受偿范围内。

(三)建设工程款优先权是否及于土地使用权

如前所述,《民法典》规定承包人可以就工程折价或者拍卖的价款优先受偿。对于上述“工程”是否包括工程所占用的建设用地呢?目前法律法规并没有明确的规定。

综上所述,根据本案的情况,G 公司名下房地产拍卖所得价款应由 Z 公司优先受偿,贵司基于抵押权所享有的对拍卖款优先受偿权应排在 Z 公司之后。尽管存在争议,贵司仍可主张 Z 公司优先受偿的范围仅包括其对工程的实际费用支出,并不包括利息,并且 Z 公司不能就涉案土地拍卖价款优先受偿。

三、首封债权对抵押权的影响

鉴于本案的情况为抵押物已由首封法院强制执行,目前抵押物的第二次拍卖已经完成。本案不存在首封法院与优先债权法院的冲突问题。

综上所述,在本案中,贵司享有的抵押权依生效判决确定,贵司基于房产抵押权所享有的优先受偿权在工程款优先权之后受偿,房产部分执行拍卖款的分配顺序应为:Z 公司之工程款——贵司享有优先受偿权的债务——无抵押担保的债务;土地使用权部分执行拍卖款的分配顺序应为:贵司享有优先受偿权的债务——Z 公司之工程款及其他无抵押担保的债务。

另外需要注意的是,2023 年 4 月 20 日,最高人民法院发布了《关于商品房消费者权利保护问题的批复》。根据该批复,商品房消费者以居住为目的购买房屋并已支付全部价款,主张其房屋交付请求权优先于建设工程价款优先受偿权、抵押权以及其他债权的,人民法院应当予以支持。只支付了部分价款的商品房消费者,在一审法庭辩论终结前已实际支付剩余价款的,可以适用前款规定。在房屋不能交付且无实际交付可能的情况下,商品房消费者主张价款返还请求权优先于建设工程价款优先受偿权、抵押权以及其他债权的,人民法院应当予以支持。除了题述三者之间的权利冲突,还应考虑商品房消费者的介入对实现债权的影响。

第54问 抵押权人和债权人可以不是同一人吗?

问:抵押权人和贷款方可以不是同一个人吗?比如,企业间借款,抵押人能否把房产抵押给另一个贷款方指定的个人?

答:所谓抵押,是指抵押人和债权人以书面形式订立约定,不转移抵押财产的占有,将该财产作为债权的担保。当债务人不履行债务时,债权人有权依法以该财产折价或者以拍卖、变卖该财产的价款优先受偿。在抵押担保法律关系中,存在抵押权人、债权人、债务人、抵押人等多个主体,一般情况下,抵押权人和债权人是同一主体,抵押人可以为债务人,也可以是第三人。

一、通常情况下,抵押权人和债权人必须保持一致

通常抵押权人和债权人必须保持一致的理由有两点:第一,抵押权具有从属性。从属性是抵押权的重要特征之一,指的是抵押权的发生、转移和消灭都应当从属于债权。根据《民法典》第388条的规定,设定担保物权,应当依照该法和其他法律的规定订立担保合同。担保合同是主债权债务合同的从合同。有债权才有抵押权,因此从属性是抵押权的重要特性,体现在抵押权的成立以债权的成立为前提。《民法典》第407条规定,关于抵押权不得与债权分离而单独转让或者作为其他债权的担保的规定,亦明确了抵押权处分上的从属性。

第二,抵押权必须经过公示。公示公信原则是公示原则和公信原则的合称,目的是保护交易安全,特别是保护当事人对公示的信赖利益。所谓公示,是指物权在变动时,必须将物权变动的事实通过一定的公示方法向社会公开,从而使第三人知道物权变动的情况,以避免第三人遭受损害并保护交易安全。《民法典》第209条规定:"不动产物权的设立、变更、转让和消灭,经依法登记,发生效力;未经登记,不发生效力,但是法律另有规定的除外。"该条是以立法的方式对公示公信原则的确立。《民法典》还明确规定,以不动产抵押的,应当办理抵押登记。抵押权自登记时设立。

抵押权人和债权人是否必须为同一人,在理论上也存在争议,如有的学者就坚持认为抵押权人和债权人在任何情况下都是同一人;但有的学者认为,在特定情况下,二者也可分离。①

二、但在实践中,确实存在债权人和抵押权人不一致的情况

债权人与抵押权人不一致的情况主要有:

(1)债权转让导致新的债权人与原抵押权人不一致,且并未办理抵押权变更登记。

(2)在委托贷款业务中,债权人为银行,抵押权人为委托人,出现这种情况的原因是银行不愿意承担抵押登记的风险和责任。

(3)网络借贷平台上出借人人数众多加上网上签署电子合同,不便办理抵押权人为众多债权人的抵押登记,故安排众多债权人共同委托某一债权人代表作为抵押权人,办理抵押登记手续。

(4)规避登记机关设置的限制条件,如部分登记机关不予办理某些主体的不动产抵押登记,故委托其他主体来"代持"不动产抵押权。

对于第一种情形,详见其他问答,这里不再重复。本文现仅就其他三种情形进行分析。

对于第二种情形,委托贷款业务中的债权人与抵押权人不一致,这种现象较为常见。这种情形法院一般对于委托人行使抵押权的请求予以支持。例如,在Z投资公司与E实业公司、H实业公司、H光电公司、吴某江、吴某勇借款合同纠纷案[(2014)渝高法民初字第00073号]中,法院判决认为,虽然当事人签订的抵押合同和他项权证书均载明抵押权人为F银行重庆分行,但因该抵押担保的主债权人为Z投资公司,且在本案所涉委托贷款法律关系中,F银行重庆分行仅为受托贷款人,其行为的法律后果仍应当归于委托贷款人Z投资公司,F银行重庆分行亦在庭审中认可该抵押物权的实际权利人应为Z投资公司。故Z投资公司应为该抵押物权的实际权利人,其有权以拍卖、变卖抵押财产所得价款在主债权确定的范围内优先受偿。但由于该抵押物权为第二顺位,Z投资公司应当对拍卖、变卖抵押财产所得价款超出第一顺位的担保债权的部分优先受偿。

---

① 参见高圣平:《担保法论》,法律出版社2009年版,第294页。

又如,在C基金与Z房地产公司等委托贷款合同纠纷案中,C基金、兴业银行武汉分行与Z房地产公司签订委托贷款合同,约定C基金委托兴业银行武汉分行向Z房地产公司贷款6.3亿元,借款用途为徐东村城中村综合改造项目。Z房地产公司将拥有的位于武汉市洪山区徐东村K1地块面积为25 134.12平方米的土地使用权(证号武国用〔2012〕第X1号)与K5地块面积10 313.48平方米的在建工程及面积为5424.82平方米的土地使用权(证号武国用〔2012〕第X2号)抵押给兴业银行武汉分行;中森华投资公司以其持有的49%的股权为Z房地产公司在本协议项下的全部债务提供质押担保并质押给兴业银行武汉分行。后C基金提起本案诉讼,主张Z房地产公司未按委托贷款合同及抵押合同的约定办理K2、K3、K4地块土地使用权及在建工程抵押,且抵押的在建工程大部分被出售,已构成违约,要求终止合同,提前收回借款,并对抵押物和质押股权主张优先受偿权。一审、二审法院基于原《合同法》第402条的规定,认定C基金可以自己名义直接向Z房地产公司主张权利,本案中的抵押合同、股权质押合同、连带保证合同和抵押、质押登记的名义权利人是兴业银行武汉分行,但因Z房地产公司及担保人对C基金委托兴业银行武汉分行发放贷款及担保的实际权利人是C基金均是明知的,且兴业银行武汉分行对C基金直接主张担保权利不持异议,故本案的担保合同应直接约束C基金、Z房地产公司及担保人,C基金就其债权对Z房地产公司及其他担保人提供的担保物的处置价款享有优先受偿权。

对于第三种情形,由于近年来P2P网络借贷行业潮起潮落,借款人通过网络借贷平台借款并提供房产抵押的所谓"抵押标"模式也是司空见惯。综上所述,网络借贷具有人数众多、电子合同的特殊性,无法按线下民间借贷业务办理抵押登记,因此通常是平台上的所有出借人委托某一出借人作为债权人代表"代持"抵押权。这种模式的合法性及效力究竟如何?

广东省互联网金融风险专项整治工作领导小组办公室于2018年2月1日印发了《关于进一步做好全省网络借贷信息中介机构整改验收有关事项的通知》,其附件《广东省网络借贷信息中介机构整改验收问题自查指引表》中明确,借款人可以将抵(质)押物抵(质)押在出借人(或经授权的出借人代表)名下,只要不是由平台及其关联方实际控制抵(质)押物即可。按照该通知,抵(质)押物抵(质)押在经授权的出借人代表名下,且非由平台及其关联方实际控制,符合监管整改的要求。

在司法判例方面,法院也有确认支持的案例。例如,在P资管公司与杨某某民间借贷纠纷案中,全体资金借出方一致同意,委托搜易贷指定资金借出方之一纪某某与甲方办理房屋抵押登记手续,并将甲方提供的抵押物登记到其名下。后纪某某出具了一份抵押权转让声明,确认:该不动产抵押权已随主债权一并转让给债权受让方P资管公司。一审法院缺席判决支持P资管公司对杨某某所有的位于天津市西青区精武镇京华道南侧瑞安里X房产拍卖或变卖的价款,按照抵押登记顺序享有优先受偿权。

但这并非没有风险,在实际操作中,为了办理抵押登记,抵押人与债权人代表须另行按登记机关的要求签订线下借款合同、抵押合同,因此导致线上合同和线下合同同时存在的"阴阳合同"现象,债权人和抵押权人一致,实际合同和备案合同不一致,可能增加债权人实现抵押权的风险。

对于第四种情形,实践中也有不少先例。王某某与G投资公司等民间借贷纠纷案[(2015)民一终字第107号]即为此类。2013年1月20日,王某某(出借人)与Y公司(借款人)签订借款合同,约定:借款金额为16 950万元,借款期限为7个月,由借款人提供其名下不低于500亩土地使用权作为还款的担保并进行抵押登记,另行签订土地抵押合同。2013年1月20日,Y公司(抵押人)与G投资公司(抵押权人)签订土地抵押合同,约定:为担保本合同第一条所述"主合同"项下债务的履行,抵押人自愿将登记在其名下的土地使用权为"主合同"出借人王某某的债权设立抵押担保。该合同签订后,双方向寿县国土资源局申请抵押登记,该局于2013年1月21日颁发寿抵他项(2013)第009号他项权证,载明:土地他项权利人为G投资公司;义务人为Y公司。一审法院认为,王某某虽为债权人,但不是抵押合同约定和他项权证载明的抵押权人;G投资公司虽系抵押合同约定和他项权证载明的抵押权人,对Y公司却不享有债权,故Y公司、G投资公司签订土地抵押合同中关于该合同担保的主合同为王某某与Y公司之间的借款合同的约定,以及据此设定抵押权不符合法律规定。故王某某依据案涉土地抵押合同及他项权证主张其案涉土地使用权享有优先受偿权法律依据不足,一审法院不予支持。王某某不服一审判决提起上诉,二审法院认为,在抵押登记制度不健全,抵押登记部门不准予将土地使用权抵押登记在自然人名下的情形下,Y公司和王某某同意由G投资公司与Y公司签订土地抵押合同，以G投资公司名义办理抵押登记，为Y公司与王某某之间的借款合同提供抵押担保，实质是Y公司与王某某为了履行双方之间的《借款合同》而做的一种交易安排。这样的交易安排体现了Y公司与王某某以涉案土地使用权为双方之间的借款提供抵押担保的真实意思表示，且不违反法律、行政法规的强制性规定。故涉案借款合同、土地抵押合同均属合法有效。Y公司与G投资公司之间《土地抵押合同》关于涉案土地使用权为王某某债权提供抵押担保的约定，对于Y公司、G投资公司和王某某内部之间具有约束力。在没有信赖登记的善意第三人主张权利的情形下，应依据当事人约定来确定权利归属。根据Y公司与G投资公司签订的土地抵押合同约定，王某某对涉案土地使用权享有实际抵押权，为涉案土地使用权的实际抵押权人；G投资公司只是土地抵押合同约定的名义上抵押权人，对涉案土地使用权不享有抵押权，且G投资公司在诉讼中也未主张任何权利。因登记制度不健全、登记部门不准予将土地使用权抵押登记在自然人名下原因，导致本案债权人与登记上的抵押权人不一致，只是债权人和抵押权人形式上不一致，实质上债权人和抵押权人仍为同一，并不产生抵押权与债权实质上分离。王某某既是借款合同的债权人，也是土地抵押合同约定的涉案土地使用权的实际抵押权人，王某某对Y公司享有的债权实质上就是抵押担保的主债权。故王某某作为本案债权人享有涉案土地使用权的抵押权，符合原《物权法》第179条（对应《民法典》第394条）关于抵押权的一般规定。

综上所述，针对您所提问题，笔者认为：

第一，基于抵押权的从属性和物权法上的公示公信原则，抵押权人和债权人原则上必须为同一人，从风险防控的角度，这也是最为安全的做法。

第二，基于委托代理的基本原理，在不违反法律的强制性规定，加之不损害国家利益、社会公共利益、他人利益的前提下，应允许债权人将抵押权委托给他人并以他人的名义代为登记，实践中已有司法判决支持的案例。抵押人、抵押权人、债权人之间关于抵押担保的合同约定效力在三者内部有效，但不能以此对抗善意第三人。

第三，最高人民法院《关于适用〈中华人民共和国民法典〉有关担保制度的解释》第4条规定："有下列情形之一，当事人将担保物权登记在他人名下，债务人不履行到期债务或者发生当事人约定的实现担保物权的情形,债权人或者其受托人主张就该财产优先受偿的,人民法院依法予以支持:(一)为债券持有人提供的担保物权登记在债券受托管理人名下;(二)为委托贷款人提供的担保物权登记在受托人名下;(三)担保人知道债权人与他人之间存在委托关系的其他情形。”该司法解释的结论与本文的分析结论基本一致。

第55问 抵押物被其他法院查封了怎么办？

问：我是某担保公司的法务人员。近期我司有个追偿项目，情况是这样的：借款企业向A银行申请了1200万元的一年期贷款，A银行要求每月等额还款30万元，余款到期一次还清，委托我司提供保证担保，并以其法定代表人王某名下的一套别墅作为抵押反担保。贷款到期前2个月，借款企业因经营陷入困境、负债过多，导致资金链断裂，未能按月偿还银行借款，A银行后根据借款合同约定宣布贷款提前到期，我司依约代偿本金及利息900多万元。同时，上述抵押物被另案民间借贷债权人申请法院执行过程中查封。请问我公司应该怎么办？

答：首先，贵司可以申请法院轮候查封并通过与执行法院协调处置抵押物，获得优先受偿。

最高人民法院《关于人民法院民事执行中查封、扣押、冻结财产的规定》第26条规定："对已被人民法院查封、扣押、冻结的财产，其他人民法院可以进行轮候查封、扣押、冻结。查封、扣押、冻结解除的，登记在先的轮候查封、扣押、冻结即自动生效。"所以，贵司可以起诉借款人及其担保人，并对上述抵押物采取保全措施，申请法院进行轮候查封。

在执行过程中，贵司可以申请执行法院协调首轮查封法院对抵押物进行处置。最高人民法院《关于人民法院民事执行中拍卖、变卖财产的规定》第6条规定："保留价确定后，依据本次拍卖保留价计算，拍卖所得价款在清偿优先债权和强制执行费用后无剩余可能的，应当在实施拍卖前将有关情况通知申请执行人。申请执行人于收到通知后五日内申请继续拍卖的，人民法院应当准许，但应当重新确定保留价；重新确定的保留价应当大于该优先债权及强制执行费用的总额。依照前款规定流拍的，拍卖费用由申请执行人负担。"最高人民法院《关于首先查封法院与优先债权执行法院处分查封财产有关问题的批复》对于解决首封处分权与优先受偿债权之间冲突问题已有明确规定。已进入其他法院执行程序的债权对查封财产有顺位在先的担保物权、优先权(该债权以下简称优先债权),自首先查封之日起已超过 60 日,且首先查封法院就该查封财产尚未发布拍卖公告或者进入变卖程序的,优先债权执行法院可以要求将该查封财产移送执行。若存在前述情形,贵公司可以向执行法院申请联系首先查封法院,要求移送执行法院处置抵押物。

其次,贵司作为抵押权人有权直接向执行法院申请参与分配。

最高人民法院《关于适用〈中华人民共和国民事诉讼法〉的解释》第 506 条规定:"被执行人为公民或者其他组织,在执行程序开始后,被执行人的其他已经取得执行依据的债权人发现被执行人的财产不能清偿所有债权的,可以向人民法院申请参与分配。对人民法院查封、扣押、冻结的财产有优先权、担保物权的债权人,可以直接申请参与分配,主张优先受偿权。"按照该司法解释的规定,贵公司可以直接向查封抵押物的法院申请参与分配,主张优先受偿权。

第56问 首先查封人与优先债权人之间应如何处理清偿顺序问题？

问：在债权追偿过程中，我司为房产抵押权人，但该抵押物被另案债权人首封，如果被首封法院执行或者被我司申请的法院执行，当拍卖执行款不足以偿还债务人债务时，我司作为优先受偿人，是否需要将执行款向首封人补偿；如果补偿，多少比例合适，法律上是否有明确规定？

答：关于首先查封人与优先债权人之间的利益冲突与协调，主要涉及优先处置与清偿顺序两个问题。

关于优先处置问题，现主要规定于最高人民法院《关于首先查封法院与优先债权执行法院处分查封财产有关问题的批复》。该规定主要是关于法院处分查封财产的程序规定。

关于贵司所关注清偿顺序问题，分以下两种情形：

一、被执行人的财产足以清偿

最高人民法院《关于人民法院执行工作若干问题的规定（试行）》（以下简称《执行规定》）第55条规定，多份生效法律文书确定金钱给付内容的多个债权人分别对同一被执行人申请执行，各债权人对执行标的物均无担保物权的，按照执行法院采取执行措施的先后顺序受偿。多个债权人的债权种类不同的，基于所有权和担保物权而享有的债权，优先于金钱债权受偿。有多个担保物权的，按照各担保物权成立的先后顺序清偿。一份生效法律文书确定金钱给付内容的多个债权人对同一被执行人申请执行，执行的财产不足清偿全部债务，各债权人对执行标的物均无担保物权的，按照各债权比例受偿。

根据前述规定，多份生效法律文书确定金钱给付内容的多个债权人分别对同一被执行人申请执行的，担保物权债权优先于普通债权受偿，而普通债权依据采取执行措施的先后顺序受偿。在笔者办理的某仲裁执行案件中，由于被执行人未能履行裁决所定义务,为维护申请人的合法权益,申请人依法向法院申请强制执行,在执行过程中,法院依法查扣了抵押物的部分租金收入。根据《民法典》第412条的规定,债务人不履行到期债务或者发生当事人约定的实现抵押权的情形,致使抵押房屋被人民法院依法扣押的,自扣押之日起抵押权人有权收取租金。所收取的租金,首先用于清偿收取租金产生的费用,其次用于清偿主债权的利息,最后有剩余的再用于清偿主债权。其他债权人并非抵押权人,也未对抵押物采取查扣措施,故未能参与分配。

二、被执行人的财产不足清偿

(一)被执行人为企业法人

《执行规定》第89条规定,被执行人为企业法人,其财产不足清偿全部债务的,可告知当事人依法申请被执行人破产。最高人民法院《关于适用〈中华人民共和国民事诉讼法〉的解释》(以下简称《民诉法司法解释》)第511条规定,在执行中,作为被执行人的企业法人符合《企业破产法》第2条第1款规定情形的,执行法院经申请执行人之一或者被执行人同意,应当裁定中止对该被执行人的执行,将执行案件相关材料移送被执行人住所地人民法院。该法第514条规定,当事人不同意移送破产或者被执行人住所地人民法院不受理破产案件的,执行法院就执行变价所得财产,在扣除执行费用及清偿优先受偿的债权后,对于普通债权,按照财产保全和执行中查封、扣押、冻结财产的先后顺序清偿。为促进和规范执行案件移送破产审查工作,保障执行程序与破产程序的有序衔接,最高人民法院还出台了《关于执行案件移送破产审查若干问题的指导意见》。根据前述规定,除非经当事人申请或者执行法院移送被执行企业法人破产,适用破产程序和清偿顺序外,清偿的先后顺序为:执行费用—优先受偿债权—普通债权(按照财产保全和执行中查封、扣押、冻结财产的先后顺序清偿)。

(二)被执行人为公民或者其他组织

《民诉法司法解释》第506条规定,被执行人为公民或者其他组织,在执行程序开始后,被执行人的其他已经取得执行依据的债权人发现被执行人的财产不能清偿所有债权的,可以向人民法院申请参与分配。对人民法院查封、扣押、冻结的财产有优先权、担保物权的债权人,可以直接申请参与分配,主张优先受偿权。第508条规定,参与分配执行中,执行所得价款扣除执行费用,并清偿应当优先受偿的债权后,对于普通债权,原则上按照其占全部申请参与分配债权数额的比例受偿。清偿后的剩余债务,被执行人应当继续清偿。债权人发现被执行人有其他财产的,可以随时请求人民法院执行。根据前述规定,清偿的先后顺序为:执行费用—优先受偿债权—普通债权(原则上按比例受偿)。对于"原则上按比例"是否也有例外,以及例外程度如何,实践中存在一定的争论。例如,浙江省高级人民法院《关于在立案和审判中兼顾案件执行问题座谈会纪要》第3条第4项规定首先申请财产保全并成功保全债务人财产的债权人在参与该财产变价所得价款的分配时,可适当多分,但最高不得超过20%(1:1.2的系数)。浙江省高级人民法院印发《关于多个债权人对同一被执行人申请执行和执行异议处理中若干疑难问题的解答》第13条对具体如何确定分配比例进行了明确,举例说明如下:"甲、乙、丙均申请执行丁,申请执行标的额分别为200万元、300万元和100万元,符合参与分配条件。在诉讼中,甲首先申请财产保全并成功保全丁的全部财产,后拍卖得款300万元。主持分配的法院决定给甲多分20%(增加0.2的系数)。分配时,先计算出乙、丙的受偿比例(以A指代),确定系数1,再乘以(1+20%)得出甲的受偿比例。乙、丙受偿比例的计算方法为:甲债权200万元×A×(1+20%)+(乙债权300万元+丙债权100万元)×A=可分配金额300万元,由此计算出A=46.875%。则甲的受偿比例为46.875%×1.2=56.25%。"该解答还提出,当首先申请财产保全并成功保全债务人财产的债权人的申请执行标的额远大于可分配金额,或者其他债权人的受偿比例已经较高(达到83.34%以上)时,奖励的系数应视情降低,以免出现首先申请财产保全并成功保全债务人财产的债权人分走全部款项或超额受偿的情况。

但在上诉人王某某因与被上诉人方某、一审第三人朱某某执行分配方案异议之诉案[(2016)苏13民终3346号]中,一审、二审法院皆认为,王某某虽然最先申请人民法院对涉案财产进行了查封,但法院的查封不是王某某对被查封财产享有优先受偿权的依据,其仍是涉案财产的普通债权人。即便撇开该案例不说,"原则上按比例受偿"也足以对首先查封人主张多分的请求构成限制。

题述问题实际上是清偿顺序问题,相对于普通债权,优先债权无论是在哪种情形都有优先受偿的权利。浙江省高级人民法院《关于在立案和审判中兼顾案件执行问题座谈会纪要》规定的"申请财产保全的债权人成功保全被执行人财产的,在参与分配时,除扣其为保全、处置该财产所支出的合理的差旅费用、垫付的评估费等外,还可适当多分,但最高不得超过20%(1:1.2的系数)",实际上是解决普通债权之间的分配问题,否则就明显欠缺法律依据。贵司作为优先债权人,当然无须在执行过程中给予他债权人任何补偿,只有在法院主持有关执行分配方案的调解中,存在是否可以对其他债权人作出适当让步的问题。《民事诉讼法》第13条规定,当事人有权在法律规定的范围内处分自己的民事权利和诉讼权利。在实践中,为了顺利推动执行,快速实现债权,优先债权人放弃少部分的利益以尽快实现诉讼目标的情形也比较常见,但关于是否让步,建议贵司根据案件实际情况和贵司内部决策流程确定。至于让步的比例,属于当事人意思自治范畴,可参照上述浙江省高级人民法院的有关规定,以不超过20%为限。例如,在笔者代理人的某"搭便车"实现抵押权的案件中,为了保障房产拍卖顺利进行,笔者代理的B担保公司经过多次谈判,以在机器设备拍卖款分配方面作出20%的让步为条件,终于取得了首先查封人同意法院拍卖房产,所得价款全部向B担保公司清偿。而在机器设备的处理上,充分发挥出了另一债权人Y公司的行业经验优势,顺利卖出了高价。

建议贵司加大贷(保)后跟踪力度,当发现在债务人存在偿债务危机时,应于第一时间迅速对担保财产申请诉前(讼)保全,以免造成执行中的被动。在执行分配过程中,尽管存在多方利益冲突,但如果最终各方握手言和,共同处置抵押物并按约定比例受偿,也不失为一种明智抉择。

第 57 问　委托贷款展期，是否需要办理抵押变更登记？

问： **我司于 2021 年 4 月与某公司开展委托贷款业务而签订了委托贷款合同（主合同）、保证担保合同、抵押担保合同以及应收账款质押担保合同（从合同），该合同委托贷款款 1000 万元，合同约定分次放款。现我司计划与该公司将委托贷款业务项下的第三笔放款 200 万元的租赁期限展期 1 年，双方签订展期协议，展期协议延长主债权期限会取得保证人和抵押人的书面同意，但不重新办理抵押登记手续（原抵押权办理登记期限为 1 年），请问这样是否对抵押权有影响？若对方违约，我司是否可以享有该抵押优先受偿权？**

答： 您的问题实际是委托贷款展期的情况下，抵押登记是否需办理变更的问题。根据《民法典》第 419 条的规定，不动产物权的设立、变更、转让和消灭，应当依照法律规定登记。《不动产登记暂行条例实施细则》第 26 条第 5 项规定，抵押担保的范围、主债权数额、债务履行期限、抵押权顺位发生变化的，不动产权利人可以向不动产登记机构申请变更登记。此处规定的是"可以"而非"必须"。而实践中房产登记部门一般不予办理。

关于抵押登记期限，民法上并没有这个概念。《民法典》第 419 条规定，抵押权人应当在主债权诉讼时效期间行使抵押权；未行使的，人民法院不予保护。

在 Q 房地产公司、王某瑞、王某利与被申请人 G 银行洛江支行、原审第三人林某某借款合同纠纷案[（2014）民申字第 629 号]中，最高人民法院认为，关于 G 银行洛江支行是否就抵押物享有优先受偿权的问题。法院认为，虽然三方当事人于 2009 年 10 月 30 日签订委托贷款展期协议，约定将该贷款期限向后顺延 3 个月，但展期协议并未发生新的债权债务关系，故展期后的债权仍属于最高额抵押合同约定的担保范围。且在借款原约定的期限届满时，Q 房地产公司作出股东会决议，决定申请办理贷款展期，在该决议书中，Q 房地产公司股东一致同意展期后的贷款担保，仍按照本案最高额抵押合同执行。虽然 Q 房地产公司作为抵押人，

G 银行洛江支行作为抵押权人,未就展期后的抵押问题另行签订新的抵押合同,但从双方的意思表示和实际履行情况来看,应当认为,Q 房地产公司同意继续以最高额抵押合同项下抵押物为展期后的借款提供担保,而 G 银行洛江支行亦接受了该担保。因此 Q 房地产公司以委托贷款展期协议签订后,G 银行洛江支行与 Q 房地产公司没有续签抵押合同,因而丧失对抵押物的抵押权的主张,缺乏事实和法律依据,法院不予采信。

因此,展期协议签订后,虽然未办理抵押登记变更,但抵押权应该还能在法律规定的期限内继续行使。不过也不能认为没有风险,毕竟登记备案的抵押合同与实际签订的合同存在不一致的情形,未经备案登记的合同变更可能存在无法对抗善意第三人的风险。因此,建议贵司采取更为安全的做法,即注销原有抵押登记,根据新的合同重新办理抵押登记手续。

第58问 房产买受人可否代为清偿债务以解除抵押登记?

问: **我司为一家融资担保公司,担保的借款企业尚有一笔贷款于2022年6月到期,抵押人向我司提供一套房产作为反担保,并已办理抵押登记。2021年,抵押人欲将该房产以900万元人民币价格出售,与买受人签订房屋买卖合同,后因房价上涨,卖方违约。买受人起诉后,一审法院判决要求卖方继续履行该合同,抵押人不服一审判决提起上诉;目前,该案在二审过程中。因该房产抵押在我司名下,不具有强制过户的条件。买受人已申请将该房产查封,现买受人同意将借款企业未偿还的剩余贷款转入我司作为保证金,希望我司可以解除房产抵押。房屋买卖合同纠纷将于2022年6月1日开庭,买受人希望我司尽快配合解除抵押登记。该借款企业尚欠贷款235万元人民币,银行已扣除我司在银行的保证金,我司即将取得代偿证明。请问抵押期间,抵押人与买受人签订的房屋买卖合同是否有效,该案的诉讼对我司的抵押权有何影响?**

答: **一、《房屋买卖合同》的效力问题**

《民法典》第406条规定:"抵押期间,抵押人可以转让抵押财产。当事人另有约定的,按照其约定。抵押财产转让的,抵押权不受影响。抵押人转让抵押财产的,应当及时通知抵押权人。抵押权人能够证明抵押财产转让可能损害抵押权的,可以请求抵押人将转让所得的价款向抵押权人提前清偿债务或者提存。转让的价款超过债权数额的部分归抵押人所有,不足部分由债务人清偿。"

对于抵押期间,抵押人未经抵押权人同意签订的房屋买卖合同是否有效,实践中存在一定的分歧。一种观点认为,抵押权限制了所有权的处分权能,以抵押物的市场交易价值担保债权的实现。抵押权已成立,未经抵押权人同意,进行处分,因所有权处分权能业已受限,其处分属于无权处分,依据无权处分规则处理。抵押期间未经抵押权人同意擅自转让抵押物的合同,并非当然无效的合同,可以视为"效力待定"的合同。另一种观点认为,转让抵押财产行为的实现,需要进行两个行为,一个是签订转让抵押财产买卖合同的债权行为,另一个是抵押财产所有权变动的物权行为。而转让抵押财产债权行为并不是必须经过抵押权人的同意,因为抵押人与买受人签订转让抵押财产合同的行为,只是一个债权行为,并不会直接导致抵押财产物权变动的结果,抵押人未经抵押权人同意,与他人签订抵押财产转让合同行为并不会导致抵押权的消灭,抵押权人仍可以行使抵押权。抵押人仍是抵押物的所有权人,有权将抵押物自由转让给他人。

笔者倾向于第二种观点,即房屋买卖合同有效,只不过抵押期间,抵押人未经抵押权人同意,不能办理房屋过户登记。抵押人签订房屋买卖合同虽然未经贵司同意,但也并未实际损害抵押权人的利益。

二、关于受让人代为清偿债务

根据上述《民法典》第406条第2款的规定,受让人可以代为清偿债务,受让人可以代为清偿债务后,由于主债权消灭,抵押权也就同时消灭。故虽在抵押期间,抵押人未经抵押权人同意,也可以转让抵押财产。如上分析,此处的转让抵押财产,特指办理房屋过户登记手续。

此外,根据《民法典》第551条的规定,债务人将债务全部或者部分转移给第三人的,应当经债权人同意。债务人或者第三人可以催告债权人在合理期限内予以同意,债权人未作表示的,视为不同意。按照学理观点,债务承担,按照承担后原债务人是否免责为标准,可以分为免责的债务承担和并存的债务承担。免责的债务承担,是指债务人经债权人同意,将其债务部分或全部移转给第三人负担。并存的债务承担,是指债务人不脱离债的关系,第三人加入债的关系,与债务人共同承担债务。在并存的债务承担中,由于原债务人没有脱离债的关系,对债权人的利益不会发生影响,因而原则上无须债权人的同意,只要债务人或第三人通知债权人即可发生效力。就本案而言,如果买受人代替债务人向银行清偿贷款,银行不知道买受人与抵押人之间的诉讼纠纷,银行一般可以同意。在此前提下,主债务清偿完毕,贵司担保责任解除,可以解除抵押登记。

三、关于诉讼判决结果对贵司抵押权的影响

尽管房屋买卖合同是否有效存在一定的争议,但根据贵司陈述,该案一审已判决继续履行,即表明一审法院认可房屋买卖合同的效力。根据司法实践并结合

本案的情况,二审维持一审判决的可能性较大。笔者认为,无论二审判决结果如何,贵司的抵押权皆不受任何影响,理由如下:

第一,如前所述,未经抵押权人同意,抵押物并非不可转让,只不过不能发生物权变动效力,况且买受人可以通过代为清偿债务化解过户阻碍。

第二,对贵司而言,抵押权依法设立并办理抵押登记,享有法律规定的优先受偿权,该抵押权不能因房屋买卖合同的签订和履行受到影响,否则抵押权人的优先受偿权就没有意义。

第三,贵司享有抵押物的核心权利为优先受偿权而并非处分等其他权利,抵押物担保的全部债权获得清偿,是贵司解除抵押登记的唯一前提。

根据以上分析,贵司作为抵押权人,配合解除抵押登记的唯一前提是抵押物担保的债权已获得全部清偿,贵司的担保责任终止。贵司可依次选择下列方案:

方案一:通过协商和解或者执行判决促使买受人代借款企业清偿全部债务(银行贷款本息或者贵司代偿款本息、违约金等)后,贵司解除房屋抵押登记。此为优先考虑方案,可使贵司免遭诉累,节省受偿时间。

方案二:若买受人不愿意或者抵押人阻挠导致买受人不能代借款企业清偿全部债务(银行贷款本息或者贵司代偿款本息、违约金等),贵司向贷款银行代偿后,可依法申请法院拍卖、变卖抵押物优先受偿。

第 59 问 主债权和抵押权一并转让时需要关注哪些法律问题?

问:关于债权转让的问题,在《民法典》中存在相关的规定,但如果债权转让的同时伴有抵押权一并转让的,需要关注哪些法律问题呢?

答: 债权转让,是指合同债权人将其债权全部或者部分转让给第三人的行为。债权转让分为全部转让和部分转让。债权全部让与第三人,第三人取代原债权人成为原合同关系的新的债权人,原合同债权人因合同转让而丧失合同债权人权利,债权部分让与第三人,第三人成为合同债权人加入原合同关系,成为新的债权人。

根据《民法典》第 547 条的规定,债权人转让债权的,受让人取得与债权有关的从权利,但该从权利专属于债权人自身的除外。《民法典》第 407 条规定:"抵押权不得与债权分离而单独转让或者作为其他债权的担保。债权转让的,担保该债权的抵押权一并转让,但法律另有规定或者当事人另有约定的除外。"对于主债权和抵押权一并转让的相关法律问题,分析如下:

一、债权转让须通知债务人和抵押人

《民法典》第 546 条规定:债权人转让权利的,应当通知债务人。未经通知,该转让对债务人不发生效力。根据该条规定,债权转让后,是否通知债务人及抵押人将成为债权转让是否对债务人和抵押人发生法律效力的关键。

例如,在卢某某与深圳市嘉某科技发展有限公司、吴某等合同纠纷一审案[(2016)粤 0303 民初 6647 号]中,2015 年 1 月 31 日,原告与第三人高某公司签订债权转让协议书,后者将其在(2013)深中法商初字第 55 号民事判决书项下的债权及抵押权转让给原告,第三人高某公司就此向三被告邮寄了债权转让通知书。2015 年,原告向深圳市中级人民法院提起诉讼,请求判令被告嘉某公司向原告清偿 1500 万元及确认原告对被告吴某、陈某某提供的抵押物享有优先受偿权。该院认为,原告与第三人高某公司签订的《债权转让协议书》系双方当事人真实意思表示，其内容不违反法律和行政法规的强制性规定，属有效合同。合同生效后，第三人高某公司向被告嘉某公司发出债权转让通知书，被告嘉某公司收到高某公司发出的债权转让通知书，以及被告吴某、陈某某收到本院送达起诉状时，各被告已知悉债权人高某公司将权利转让给原告，故涉案债权转让对三被告已发生效力，原告因此取得高某公司在(2013)深中法商初字第55号民事判决书项下的债权及相应的抵押担保权。

而在深圳市安某某投资担保有限公司与刘某民间借贷纠纷一审案[(2016)粤0304民初10992号]中，深圳市福田区人民法院认为，原告虽提交其与案外人邵某签订之《债权及抵押权转让合同》，但其未提交充分有效之证据证明该债权转让已经通知被告。至于原告主张案外人邵某已向本案《借款担保协议》载明之被告送达地址以邮政快递方式邮寄送达该债权转让协议，并主张根据《借款担保协议》之约定案外人邵某已履行通知义务，法院认为，一方面，案外人邵某投递之快递被拒收，不属于该协议所载明之“有关本协议相关文件、资料等一经送达本协议确定的地址，即视为送达”中所约定之“送达”；另一方面，被告作为债务人应获债权转让之通知，系法律规定之债权转让生效要件，当事人约定不得违反该约定。故原告向被告主张债权，没有法律和事实依据，该院依法不予支持。故该院判决驳回了原告深圳市安某某投资担保有限公司的全部诉讼请求。

可见，同样都是采取邮寄送达债权转让通知，不同的案件会有不同的审理结果。除了案情的不同之外，法官的自由裁量也是重要的因素。

二、抵押权一并转让后，是否须办理抵押权变更登记

针对金融资产管理公司，最高人民法院对此曾出台了相应的司法解释。最高人民法院《关于审理涉及金融资产管理公司收购、管理、处置国有银行不良贷款形成的资产的案件适用法律若干问题的规定》(已失效)第9条规定:“金融资产管理公司受让有抵押担保的债权后，可以依法取得对债权的抵押权，原抵押权登记继续有效。”该条能否适用于金融资产管理公司之外的其他民事主体呢？按照民法上的平等原则，应当一视同仁。

在湖南绿某某糖业有限公司、丁某耀等与湖南绿某某糖业有限公司、丁某耀等借款合同纠纷申请再审案[(2015)民申字第2040号]中，再审申请人湖南绿某某糖业有限公司(以下简称绿某某公司)、丁某耀因与被申请人怀化市某城区城市建设投资有限公司(以下简称城建投公司)、一审第三人庄某借款合同纠纷一案,不服湖南省高级人民法院(2014)湘高法民二终字第143号民事判决,向最高人民法院申请再审。再审理由之一为,未办理抵押权变更登记,城建投公司依法不享有抵押物权。《城市房地产抵押管理办法》第37条规定:“抵押权可以随债权转让,抵押权转让时,应当签订抵押权转让合同,并办理抵押权变更登记。”虽然绿某某公司与农发行怀化分行在贷款时签订了最高额抵押合同并办理了抵押登记,城建投公司受让债权时并未依法办理涉及厂房、土地使用权在内的抵押权变更登记手续。因此,再审申请人认为,城建投公司对绿某某公司不享有抵押物权。最高人民法院经审查认为,原《物权法》第192条规定:“抵押权不得与债权分离而单独转让或者作为其他债权的担保。债权转让的,担保该债权的抵押权一并转让,但法律另有规定或者当事人另有约定的除外。”本条系关于抵押权处分从属性的规定,抵押权作为从权利应随债权转让而转让。债权受让人取得的抵押权系基于法律的明确规定,并非基于新的抵押合同重新设定抵押权,故不因受让人未及时办理抵押权变更登记手续而消灭。本案中,城建投公司受让农发行怀化分行对绿某某公司享有的债权,依据法律规定有权受让与案涉债权相关的抵押权,一审、二审法院据此判定抵押权继续有效,并无不当。最高人民法院遂裁定驳回了湖南绿某某糖业有限公司、丁某耀的再审申请。

三、生效法律文书确定的权利人在进入执行程序前合法转让债权的,债权受让人即权利承受人可否作为申请执行人直接申请执行

指导案例34号:李某玲、李某裕申请执行厦门某洋实业(集团)股份有限公司、厦门某洋实业总公司执行复议案[(2012)执复字第26号]对此给予了肯定的答案。

原告投资2234中国第一号基金公司(Investments 2234 China Fund Ⅰ B. V.,以下简称2234公司)与被告厦门某洋实业(集团)股份有限公司(以下简称某洋股份公司)、厦门某洋实业总公司(以下简称某洋实业公司)借款合同纠纷一案,2012年1月11日由最高人民法院作出终审判决,判令:某洋实业公司应于判决生效之日起偿还2234公司借款本金2274万元及相应利息;2234公司对蜂巢山路3号的土地使用权享有抵押权。在该判决作出之前的2011年6月8日,2234公司将其对于某洋股份公司和某洋实业公司的2274万元本金债权转让给李某玲、李某裕,并签订《债权转让协议》。2012 年 4 月 19 日,李某玲、李某裕依据上述判决和《债权转让协议》向福建省高级人民法院(以下简称福建高院)申请执行。同年 4 月 24 日,福建高院向某洋股份公司、某洋实业公司发出(2012)闽执行字第 8 号执行通知。某洋股份公司不服该执行通知,以执行通知中直接变更执行主体缺乏法律依据,申请执行人李某裕系公务员,其受让不良债权行为无效,由此债权转让合同无效为主要理由,向福建高院提出执行异议。福建高院在异议审查中查明:李某裕系国家公务员,其本人称,在债权转让中,未实际出资,并已于 2011 年 9 月退出受让的债权份额。福建高院认为,该院在执行通知中直接将本案受让人作为申请执行主体,未作出裁定变更,程序不当,遂于 2012 年 8 月 6 日作出(2012)闽执异字第 1 号执行裁定,撤销(2012)闽执行字第 8 号执行通知。李某玲不服,向最高人民法院申请复议,最高人民法院认为,生效法律文书确定的权利人在进入执行程序前合法转让债权的,债权受让人即权利承受人可以作为申请执行人直接申请执行,无须执行法院作出变更申请执行人的裁定。最高人民法院于 2012 年 12 月 11 日作出(2012)执复字第 26 号执行裁定:撤销福建高院(2012)闽执异字第 1 号执行裁定书,由福建高院向两被执行人重新发出执行通知书。

此外,若债权人在申请强制执行过程中转让主债权和抵押权时,申请执行人当如何变更呢?最高人民法院《关于执行中变更、追加当事人若干问题的规定》第 9 条规定,申请执行人将生效法律文书确定的债权依法转让给第三人,且书面认可第三人取得该债权,该第三人申请变更、追加其为申请执行人的,人民法院应予支持。在实务中,笔者也曾代理类似的操作,申请执行人转让债权并通知债务人和抵押人后,向法院提交变更申请执行人的申请,法院经过审查,作出变更申请执行人为债权受让人的裁定。

第60问　如何通过“搭便车”的方式行使抵押权?

问:2021年6月,J公司由我司担保向A银行申请了一笔额度为1200万元的一年期担保贷款,该笔业务的反担保措施包括:(1)J公司法定代表人王某名下的一套别墅抵押;(2)J公司的一台德国进口海德堡印刷机抵押;(3)J公司法定代表人王某夫妇连带责任保证。

此笔贷款发放以后,J公司在前几个月的等额还款及付息表现正常,但从2021年年底开始出现逾期,我司和A银行相继向J公司发出多份催收通知,但J公司一直未能还款。次年1月,A银行宣布提前收贷并向我司发出代偿通知,我司依约向A银行代偿了借款本息960万元。就在我司与A银行协商确定代偿事宜期间,我司突然得知,因J公司欠H市赵某本金2000万元的民间借贷到期未能偿还,王某为该笔借款向赵某提供连带责任保证担保,赵某遂向H市人民法院起诉J公司和王某,并申请保全查封了J公司及王某名下的财产,包括已抵押给我司的房产及机器设备,由于被告缺席,H市人民法院很快便判决赵某胜诉,该案已进入强制执行阶段。

我司后来还了解到,2021年8月,J公司与总部位于S市、主营融资租赁业务的Y公司以售后回租的方式开展融资租赁业务合作。即J公司将两台海德堡印刷机出售给Y公司,Y公司再将这两台印刷机出租给J公司,按月收取租金,包括其中一台已抵押给我司的印刷机。因J公司未能依约支付租金,Y公司于2022年5月向S市人民法院起诉,请求确认Y公司对上述两台印刷机享有所有权和要求J公司支付所欠租金。

想问一下,在这种情况下,我司应采取何种措施,才能尽快实现抵押权呢?

答:本案中,笔者认为,贵司可以不通过诉讼,直接使用“搭便车”的方式,申请参与另案执行优先分配,主要理由及原因如下:

第一，贵司享有的抵押权真实、合法、有效。根据《民法典》的有关规定，申请人享有的抵押权是法定优先受偿的权利，申请人有权以上述抵押房产拍卖所得款项优先受偿。申请人向执行法院申请优先分配符合法律规定。

第二，根据有关规定，申请人无须提供生效法律文书作为依据。最高人民法院《关于人民法院执行工作若干问题的规定（试行）》第 92 条规定，债权人申请参与分配的，应当向其原申请执行法院提交参与分配申请书，写明参与分配的理由，并附有执行依据。该执行法院应将参与分配申请书转交给主持分配的法院，并说明执行情况。该规定第 93 条规定，对人民法院查封、扣押或冻结的财产有优先权、担保物权的债权人，可以申请参加参与分配程序，主张优先受偿权。对上述两条规定，普通债权人申请参与分配应当附有"执行依据"，但对于抵押权人申请参与分配，并未要求必须提供"执行依据"，申请人可以直接凭借债权文书申请参与分配。

第三，根据《民法典》第 410 条的规定，申请人无须通过诉讼实现抵押权。为了能够有效降低实现担保物权的成本，便利广大企业融资并维护债权人的合法权益，《民法典》对于抵押权的行使方式已做出重大改进。依据《民法典》第 410 条规定，如果债务人不履行到期债务或者发生当事人约定的实现抵押权的情形，抵押权人可以与抵押人协议以抵押财产折价或者以拍卖、变卖该抵押财产所得的价款优先受偿。倘若双方没有就抵押权实现方式达成协议，则抵押权人可以直接请求人民法院拍卖、变卖抵押财产。这里所谓的"请求人民法院拍卖、变卖抵押财产"，就是指抵押权人无须通过诉讼来实现抵押权。

第四，这样做有利于节约司法资源，提高执行效率。如果贵司立即向 Z 市人民法院起诉，无疑能获得胜诉判决并顺利进入执行程序，但却增加了诉讼成本。

贵司目前的工作重点，就是尽快与其他有关债权人就分配方案达成一致。贵司可以在执行法院主持下，就享有抵押权的机器设备处置分配款做出适当让步，以此为代价，与首轮查封人及 Y 公司就抵押房产拍卖款分配方案达成一致，各方同意上述房产拍卖款全部向申请人优先受偿，并制作笔录，以尽快完成参与分配。

第61问　抵押人未经配偶同意提供的房产抵押是否有效?

问: 抵押人未经配偶同意签订抵押合同并办理抵押登记,抵押权是否有效设立?

答: 依据《民法典》第301条的规定,“处分共有的不动产或者动产以及对共有的不动产或者动产作重大修缮、变更性质或者用途的,应当经占份额三分之二以上的按份共有人或者全体共同共有人同意,但是共有人之间另有约定的除外”。则夫妻一方未经配偶同意,将共有财产设立抵押的行为是违反法律规定的。但抵押人未经配偶同意签订的抵押合同是否均属于无权处分行为呢?答案显然并非如此。笔者认为,根据目前不动产登记实践,上述问题可以分为以下三种情形:第一,不动产登记在夫妻双方名下,抵押人未经配偶同意签订抵押合同;第二,不动产登记在夫妻一方名下,登记的共有人未经配偶同意签订抵押合同;第三,不动产登记在夫妻一方名下,未被登记的共有人未经配偶同意签订抵押合同。[①]

一般而言,无权处分系指无权处分人以自己的名义处分他人的权利。然而在第一种、第三种情形下,基于不动产对外的权利表征为夫妻共同共有或者抵押人的配偶一人所有,在商业交往中交易第三人一般不会认为抵押人是以自己的名义签订抵押合同的。笔者倾向于认为这两种情形是抵押人的无权代理行为。[②] 基于三种情形分属两种不同的行为,交易第三人应主张的请求权基础也不尽相同,笔者接下来将就两种行为下的交易第三人利益如何保护问题展开分析。

一、无权代理中交易第三人的利益保护

无权代理,是指无代理权人以本人的名义而为法律行为。在上述讨论的第一种、第三种情形中,抵押人一般不会单独以自己的名义签订抵押合同,如第一种情

---

① 参见刘贵祥:《论无权处分和善意取得制度的冲突和协调——以私卖夫妻共有房屋时买受人的保护为中心》,载《法学家》2011年第5期。

② 无权处分行为与无权代理行为的区别可参见王泽鉴:《债法原理》(第2版),北京大学出版社2013年版,第288~289页。

形中抵押人向交易第三人谎称转让房屋的行为已经得到配偶的同意，或者交易第三人以为抵押人转让房屋的行为是经过配偶同意的。通常认为，无权代理人实施的债权行为或处分行为均属于效力待定的行为，在得不到追认或事后取得授权的情况下行为归于无效。

然而，在无权代理中交易第三人仍然存在合理信赖利益，这种合理信赖体现在基于抵押人与配偶的夫妻关系，第三人有理由相信抵押人有代理权签订抵押合同，即满足表见代理的要件。从最高人民法院《关于适用〈中华人民共和国婚姻法〉若干问题的解释（一）》（已失效）第 17 条第 2 款“夫或妻非因日常生活需要对夫妻共同财产做重要处理决定，夫妻双方应当平等协商，取得一致意见。他人有理由相信其为夫妻双方共同意思表示的，另一方不得以不同意或不知道为由对抗善意第三人”的规定中可以看出，法律适用表见代理制度保护在抵押人未经配偶同意签订抵押合同问题上交易第三人的合理信赖利益。在满足表见代理的情况下，应当认定抵押合同有效，已登记的抵押权设立。但是应当注意的是，证明抵押人有代理权表征的责任在交易第三人自身。

二、无权处分中交易第三人的利益保护

就设立抵押权而言，订立书面抵押合同为《民法典》第 400 条之规定，按照主流学说观点，无权处分的合同仅在真正权利人追认或者无权处分人事后取得处分权时，才具有法律效力，反之则抵押合同无效。① 但民法在无权处分问题上给予善意第三人合理的信赖利益保护，即公示公信原则及善意取得制度。

（一）物权法上的公示公信原则

物权法上的公示、公信原则，系指不动产物权的变动以登记为公示方法，一旦经过公示，交易第三人就有合理的理由产生信赖，即使其表征与实质权利不符，对于产生合理信赖的人，也应给予保护，以维护交易的安全。我国台湾地区学者王泽鉴认为，“登记有绝对效力，系为保护第三人，将登记事项赋予绝对真实之公信力，第三人因信赖登记而取得土地权利时，纵令其登记原因无效或得撤销，真正权利人亦不得以之对抗该第三人。凡已完成的登记均应推定有绝对效力。”②

---

① 参见曹士兵：《物权法关于物权善意取得的规定与检讨——以抵押权的善意取得为核心》，载《法律适用》2014 年第 8 期。

② 王泽鉴：《民法物权 1——通则 · 所有权》，中国政法大学出版社 2001 年版，第 110 页。

上述案例中抵押房产虽然实质上为夫妻共同财产,担保人施某签署的抵押合同的行为应属无权处分,但B县房产管理局登记权利人仅为施某,根据物权登记公示、公信原则,应保护债权人张某的信赖利益,认定设立的抵押权有效。学者王泽鉴在书中亦有举例,甲被误登记为某屋所有人,甲以该地设定抵押权给善意之乙,乙取得其抵押权。[①] 此为积极信赖保护。

(二)不动产物权善意取得制度

一般认为,不动产物权善意取得的要件有三个方面:第一,土地登记发生不正确(实质权属与公示状态不一致);第二,权利变动限于法律行为上的交易(依法律规定取得不动产物权不在此列);第三,交易第三人善意地信赖土地登记。然而,根据我国《民法典》第311条的规定,在符合下列情形的情况下,受让人可以善意取得物权处分人处分的物权:(1)受让人受让该不动产或者动产时是善意的;(2)以合理的价格转让;(3)转让的不动产或者动产依照法律规定应当登记的已经登记,不需要登记的已经交付给受让人。

在抵押人未经配偶同意签订抵押合同的实践问题中,我国司法实践在判断交易第三人是否为"善意"时,一般会考察是否尽到合理审慎的注意义务,而是否尽到注意义务,很大程度上依赖于房屋管理部门的登记信息。例如,在中国建设银行股份有限公司舟山城关支行与杨某、舟山市欣源建材有限公司等金融借款合同纠纷案中,二审法院认为:"建行城关支行在办理涉案贷款抵押时已向房管部门查询了该房产所有权相关信息,根据房屋登记信息确认所有权属杨某个人所有,并向房管部门办理了抵押登记,持该房屋他项权证向借款人发放贷款,建行城关支行对贷款抵押已尽到合理注意义务。"[②]

又如,在李某某与浙江永嘉农村合作银行清水埠支行金融借款合同纠纷再审案件中,浙江省高级人民法院认为:"借款人章某某提供了离婚证和编号为永房权证瓯北字第35538号的抵押房屋所有权证。离婚证表明章某某申请借款时系单身状态,房屋所有权证则载明该房产的权利人为章某某一人。虽然李某某认为该房产原系夫妻共同财产,但上述房产证并未记载李某某为共有人……李某某是否签字同意抵押、章某某是否提供婚后财产分割权属证明,已不必成为清水埠信用

---

① 参见王泽鉴:《民法物权1——通则·所有权》,中国政法大学出版社2001年版,第142页。

② (2014)浙商外终字第8号民事判决。

社贷款审查之内容……即使章某某设定抵押系无权处分，清水埠支行作为善意的第三人，其合法权益也应予保护。”①

三、风险防范建议

在第一部分引入的案例中，由于抵押的夫妻共同财产在不动产登记中权利人仅为丈夫一人，基于不动产登记公示、公信原则，不动产登记具有绝对效力，在没有证据证明交易相对人恶意的情况下，相对人可善意取得抵押权。实践中，无权处分人多数会提出抵押财产系夫妻共同财产的抗辩，以拖延诉讼的进程，阻碍交易进行。况且，基于案件事实，法官也可能根据自由裁量作出不利于抵押权人的裁判。

按照“事先防范为主，事后补救为辅”的基本风控原则，笔者认为，在抵押物有可能属于夫妻共同财产的情况下，抵押权人可以要求配偶出具同意抵押的声明书，或者要求夫妻双方作为共同抵押人在抵押合同上签名。即无论抵押物是共同共有还是个人所有，交易方在与抵押人签署抵押合同的同时，都应当要求抵押人之配偶出具同意抵押的声明书，在声明书中可载明，“如本人为上述房地产的共同共有人，则本人同意且委托本人之配偶将上述房地产全部（含本人所共有部分）抵押给贵公司，本人同意接受本人之配偶与贵公司所签抵押合同及其他相关法律文件之约束”。或者将上述内容植入抵押合同条款，夫妻双方共同签署。采取此种方法可以避免产生不必要的纠纷，防止抵押人以抵押物为夫妻共有财产为由进行抗辩，以防范交易风险。

---

① 浙江省高级人民法院民事判决书，（2010）浙商提字第14号。

第 62 问　担保公司如何进行代偿时机选择?

问:我司为 W 公司担保的项目目前出现了贷款逾期的情况,贷款人 Z 银行已经决定提前收贷并通知了我司,但因我司与 Z 银行之间有 3 个月代偿宽限期约定,因此我司希望可以借助宽限期通过协商谈判的方式促使 W 公司还款,避免代偿。想问一下此种方法有什么需要注意的法律风险吗?

答:对于担保公司代偿时机的选择需要注意以下风险:

一、借款人自身面临的市场和财务风险

根据贵司的描述,W 公司主要从事黄金、珠宝首饰及镶嵌饰品的加工、销售。近年来,国际黄金价格持续震荡,处于下行通道。加上珠宝市场需求趋缓,行业竞争加剧,一旦遇到突发状况,W 公司缺乏竞争力、抗击风险能力弱,极易导致资金链断裂。且在项目评审环节中,贵司已注意到 W 公司的负债率一直较高,特别与个别客户有较大额度的负债或往来。珠宝行情波动不仅使企业出现了亏损,也使资金流出现缺口,影响了向客户的货款支付,最终使客户关系恶化。因此贵司在考虑代偿时机时,需要关注到 3 个月的宽限期对目前的 W 公司自身来说是否还有作用,如果没有的话则要审时度势,该代偿时就代偿,并立即对抵押物申请查封保全。

二、抵押物被其他债权人查封的风险

笔者注意到,W 公司除了 Z 银行的贷款外,对外还有其他负债,可能很快将面临债权人起诉查封。虽然贵司的抵押物足值且房价持续上涨,但如没有选择提前代偿,可能导致抵押物被其他债权人首先查封。必须知道的是,对于依法签订抵押合同并办理抵押登记的抵押房产,抵押权人有权以抵押房产拍卖、变卖所得的价款优先受偿。但抵押权人享有优先受偿权不等于就拥有了优先处置权:前者是实体权利,后者是程序权利;前者适用《民法典》,后者适用《民事诉讼法》。

对于二者关系的协调问题,在最高人民法院《关于首先查封法院与优先债权执行法院处分查封财产有关问题的批复》（以下简称《批复》）公布之前，并无明确规定，并因此导致司法实践过程中的无序和混乱。按照司法实践做法，一般情况下，采取了查封、扣押、冻结措施的法院是当然的处置法院。但如果申请首轮查封的当事人不能从抵押物拍卖、变卖款项中获得利益，这种情况的拍卖即无益拍卖，在无益拍卖的情形下，申请执行人如不申请拍卖，或因其他原因查封法院认为由其处置被执行人财产不合适的，查封法院应当将财产交由优先债权执行法院拍卖。抵押权人也可申请优先权执行法院主动与首轮查封法院进行协调，要求首轮查封法院同意由抵押权人申请执行的法院进行处置，首轮查封法院应当同意。在2019年3月22日深圳中院发布的《关于我市法院间首先查封案件与有限债权执行案件处分查封财产有关问题的意见（试行）》中也提到，“不动产抵押物已被另案通过财产保全程序或执行程序首先查封、且自首先查封之日起超过60日，尚未发布拍卖公告或进入变卖程序的，抵押权案件执行法院应当向首封法院出具《商请移送执行函》，要求将抵押物移送抵押案件执行法院处分”。这当然只是理想状态，现实中的问题处理往往更为复杂、曲折，抵押权人有时不得不做一定的权利让步才能推动执行。

因此，对担保公司而言，代偿宽限期的好处是贷款逾期后不用立即代偿，可以通过协商谈判等非诉手段促使借款人或者其担保人还款；当然也有弊端，可能导致担保公司错失保全良机，限于对抵押物执行的被动。

虽然按照常理及《批复》等有关规定，抵押物被其他债权人查封的情形并非无解，但须看到的是，《批复》规定的内容旨在平衡各方当事人利益，并非偏重于保护抵押权人的利益。《批复》明确规定应当由首先查封、扣押、冻结（以下简称查封）法院负责处分查封财产，即意味着享有优先受偿权并不当然享有优先处置权，优先债权执行法院与首先查封法院之间的沟通协调并非短时间内能成，如果需要逐级报请双方共同的上级法院指定该财产的执行法院决定，则需要更长的时间。

因此，笔者建议，即使担保公司享有代偿宽限期利益，也应根据具体项目情况，审时度势，该代偿时就代偿，并立即对抵押物申请查封保全，以最大限度地维护自身合法权益。

第63问　矿业权是否可以抵押？抵押权如何设立？

问：我司有一项目债务人拟以所有的矿业权进行抵押，想问一下矿业权是否可以用以抵押？抵押权设立的要件需要按照不动产抵押的要求进行相应登记吗？

答：矿业权，包含探矿权、采矿权，是一项财产权利。所谓矿业权抵押，是指矿业权人以其拥有的矿业权在不转移占有的前提下，抵押给债权人，当发生债务人不履行债务或者发生当事人约定的实现抵押权的情形，债权人有权就矿业权优先受偿的行为。对于矿业权是否可以用于设立抵押权的问题，笔者认为，任何可提供担保的财产必须同时具备两个基本属性：一是财产性；二是可转让性，矿业权也不例外。必须同时具备前述两个属性，并且是法律、行政法规没有禁止设定担保的财产，才是可以用来提供担保的财产。梳理、总结起来，矿业权抵押的法律依据在于：

1.《矿业权出让转让管理暂行规定》(以下简称《出让转让暂行规定》)。

我国于1986年颁布实施了《矿产资源法》，并于1994年颁布实施了《矿产资源法实施细则》，均禁止矿业权的转让、出租和抵押。1996年我国对《矿产资源法》进行了修订，允许矿业权有条件转让，但规定的前提条件十分苛刻，并禁止将矿业权倒卖营利，计划色彩浓厚。1998年国务院颁布实施了《探矿权采矿权转让管理办法》(以下简称《转让管理办法》,2014年国务院对其第9条进行修订)，该办法基本上对修订后的《矿产资源法》没有大的突破。2000年原国土资源部颁布实施了《出让转让暂行规定》，不仅明确了矿业权属于财产权，并且放宽了矿业权的转让条件，对我国矿业权流转制度进行了有益探索，推动了矿业权二级市场建设，其第3条规定，“探矿权、采矿权为财产权，统称为矿业权，适用于不动产法律法规的调整原则”。但作为部门规章，其效力级别偏低的弊端也是明显的。根据《出让转让暂行规定》第55条的规定，矿业权抵押是指矿业权人依照有关法律作为债务人以其拥有的矿业权在不转移占有的前提下，向债权人提供担保的行为。以矿业权作抵押的债务人为抵押人，债权人为抵押权人，提供担保的矿业权为抵押物。但该条已于2014年7月16日由原国土资源部宣布停止执行（原国土资源部《关于停止执行〈关于印发《矿业权出让转让管理暂行规定》的通知〉第五十五条规定的通知》）。

2.《民法典》。

《民法典》第329条规定："依法取得的探矿权、采矿权、取水权和使用水域、滩涂从事养殖、捕捞的权利受法律保护。"该条于法律中明确了矿业权的用益物权属性，是建立在国家的矿产资源所有权基础上占有、使用、收益的排他性的权利。而矿业权作为一类民事权利，《民法典》并未对其转让作出限制。其第395条规定："债务人或者第三人有权处分的下列财产可以抵押：……（七）法律、行政法规未禁止抵押的其他财产。"需要注意的是，《民法典》对于可设立抵押的财产范围列举采取的是"法无明文禁止即许可"的一般民事规则，该条规定可谓为矿业权抵押的合法性奠定了坚实基础。

首先，根据《出让转让暂行规定》，矿业权抵押需要具备特定的条件。根据《出让转让暂行规定》第36条第2款的规定，矿业权的出租、抵押，按照矿业权转让的条件和程序进行管理，由原发证机关审查批准。《转让管理办法》第5条、第6条则分别规定了探矿权和采矿权的转让条件：

转让探矿权，应当具备下列条件：(1)自颁发勘查许可证之日起满2年，或者在勘查作业区内发现可供进一步勘查或者开采的矿产资源；(2)完成规定的最低勘查投入；(3)探矿权属无争议；(4)按照国家有关规定已经缴纳探矿权使用费、探矿权价款；(5)国务院地质矿产主管部门规定的其他条件。

转让采矿权，应当具备下列条件：(1)矿山企业投入采矿生产满1年；(2)采矿权属无争议；(3)按照国家有关规定已经缴纳采矿权使用费、采矿权价款、矿产资源补偿费和资源税；(4)国务院地质矿产主管部门规定的其他条件。国有矿山企业在申请转让采矿权前，应当征得矿山企业主管部门的同意。

另外，根据《转让管理办法》第9条的规定，转让国家出资勘查所形成的探矿权、采矿权的，必须进行评估。国家出资勘查形成的探矿权、采矿权价款，由具有矿业权评估资质的评估机构进行评估；评估报告报探矿权、采矿权登记管理机关备案。因此,以国家出资勘查所形成的矿业权用以抵押的,必须委托具有矿业权评估资格的评估机构进行价值评估。

对于非国家出资形成的矿业权抵押的,上述有关法律规定并没有规定必须对其进行价值评估。但是,根据《转让管理办法》第56条的规定,债权人要求抵押人提供抵押物价值的,抵押人应委托评估机构评估抵押物。该条规定限制了当事人的意思自治,不符合民法上的自愿原则,应当理解为任意性规范而非强制性规范。正因为有该条规定,有关部门可能出于对规定的错误理解或者因为利益勾结而对非国有出资形成的矿业权抵押提出强制评估要求。

其次,在矿业权抵押权设立问题上,《出让转让暂行规定》第57条规定:"矿业权设定抵押时,矿业权人应持抵押合同和矿业权许可证到原发证机关办理备案手续。矿业权抵押解除后20日内,矿业权人应书面告知原发证机关。"原《物权法》第9条第1款规定,"不动产物权的设立、变更、转让和消灭,经依法登记,发生效力;未经登记,不发生效力,但法律另有规定的除外",但对于矿业权抵押登记问题并无涉及。

在上诉人工银金融租赁有限公司与被上诉人山西离柳焦煤集团有限公司融资租赁合同纠纷案[(2016)最高法民终605号民事判决书]中,最高人民法院认为,矿产资源作为土地附着物,探矿权、采矿权抵押应遵循登记生效主义原则,抵押权应自登记时设立。目前,矿业权抵押尚无法律明确规定的登记部门。国土资源主管部门作为矿产资源勘查许可证、采矿许可证的审批登记机关,基于原国土资源部《出让转让暂行规定》和《关于进一步完善采矿权登记管理有关问题的通知》等规范性文件的规定,为矿业权抵押办理备案手续。同时,也有省(区)在本行政区域内制定的涉矿地方性法规中包含了矿业权抵押须办理登记或者备案的规定。鉴于不动产物权登记的主要功能和作用在于获得对世的公示效力,就目前矿业权抵押备案的主要功能以及法律效果而言,备案与登记并无实质区别,抵押权人可取得对抗他人的公示效力和优先受偿权。在法律、行政法规尚无明确矿业权抵押登记部门的情况下,国土资源主管部门依据部门规章或者地方性法规办理的矿业权抵押备案,可视为矿业权抵押登记,矿业权抵押权自登记或者备案时设立。据此,最高人民法院判定涉案两份抵押合同约定的抵押的采矿权因未在国土资源主管部门办理备案登记,所以抵押权均未设立。

最后,《出让暂行规定》第58条规定,债务人不履行债务时,债权人有权申请实现抵押权,并从处置的矿业权所得中依法受偿。新的矿业权申请人应符合国家规定的资质条件,当事人应依法办理矿业权转让、变更登记手续。采矿权人被吊销许可证时,由此产生的后果由债务人承担。矿业权抵押权实现,实际上是一个矿业权转让的行为,根据《转让管理办法》第7条的规定,矿业权转让的受让人,应当符合《矿产资源勘查区块登记管理办法》或者《矿产资源开采登记管理办法》规定的矿业权申请人的条件,这个条件中包括了矿业权申请人资质条件的证明以及依法设立矿山企业的批准文件等要求。

综上所述,在实践中矿业权可以用以设立抵押权,但须满足特定的条件。矿业权抵押权的设立以在国土资源部门备案为生效要件,其权利的实现,实际上是矿业权转让的过程,如前所言,受让人也应当满足有关法律法规的规定。

第 64 问　如何防范因登记部门的原因而无法办理抵押登记的法律风险?

问: **登记部门的原因导致无法办理抵押登记的情况并不鲜见,特别是对于融资租赁公司,很容易因没有放贷资格而受到登记部门的"歧视"。请问如何防范此类法律风险?**

答: 这一问题可通过中国裁判文书网上的公开案例说明。

一、案情简介

2013 年 5 月 15 日,工银租赁公司与离柳公司签订编号 2013 年工银租赁设备字第 018 号融资租赁合同(回租),约定工银租赁公司以离柳公司所有的铁路专用线、井巷工程为标的开展回租式融资租赁业务,租赁成本为人民币 4.8 亿元。同日,双方签订了编号为 2013 年工银租赁设备字第 018 - 1 号融资租赁合同(回租),约定工银租赁公司以离柳公司所有的机电设备、生产设备和安全设备为标的开展回租式融资租赁业务,租赁成本为人民币 3.2 亿元。双方在上述租赁合同均约定,承租人未按时、足额支付任何到期租前息、租金或其他应付款项属于承租人根本违约,出租人有权立即向承租人追索全部租约项下的所有到期未付租金,逾期利息、全部未到期租金以及其他与本合同相关的应付款项。2013 年 5 月 21 日,工银租赁公司在扣除了预付租金 1440 万元后,向离柳公司支付了租赁物的购买价款 78 560 万元。

2013 年 5 月 15 日,双方签订编号 2013 年工银租赁设备抵字第 018 号抵押合同,约定离柳公司将其持有的朱家店煤矿采矿权抵押给工银租赁公司。2014 年 7 月 15 日,双方又签订了编号 2013 年工银租赁设备抵字第 018 号 - DY 抵押合同,约定离柳公司将其持有的兑镇煤矿采矿权抵押给工银租赁公司,作为对工银租赁公司债权的担保。上述抵押合同签订后,均未在主管机关办理抵押登记手续。

至起诉时,离柳公司共欠付工银租赁公司租金人民币 121 586 930.74 元,截至 2016 年 2 月 29 日,因逾期发生利息 2 346 696.38 元。

法院认为,离柳公司为实现融资目的,将其所有的铁路专用线、井巷工程及其相应设备的所有权转让给工银租赁公司、再从工银租赁公司处租回继续使用,并按期向工银租赁公司支付租金,属于融资租赁法律关系的售后回租交易模式。本案中,工银租赁公司和离柳公司签订的编号 2013 年工银租赁设备字第 018 号、第 018－1 号融资租赁合同及其对应的抵押合同系各方当事人为保证融资租赁交易的正常履行而自愿签订的,系真实意思表示,且不违反法律、行政法规强制性规定,均为合法有效。工银租赁公司依照融资租赁合同约定向离柳公司支付购买租赁物的价款后,离柳公司未按期支付租金,该行为违反合同约定,离柳公司应承担相应的违约责任。故工银租赁公司要求离柳公司支付欠付租金、逾期利息,予以支持。

关于工银租赁公司主张对离柳公司抵押的采矿权行使优先受偿权问题。该院认为,采矿权为不动产性质物权,按照我国相关法律规定,采矿权抵押属于应经登记设立抵押权的财产范畴,本案涉及的兑镇和朱家店采矿权均未在主管部门进行登记备案,故工银租赁公司主张其享有抵押权不能成立,不予支持。工银租赁公司主张兑镇采矿权未办理登记是基于主管部门的原因,缺乏事实依据,不予支持。因上述采矿权未办理抵押登记,依据双方签订的抵押合同约定,离柳公司应向工银租赁公司支付违约金。工银租赁公司在本案中仅要求离柳公司支付三笔未付租金,其主张离柳公司依据租金比例支付 9 528 000 元违约金,予以支持。关于工银租赁公司主张的律师费问题,该部分损失已经通过逾期利息和违约金得到弥补,故对该主张不予支持。

二、裁判理由

(一)未经登记导致抵押权未能设立

矿产资源是指由地质作用形成的,具有利用价值的,呈固态、液态、气态的自然资源。根据《矿产资源法》、原《物权法》等法律规定,矿产资源属于国家所有。国家在保留矿产资源所有权基础上,将矿产资源的勘查、开采以有偿使用的方式出让给具有相应资质的申请人,并向申请人颁发矿产资源勘查许可证或者开采许可证,获得许可证的申请人即享有相应矿区的探矿权或者采矿权。

二审法院认为,参照原国土资源部《矿业权出让转让管理暂行规定》等有关规定以及社会对矿产资源的一般理解,矿产资源可视为土地附着物,矿业权适用不动产法律法规予以调整。根据原《物权法》的相关规定,矿产资源作为土地附着物,探矿权、采矿权抵押应遵循登记生效主义原则,抵押权应自登记时设立。目前,矿业权抵押尚无法律明确规定的登记部门。国土资源主管部门作为矿产资源勘查许可证、采矿许可证的审批登记机关,基于原国土资源部《矿业权出让转让管理暂行规定》和《关于进一步完善采矿权登记管理有关问题的通知》等规范性文件的规定,为矿业权抵押办理备案手续。同时,也有省(区)在本行政区域内制定的涉矿地方性法规中包含了矿业权抵押须办理登记或者备案的规定。鉴于不动产物权登记的主要功能和作用在于借此获得对世的公示效力,就目前矿业权抵押备案的主要功能以及法律效果而言,备案与登记并无实质区别,抵押权人可借此取得对抗他人的公示效力和优先受偿权。在法律、行政法规尚无明确矿业权抵押登记部门的情况下,国土资源主管部门依据部门规章或者地方性法规办理的矿业权抵押备案,可视为矿业权抵押登记,矿业权抵押权自登记或者备案时设立。就本案而言,案涉两份抵押合同约定用于抵押的采矿权,均没有在国土资源主管部门办理备案登记,故认为一审法院据此认定两煤矿采矿权抵押权均未设立,并无不当。

(二)关于因登记部门的原因导致未能办理抵押登记的证明责任

二审过程中,工银租赁公司虽然提交了最新续期的兑镇煤矿采矿许可证、律师事务所出具的法律意见书等证据证明,2014年5月9日,工银租赁公司委托北京市汇融律师事务所杨某律师前往山西省国土资源厅查询朱家店煤矿采矿权的抵押备案情况,查询结果是朱家店煤矿采矿权已经抵押备案给民生银行太原分行,并在询问工银租赁公司能否办理抵押备案时被告知营业执照载明的经营范围必须包含贷款业务才可以办理。2014年8月6日,工银租赁公司委托北京市汇融律师事务所杨某律师持工银租赁公司提供的兑镇煤矿采矿许可证原件,前往山西省国土资源厅查询兑镇煤矿采矿许可证的抵押备案情况,查询结果是该采矿许可证没有抵押备案。

但二审法院亦认为工银租赁公司主张对案涉两项采矿权享有抵押权及优先受偿权不能成立。理由如下:

首先,本案现有证据难以证明离柳公司或者双方确实在抵押合同签订后前往国土资源主管部门办理过案涉采矿权抵押备案登记手续，也就难以进一步确认是不是登记部门的原因导致未能办理案涉采矿权抵押的备案登记。

其次，朱家店煤矿采矿许可证并没有交付给工银租赁公司，不具备最高人民法院《关于适用〈中华人民共和国担保法〉若干问题的解释》（已失效）第59条权利凭证应交付债权人的条件。兑镇煤矿采矿许可证的原件尽管交付给了工银租赁公司保管，但工银租赁公司在2014年8月接受兑镇煤矿采矿权抵押时，已明确知悉2014年1月27日山西省国土资源厅发布的《关于进一步明确采矿权抵押备案有关事项的通知》，其经营范围内无贷款业务，将无法办理采矿权抵押备案。在此情况下，工银租赁公司与离柳公司签订抵押合同，应自行承担相应风险，不属于最高人民法院《关于适用〈中华人民共和国担保法〉若干问题的解释》（已失效）第59条"因登记部门的原因致使其无法办理抵押物登记"的情形。

最后，基于本案已经查明的事实，朱家店煤矿采矿权已经抵押给民生银行太原分行，并于2013年11月办理了备案登记手续；而兑镇煤矿采矿权，在工银租赁公司申请法院查封之前，已经有四家离柳公司的债权人在先申请了查封，工银租赁公司不享有对抗上述债权人的优先受偿权。

三、对策建议

本案是典型的因登记部门拒绝办理融资租赁公司为抵押权人的抵押登记，导致抵押权未能设立的案例。根据二审法院查明的事实，2014年1月27日，山西省国土资源厅发布《关于进一步明确采矿权抵押备案有关事项的通知》要求：向非银行机构进行融资，申请办理采矿权抵押备案的，需提供非银行机构法人经营范围含贷款业务的法人营业执照及中华人民共和国金融许可证。

根据《立法法》第8条的规定，涉及民事基本制度的事项只能制定法律。省（区、市）和设区的市、自治州的人民政府，可以根据法律、行政法规和本省、自治区、直辖市的地方性法规，制定规章，但仅限于"（一）为执行法律、行政法规、地方性法规的规定需要制定规章的事项；（二）属于本行政区域的具体行政管理事项"。上述山西省国土资源厅的通知文件连规章的级别都不够，更无权规定涉及民事基本制度的事项，是典型的行政不作为。原国土资源部《关于进一步完善采矿权登记管理有关问题的通知》也未规定办理采矿权抵押须具备上述条件。本案中，二审法院并未否认上述通知的效力，实为现实中的无奈，有些遗憾。

好在最高人民法院考虑到了这种常态,其在《关于适用〈中华人民共和国担保法〉若干问题的解释》第59条规定:"当事人办理抵押物登记手续时,因登记部门的原因致使其无法办理抵押物登记,抵押人向债权人交付权利凭证的,可以认定债权人对该财产有优先受偿权。但是,未办理抵押物登记的,不得对抗第三人。"根据该条规定,因登记部门的原因致使其无法办理抵押物登记的,债权人对该财产有优先受偿权的前提条件有三:一是因登记部门的原因致使其无法办理抵押物登记;二是抵押人与抵押权人签订《抵押合同》;三是抵押人向债权人交付权利凭证。但该抵押权不得对抗第三人。但究竟何为"第三人",该司法解释并未明确,实践中则颇具争议。①

但现实及法律规定如此,作为融资租赁公司,该如何作为以防范相应风险呢?

在本案中,二审法院对工银租赁公司享有抵押权的主张未予支持的主要理由,是工银租赁公司未能"就办理的时间、地点、经办人、提交文件等作出详细具体的说明,并提供相应的证据予以证明,亦与工银租赁公司在一审的陈述和主张相悖"。现实中,对于签订抵押合同和保管权利凭证融资租赁公司一般都能做到,但容易忽略的是"因登记部门的原因致使其无法办理抵押物登记"的证明责任。为获得相应的证据可以采取下列措施:

(1)向登记部门提交书面申请,并要求登记部门作出书面回复。

(2)委托律师向登记部门发出律师函,并争取获得登记部门书面回复。

(3)对登记部门提起行政诉讼,并取得相关裁判文书。

(4)委托公证机关进行现场公证,获得登记机关拒绝登记的公证书。

(5)取得证人证言等其他合法证据。

当然,抵押权未能设立不代表抵押合同无效。本案中,法院判决支持,因上述采矿权未办理抵押登记,依据双方签订的抵押合同约定,离柳公司应向工银租赁

---

① 孔祥俊认为,不得对抗第三人具体是指不得对抗如下两种人:(1)受让抵押物的善意第三人;(2)就该抵押物已办理登记的抵押权人。参见孔祥俊:《担保法及其司法解释的理解与适用》,法律出版社2001年版,第239页。曹士兵认为,不得对抗第三人具体是指不得对抗如下五种人:(1)抵押物的善意受让人(不包括因赠与、继承等未支付相应对价的受让人);(2)质权人;(3)登记的抵押权人;(4)租赁权人;(5)部分债权人,包括查封债权人、破产债权人,但不包括一般债权人。参见曹士兵:《中国担保法诸问题的解决与展望——基于担保法及其司法解释》,中国法制出版社2001年版,第220页。

公司支付违约金。因此,融资租赁公司还应做好最坏的打算,约定抵押权未能有效设立的违约救济条款,如本案中的违约金约定,还可以约定抵押人应提供等值的保证金或者其他担保,抵押人(非承租人)对承租人的全部债务承担连带责任保证等。

第 65 问　债务人违约后,抵押权人可以自行将抵押车辆拖走吗?

问: 债务人违约后,我司可以自行将抵押车辆拖走吗?

答: 对于实现抵押权的条件成就时,抵押权人是否有权自行或者委托第三方将抵押车辆拖走的问题,值得一番分析。在抵押合同没有特别约定的前提下,抵押权人自行扣车可能存在一定的法律争议。笔者认为,若债务人违约导致发生抵押权实现的情形,抵押权人有权采取措施进行自力救济并防止损失扩大,如果能同时申请法院诉讼保全,寻求公权力介入,则抵押权人的扣车行为可以说存在合理性和正当性,也理应得到法律支持。但如果抵押权人扣车的目的就是自行转卖变现,或者不经过司法程序直接以物抵债,则可能因该行为与法律规定存在冲突而被认定为侵权。

例如,在曹某卿、张某兰诉 S 资管公司、R 建筑公司返还原物纠纷一案一审民事判决书[(2015)伊民再初字第 1 号]中,伊金霍洛旗人民法院认为,根据法律规定,抵押权实现的方法主要有三种,即拍卖、变卖、折价。在实践中,以何种方式实现抵押权,首先由当事人协商决定。若双方协议不成,抵押权人可以向人民法院起诉,由人民法院确定以何种方式实现抵押权。本案中,被告未按照法定的方式及程序实现抵押权,其行为构成侵权。

但如果抵押合同对于抵押权的实现方式有约定,抵押权人能否按照合同约定的方式行使抵押权呢?

最高人民法院《关于适用〈中华人民共和国民法典〉有关担保制度的解释》第 45 条规定,当事人约定当债务人不履行到期债务或者发生当事人约定的实现担保物权的情形,担保物权人有权将担保财产自行拍卖、变卖并就所得的价款优先受偿的,该约定有效。因担保人的原因导致担保物权人无法自行对担保财产进行拍卖、变卖,担保物权人请求担保人承担因此增加的费用的,人民法院应予支持。由该条可见,除了法定实现抵押权的方式,当事人还可以约定担保物权人自行拍卖、变卖担保财产优先受偿。

在抵押合同中对于抵押权的实现方式另有约定的情况下，对于车辆这类动产而言，拍卖、变卖的前提必然是要取得对车辆的占有，当实现抵押权的条件成就时，抵押权人有权根据抵押合同的约定自行拖车。但最好在抵押合同中明确约定，抵押权人有权自行取得对抵押财产的占有，并通过拍卖、变卖的方式处分抵押财产优先受偿权。

因此，为了保护抵押权人的合法权益，抵押权人可以在与抵押人签订的抵押合同中特别约定下列条款：

1. 当发生法定或者约定实现抵押权的情形，抵押权人有权自行或者委托第三方对抵押财产的实际占有、使用和收益。

2. 当发生法定或者约定实现抵押权的情形，抵押权人有权自行拍卖、变卖担保财产并就所得的价款优先受偿。

3. 当发生法定或者约定实现抵押权的情形，抵押权人有权自行或者委托第三方收取抵押财产的孳息，并优先冲抵收取孳息的费用，其次是实现债权的费用。（根据《民法典》第 412 条，自法院扣押之日起算孳息）

4. 抵押权存续期间，抵押人转让、出租抵押财产或者将抵押财产用于出质、设立居住权或者其他担保等事项必须事先征得抵押权人书面同意。

5. 抵押权存续期间，抵押财产的价值发生减少的，抵押权人有权要求抵押人或者债务人增加相应的担保，否则抵押权人有权要求债务人提前清偿债务并行使抵押权。

第 66 问 什么是“带押过户”？对金融担保行业有什么影响？

问：《民法典》出台以后，各地都开始逐步落实二手房“带押过户”了。这对市场及市场主体有哪些影响呢？

答： 所谓“带押过户”，一般是指在买卖尚存按揭贷款的二手房时，卖方可不用先归还原来的房贷就可以完成过户登记，买方可带抵押过户获取金融贷款。

带押过户的法律依据在于《民法典》第 406 条：“抵押期间，抵押人可以转让抵押财产。当事人另有约定的，按照其约定。抵押财产转让的，抵押权不受影响。抵押人转让抵押财产的，应当及时通知抵押权人。抵押权人能够证明抵押财产转让可能损害抵押权的，可以请求抵押人将转让所得的价款向抵押权人提前清偿债务或者提存。转让的价款超过债权数额的部分归抵押人所有，不足部分由债务人清偿。”

带押过户的主要好处在于省却了交易流程，节约了过桥费用。而按照传统的二手房交易模式，使用按揭贷款的房屋如要交易，需要“先赎楼，再过户”。现实中，无论是卖方自筹或买方垫资进行“赎楼”，都需占用大额资金。若为此寻求社会“过桥资金”，交易成本则会显著上升。常见的“过桥”费率为“1.25‰”左右，按日计息。如按照卖房者借用 100 万元的资金“过桥”，每天所产生的“过桥”费用为 1500 元左右，时间越长，费用越高。

据《中国消费者报》记者了解，广东广州、江苏南京、福建福州、山东济南、江苏无锡、河北唐山等十多个城市相关部门近期均发布消息，提出存在抵押的二手房可以“带押过户”。

2022 年 9 月 1 日，深圳市坪山区司法局发布题为《首创！坪山公证处完成深圳首例“公证提存 + 免赎楼带押过户”二手房交易服务，实践二手房交易新模式!》的工作动态，公布坪山公证处积极探索，实践二手房交易新模式，目前已顺利完成深圳首例“公证提存 + 免赎楼带押过户”二手房交易服务。

“公证提存+免赎楼带押过户”二手房交易模式，以公证提存服务为基础，在交易未完成之前，所有资金均由公证处提存专用账户监管，确保资金安全；资金先进入公证处监管账户再办理过户手续，确保业主房产过户后可以收到购房款；在房产过户后公证处再支付资金给业主，确保买家付钱后可以顺利拿到房产；交易双方、债权人（抵押权人）、公证处共同签署监管协议，由公证处直接支付资金给债权人（抵押权人），保障在抵押权注销后债权可以获得清偿。

“公证提存+免赎楼带押过户”模式免去了赎楼环节，也为交易双方节省了赎楼过程中产生的赎楼资金利息、担保费等赎楼费用。

近日，江苏省自然资源厅会同江苏省地方金融监督管理局、中国人民银行南京分行、江苏银保监局联合印发《关于在全省推行“带押过户”提升不动产登记与金融便民利企服务水平的通知》。该文件是全国首个省级自然资源部门联合相关金融监管部门出台的“带押过户”规范性文件，进一步为“带押过户”的全面实施提供了政策支撑与保障。

“带押过户”对整个社会来说无疑是一件大好事，但对局部利益来说，未必都是有利的。

首先，对于提供过桥赎楼服务的贷款公司、典当行等金融服务机构而言，“带押过户”显然不是一个好消息。相关从业人员的业务必将受到影响，很多从业人员可能要面临失业和转型。

其次，对于银行等债权人而言，抵押人的变化可能会影响抵押权的实现，增加贷款的风险。如拥有多套住房的抵押人将抵押房产转移至没有住房的买受人名下，必将使得抵押房屋变成新的抵押人名下唯一的一套住房，增加了抵押权实现的难度。银行等抵押权人很有可能会通过另有约定，在抵押合同中约定未经抵押权人同意不得转移抵押财产，这样就使得“带押过户”制度落空。

最后，“带押过户”需要房地产登记机关配合才能实行。虽然目前很多城市已经开展相关工作试点，但登记机关如何配合办理登记、具体应出台哪些操作细则、存在哪些注意事项，有待实际检验和经验总结。而登记机构的保守性可能会使得这项制度的普遍落实仍有待时日。

【第四篇　质押篇】

第 67 问 股权质押后公司上市，对股权质押的效力是否有影响？

问：如果原来是有限公司提供了股权质押，在市场监督管理部门办理了股权质押登记，质押期间公司上市了，没有及时去中国证券登记结算有限公司办理上市公司股权质押登记，那原来的股权质押效力有没有问题呢？

答：《民法典》第 443 条规定，以基金份额、股权出质的，质权自办理出质登记时设立。基金份额、股权出质后，不得转让，但是出质人与质权人协商同意的除外。出质人转让基金份额、股权所得的价款，应当向质权人提前清偿债务或者提存。

该条规定并未列明有限公司股权质押和上市公司股份质押的登记机构，但明确登记是质权设立要件。结合《工商行政管理机关股权出质登记办法》第 2 条、第 3 条的规定，除已在证券登记结算机构登记的股份有限公司的股权外，以持有的有限责任公司和股份有限公司股权出质，出质登记机关皆为股权所在公司登记的市场监督管理部门。关于有限公司改制为股份公司并上市后，没有在中国证券登记结算有限公司办理上市公司股权质押登记，原股权质押的效力如何，《民法典》并无规定。

一般认为，在市场监督管理部门办理股份有限公司股权出质登记后，如因上市等原因发生股份有限公司股权在证券登记结算机构登记情形的，当事人应到市场监督管理部门办理股权出质登记移转至证券登记结算机构的手续。同理，如果在证券登记结算机构办理股份有限公司股权出质登记后，发生股份有限公司股权不再在证券登记结算机构登记情形的，也应办理相应的移转登记手续。问题是，如果出质人不配合质权人办理或者出质人怠于办理转移登记手续，质权人则会陷入被动，甚至存在权利丧失的风险，这显然与担保物权制度的初衷相悖。

笔者检索到湛江市市场监督管理局官网上的一篇《股权出质登记问题解答》，[①]

---

① 参见湛江市市场监督管理局官网：http://www.zjgs12315.gov.cn/news/?235.html，最后访问日期：2019 年 6 月 23 日。

其中关于“办理股权出质登记后,出质股权所在公司的登记机关发生变化的,当事人和登记机关应该处理?”问题的解答是:“当出现下列情形时,公司的登记机关可能发生变化:一是公司的跨区迁移;二是公司登记机关登记管辖权的调整;三是公司登记机关自身的撤并等。当出现上述情况以后,公司的登记档案应当转移至有权登记机关存管,由该登记机关继续行使对公司的登记管理。相应地,根据《工商行政管理机关股权出质登记办法》第 3 条的规定,以该公司股权出质的登记管辖权也应随之调整到新的公司登记机关,已在原公司登记机关办理股权出质登记的,有关档案要转移至新的公司登记机关。出现上述第一种情形的,应当由公司申请办理公司登记档案的移转手续。出现上述第二种和第三种情形时,公司登记机关之间应当及时办理相关手续,并通知公司及出质当事人。”

根据该问答,由于公司登记机关登记管辖权调整的,公司登记机关之间应当及时办理移转手续,并通知公司及出质当事人,即无须当事人再次申请办理转移登记手续。这种做法比较合理,既符合立法精神,又有利于保护出质人的利益,减少当事人不必要的申请环节。

在实践中,股权质押是一种正常的融资担保行为。但股权质押可能存在股权司法诉讼或冻结以及其他第三方权利,从而影响公司股权结构的稳定性或是实际控制人的变更,因此证监会也会关注股权质押问题。根据《中国证券登记结算有限责任公司证券登记规则》(以下简称《登记规则》)第 10 条的规定,证券发行人申请办理证券初始登记,应当根据本公司有关规定提交证券登记申请、证券登记数据及中国证监会同意注册的决定等申请材料,对于符合法律法规规定,由中国证监会豁免注册的,应提供证券交易场所出具的相关文件。股权质押审核的重点在于公司控股股东是否会因为股权质押而导致存在重大到期未履行债务、受到行政处罚,是否会因此对拟上市企业有资产侵占的动机等,如果有这样的风险,那就必须谨慎处理。如果没有,拟上市企业只要正常披露并解释股权质押的原因,或者尽快解除股权质押即可。如果金额不大,不一定必须在上市前清偿完毕,但需要证明债务能够按期清偿。《登记规则》第 26 条规定:“投资者证券质押,应当按照本公司证券质押登记业务相关规定办理证券质押登记。证券质押合同在质押双方办理质押登记后生效。证券一经质押登记,在解除质押登记前不得重复设置质押。已办理司法冻结登记的证券不得再申请办理质押登记。”对于质权人而言,应在公司上市后及时了解股权质押是否已移转至中国证券登记结算有限公司,如果没有,应督促出质人立即配合办理,并取得相应的登记证明。例如,在北京瑞斯福科技有限公司(以下简称瑞斯福)新三板挂牌项目中,瑞斯福挂牌前曾向国家开发银行借款人民币2000万元,北京中小企业信用再担保有限公司(以下简称北京中小担)为该笔借款提供连带责任担保,股东邹某以其所持瑞斯福81%的股权向北京中小担提供反担保。2011年12月,因瑞斯福办理减资手续和货币增资手续,经北京中小担同意,双方到主管工商局办理了股权出质注销登记手续。2012年1月13日,在瑞斯福有限增资手续完成后,双方又重新办理了邹某所持瑞斯福81%股权的出质登记手续。[①]

如果没有采取上述移转登记,会有什么后果呢?所谓质权,是指债权人占有债务人或第三人为担保债务履行而移交的财产,在债务人不履行债务时就该财产的变卖价金优先受偿的权利。为了保障债权的实现,也就要保障债权人对担保物的一定物权,从而具有物权的效力。质权人有权排除他人(包括所有人)的干涉,并享有追及权,担保物落在他人手中,债权人可以追随主张其权利。同时,在债务人不履行债务时,可实行对担保物的处分权,取得优先受偿的权利,以保护债权人的合法利益。根据上述原理,质权人对质押财产享有追及权,股权质押依法设立后,即使股权登记部门发生变更也不影响质权人享有的质权。况且,《民法典》第393条规定的担保物权消灭情形也并未包括登记机关变更未办理移转登记的情形在内。最高人民法院《关于适用〈中华人民共和国民法典〉有关担保制度的解释》第48条规定:"当事人申请办理抵押登记手续时,因登记机构的过错致使其不能办理抵押登记,当事人请求登记机构承担赔偿责任的,人民法院依法予以支持。"既然质权人通过质押登记依法取得质权后,登记移转是登记部门的职责,故笔者认为,根据物权公示公信原则并参照该条规定,股权质押应继续有效,但可能存在无法对抗第三人的风险。

① 参见全国中小企业股份转让系统:http://www.neeq.com.cn/disclosure/2013/1031/63219951.pdf,最后访问日期:2019年6月23日。

第 68 问 “限售股”强制执行是否存在法律障碍?

问:我司有一笔委托贷款业务,借款人将其限售股质押我司,现我司拟对其提起诉讼,请问该案件判决后,执行时是否会由于股票为“限售股”存在法律风险,出现无法过户情况等情形呢?

答:“限售股”质押在实务中并非少见。我国《公司法》《证券法》等相关法律、行政法规以及证监会颁布的相关部门规章和规范性文件针对“限售股”的规定调整的对象系“主动减持”,而非“被动减持”。证监会颁布的《上市公司董事、监事和高级管理人员所持本公司股份及其变动管理规则》第 5 条第 1 款规定:上市公司董事、监事和高级管理人员在任职期间,每年通过集中竞价、大宗交易、协议转让等方式转让的股份不得超过其所持本公司股份总数的 25%,因司法强制执行、继承、遗赠、依法分割财产等导致股份变动的除外。可见,该规则明确将司法强制执行排除在“限售股”的适用范围之外。

例如,在张某利与郑某、湖南贵某某股份有限公司借款合同纠纷一审案[(2017)粤 0513 民初 772 号]中,《股权质押合同》是双方当事人的真实意思表示,内容未违反我国法律、法规的强制性规定,依法应当认定有效,对双方当事人均具有约束力。原告依法享有本案质押物的质押权,并认为股份质权的效力及于股份的孳息,意味着设立质押包括进行质押登记时无须特别就股份的孳息另行约定和登记。股份的质押一经生效,由其所产生的孳息包括送、增股份当然具有同样的质押效果。于是,判决原告张某利有权以实现质押物[被告郑某所持贵之步股票 20 737 908 股(包括送、增股 4 147 581 股,股份性质为高管锁定股)及孳息、被告林某彬所持贵之步股票 2 052 187 股(包括送、增股 410 437 股,股份性质为无限售条件流通股和高管锁定股)及孳息]的价款优先受偿。

在对上市公司的大股东、董监高的股份采取强制执行措施时,依法须采取司法拍卖的手段,而不能未经拍卖程序就协议抵债。司法拍卖后尽管涉及股份变更登记至竞买人名下，从形式上看的确属于一种“转让”，但司法拍卖行为与转让行为存在实质区别：在司法拍卖程序中，委托人是人民法院，而非股份的持有人，股份竞买人也会将股份转让款支付至法院指定的账户中，且标的物所有权自拍卖成交裁定送达买受人时转移。由此可见，直接成立转让法律关系的是在人民法院与竞买人之间，而非竞买人与股权持有人之间，办理股权变更登记只是司法拍卖行为的附随行为，因此司法拍卖也并不属于我国《公司法》《证券法》以及证监会颁布的相关规定所规定的“转让”。

又如，在国家某银行股份有限公司、杭州市下城区某小额贷款股份有限公司执行实施类执行裁定书[（2016）浙0104执434号之二]中，杭州市江干区人民法院裁定拍卖被执行人某控股有限公司在中国某证券股份有限公司限售股股票（证券代码：HK6881，持股数量：1 530 000）。该裁定书送达后立即生效。

第69问　票据质押贷款项目中,质权人如何行使质权?

问: **在小贷商票质押贷款项目中,当事人违约且出票人拒付,债权人能否向债务人、担保人主张贷款及担保合同责任后,又另案向票据前手主张票据责任呢?小贷商票质押贷款项目的交易结构如图69-1所示:**

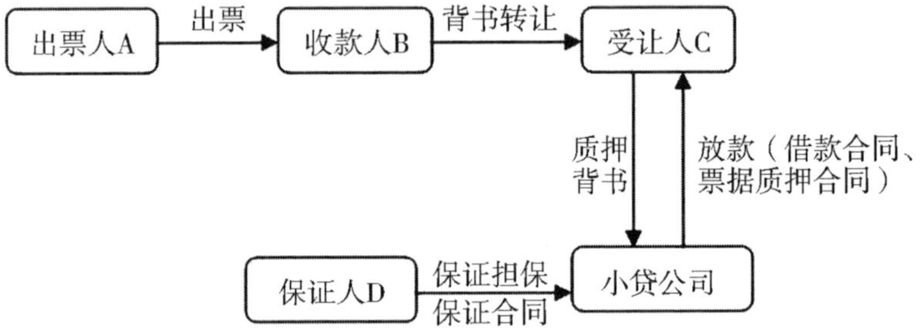

图69-1　小贷商票质押贷款项目交易结构

答: 1. 行使票据质押权利的前提在于贵司依法享有质权。《民法典》第427条第1款规定:"设立质权,当事人应当采用书面形式订立质押合同。"第441条规定:"以汇票、本票、支票、债券、存款单、仓单、提单出质的,质权自权利凭证交付质权人时设立;没有权利凭证的,质权自办理出质登记时设立。法律另有规定的,依照其规定。"由上述规定可知,票据质权的设立需要满足书面质押合同和票据交付两个条件。但根据《票据法》第35条第2款的规定,汇票可以设定质押;质押时应当以背书记载"质押"字样。被背书人依法实现其质权时,可以行使汇票权利。最高人民法院《关于审理票据纠纷案件若干问题的规定》(以下简称《票据规定》)第54条规定,依照《票据法》第35条第2款的规定,以汇票设定质押时,出质人在汇票上只记载了"质押"字样未在票据上签章的,或者出质人未在汇票、粘单上记载"质押"字样而另行签订质押合同、质押条款的,不构成票据质押。由此可见,与《民法典》不同的是,《票据法》强调对票据的"背书""签章"等形式要求。

最高人民法院《关于适用〈中华人民共和国民法典〉有关担保制度的解释》第

58 条规定:“以汇票出质,当事人以背书记载‘质押’字样并在汇票上签章,汇票已经交付质权人的,人民法院应当认定质权自汇票交付质权人时设立。”

对于上述不同规定应如何理解,综合学术观点和司法判例,一般认为,《票据法》第 35 条第 2 款未规定质押背书的法律后果,《票据规定》将质押背书作为票据质权的取得要件依据不足。[①] 相关结论如下:

(1)背书质押不是设定票据质权的唯一方式,订立质押合同,交付票据也可以设定票据质权。

(2)背书“质押”字样不是票据质权的取得要件,仅是票据质权的对抗要件。《票据规定》颁布时间早于最高人民法院《关于适用〈中华人民共和国民法典〉有关担保制度的解释》,故二者相冲突时应适用最高人民法院《关于适用〈中华人民共和国民法典〉有关担保制度的解释》。

(3)质押背书是票据质权的对抗要件:

①在票据质押无质押背书时,票据质权人不能对抗票据义务人,质权人行使质权时,票据的付款人可以拒绝付款。如质权人通过诉讼程序,以书面质押合同来证明已取得的权利,法院可以依法裁决质权人享有质权,银行此时依据法院判决向质权人付款,并不承担拒绝付款的责任。

②如果出质的票据无质押背书,被第三人善意取得并持有的,善意第三人取得票据权利时,原质权人的质权自第三人取得票据权利时消灭,质权人不得以其质权对抗善意第三人。

如在滕州市城郊信用社诉建行枣庄市薛城区支行票据纠纷二审案中,法院认为,“背书质押不是设定票据质权的唯一方式,订立质押合同、交付票据也可以设定票据质权……以票据出质的,质押背书是表明票据持有人享有票据质权的直接证据,如果无质押背书,书面的质押合同就是票据持有人证明其享有票据质权的合法证据。在票据持有人持有票据,并有书面质押合同的情况下,应当认定持有人享有票据质权”。

2. 票据质权的行使方式存在权利竞合,质权人可以选择行使方式。《民法典》《票据法》关于票据质权的行使规定有所不同。前者规定是“拍卖、变卖质押财产

---

① 参见曹士兵:《中国担保制度与担保方法》,中国法制出版社 2015 年版,第 364 页。

所得的价款优先受偿”,而后者是“被背书人依法实现其质权时,可以行使汇票权利”,对于前述两种方式,笔者认为质权人可以选择行使。例如,在天津国恒铁路控股股份有限公司、中国银行股份有限公司海门支行票据付款请求权纠纷二审案[(2013)粤高法民二终字第 64 号]中,中国银行股份有限公司海门支行(以下简称中行海门支行)以票据付款请求权纠纷起诉付款人天津国恒铁路控股股份有限公司(以下简称国恒公司)并获得两级法院判决支持要求国恒公司付款的诉讼请求,又向江苏省通州市人民法院另案起诉了收款人为杭州甘浙实业有限公司(出质人)、赵某某、张某某,并通过法院调解确认基础合同债权和对质押票据享有优先受偿权。

3. 票据纠纷与基础合同纠纷可以合并审理。最高人民法院在《关于印发修改后的〈民事案件案由规定〉的通知》中阐明,“同一诉讼中涉及两个以上的法律关系的,应当依当事人诉争的法律关系的性质确定案由,均为诉争法律关系的,则按诉争的两个以上法律关系确定并列的两个案由”。这意味着不同的案由可以在同一诉讼中合并审理。例如,在春和集团有限公司、上海浦东发展银行股份有限公司深圳分行金融借款合同纠纷再审审查与审判监督民事裁定书[(2017)粤民申 5498 号]中,春和集团有限公司申请再审的理由之一为本案一审法院将票据追索权纠纷并入金融借款合同纠纷一并审理,程序违法,广东省高院根据最高人民法院《关于适用〈中华人民共和国担保法〉若干问题的解释》(已失效)第 106 条之规定,认为在金融借款合同纠纷中审理票据关系,并无不当。

4. 票据质权也适用善意取得。根据《民法典》第 311 条的规定,当事人可以善意取得其他物权,当然也包括票据质权。善意取得的具体条件包括:(1)质权人取得票据质权时是善意的;(2)以合理的对价取得;(3)票据已经交付给质权人。“善意”一词是拉丁文 *bona fides* 来的,亦称不知情,指不知存在足以影响法律效力的事实的主观状态。这里所说的善意是指质权人不知道出质人系非法出质。

5. 行使权利的关键在于证据。对于贵司实际是否可以依据借款合同、票据质押合同起诉出票人、收款人,行使票据权利,还需根据贵司所掌握的相关证据综合判断。在票据质押贷款项目中,除了考察票据,还应重点关注借款企业的资信,即重视对第一还款来源的考察。

第70问　票据质押如何设立和解除？

问：纸质商票的质押手续，包括签署质押合同、交付纸票和质押背书。其中关于质押背书，如何在票据上记载“质押”字样？主债权到期后，是需要解除质押，还是将纸票退还出质人即可？

答：《票据法》第35条第2款规定，汇票可以设定质押；质押时应当以背书记载“质押”字样。被背书人依法实现其质权时，可以行使汇票权利。

最高人民法院《关于审理票据纠纷案件若干问题的规定》第54条规定，依照《票据法》第35条第2款的规定，以汇票设定质押时，出质人在汇票上只记载了“质押”字样而未在票据上签章的，或者出质人未在汇票、粘单上记载“质押”字样而另行签订质押合同、质押条款的，不构成票据质押。

根据以上条款，汇票质押应当背书记载“质押”字样，未记载的质押权不能成立。

最高人民法院《关于适用〈中华人民共和国民法典〉有关担保制度的解释》第58条规定，以汇票出质，当事人以背书记载“质押”字样并在汇票上签章，汇票已经交付质权人的，人民法院应当认定质权自汇票交付质权人时设立。

《民法典》第441条规定，以汇票、本票、支票、债券、存款单、仓单、提单出质的，质权自权利凭证交付质权人时设立；没有权利凭证的，质权自办理出质登记时设立。法律另有规定的，依照其规定。

结合上述规定，在汇票上背书记载“质押”字样不是质押的设立要件，而是对抗要件。关于上述规定的不一致及相关法律问题，笔者在其他问答中已有分析，这里不再赘述。即背书质押不是设定票据质权的唯一方式，订立质押合同，交付票据也可以设定票据质权。背书“质押”字样也不是票据质权的取得要件，仅是票据质权的对抗要件。

关于主债权到期后，是否需要解除质押问题，上述法律和司法解释皆无明确规定。

中国人民银行《关于完善票据业务制度有关问题的通知》关于票据质押的相关处理规定如下:"(一)票据质押时,应按《中华人民共和国票据法》的有关规定作成质押背书。(二)主债务履行完毕,票据解除质押时,被背书人应以单纯交付的方式将质押票据退还背书人。票据到期时,由持票人按支付结算制度的有关规定行使票据权利。(三)质押票据所担保的债务到期后,背书人未能如期履行债务时,被背书人依法实现质权,但不得将票据进行转让或者贴现。被背书人在票据到期时按支付结算制度的有关规定行使票据权利。被背书人为银行的,比照商业汇票贴现到期收回的处理手续,并在托收凭证备注栏注明'质押票据收款'字样。"

出质人与质权人签订质押合同时,应充分考虑债务期限与票据的提示付款期限等情况,并明确双方的权利义务,避免产生票据纠纷。

综合上述规定,就您所提问题涉及要点总结如下:

首先,债权人和出质人在设立票据质押时应签订相关主合同、质押合同,对主债务履行期限、票据质押担保等进行约定,其中应注意债务履行期限最好不迟于用于质押票据的提示付款期限。若主债权到期后债务人不能清偿债务的,质权人有权行使票据权利(前提是票据已到期),从所得票据金额中就其债权优先受偿。

其次,若主债务到期前票据已到期,质权人可以申请兑现,并与出质人协议将兑现的价款提前清偿债务或者提存。

最后,主债务履行完毕,票据解除质押时,被背书人应以单纯交付的方式将质押票据退还背书人。票据到期时,由持票人按支付结算制度的有关规定行使票据权利。而无论主债务是否到期或债务人是否未履行债务,票据权利的质权人均不能将票据进行转让或贴现。

第71问 票据质权行使中，基础合同纠纷与票据纠纷能否合并审理？

问：在票据质押项目中，当债务人按期偿还贷款时，债权人既可以依据《民法典》等规定行使质权，也可以依据《票据法》等规定行使票据权利。那么，如债权人在同一诉讼中同时提出上述两种主张，人民法院能否合并审理呢？

答：通过检索有关案例，笔者发现实践中法院存在不同的处理方法。如在春和集团有限公司、上海浦东发展银行股份有限公司深圳分行金融借款合同纠纷再审审查与审判监督案[(2017)粤民申5498号]中，春和集团有限公司(出票人)申请再审的理由之一为本案一审法院将票据追索权纠纷并入金融借款合同纠纷一并审理，程序违法。广东省高级人民法院认为，根据最高人民法院《关于适用〈中华人民共和国担保法〉若干问题的解释》(已失效)第106之规定，质权人向出质人、出质债权的债务人行使质权时，出质人、出质债权的债务人拒绝的，质权人可以起诉出质人和出质债权的债务人，也可以单独起诉出质债权的债务人。原审法院依据该规定，在本案中审理票据关系，并无不当。春和集团作为出质债权的债务人，是本案的适格被告。判决驳回春和集团有限公司的再审申请。

但在另一起渤海银行股份有限公司上海分行与浙江振戎能源有限公司、上海云峰集团化工有限公司金融借款合同纠纷案[(2015)浦民六(商)初字第51号]中，原告渤海银行(持票人、质权人)同时诉请出质人振戎公司为向原告偿还银行承兑汇票垫款本金30 044 006.96元及逾期利息，以及出票人云峰公司对振戎公司上述付款义务承担连带责任，向原告履行三张商业承兑汇票的支付义务。此案中，上海浦东区法院认为，本案涉及的是票据质押，而非一般的债权质押，被告振戎公司与被告云峰公司之间的债权债务关系是以票据的形式确定下来的，原告脱离票据的限制将其当作一般债权质押来行使质权，要求被告云峰公司承担连带清偿责任，没有事实和法律依据，该院不予支持。金融借款合同纠纷和票据追索权纠纷是两个法律关系,原告可以基于票据追索权另案起诉。故渤海银行再另案向云峰公司主张票据权利。①

笔者认为,基础合同纠纷与票据纠纷可以合并审理,理由在于:

第一,最高人民法院在《关于印发修改后的〈民事案件案由规定〉的通知》中阐明,“同一诉讼中涉及两个以上的法律关系的,应当依当事人诉争的法律关系的性质确定案由,均为诉争法律关系的,则按诉争的两个以上法律关系确定并列的两个案由”。这意味着不同的案由可以在同一诉讼中合并审理。

第二,从诉讼效率的角度来说,合并一案审理更有利于尽快查明案件事实,正确适用法律,提高审判效率。

第三,从诉讼便利的角度来说,合并审理避免了将已经立案的一个案件人为机械地拆成两个案件,减少当事人的诉累。

---

① 参见渤海银行股份有限公司上海分行与上海云峰集团化工有限公司票据追索权纠纷一审民事判决书[(2015)浦民六(商)初字第 7493 号]。

第72问 未能在电子商业汇票系统中发出追索通知是否影响票据追索权?

问: 关于票到期后我司在网银的商票系统向质押人发追索,因为质押人将当时收票和出质票的银行账户注销,导致我司在网银系统发追索失败,是否影响我司行使追索权?

答: 根据《电子商业汇票业务管理办法》第5条:"电子商业汇票的出票、承兑、背书、保证、提示付款和追索等业务,必须通过电子商业汇票系统办理。"其第25条规定,电子商业汇票追索行为的发生日是指追索通知的指令进入电子商业汇票系统的日期。因这涉及银行系统操作和认定问题,建议具体咨询银行并获得出质人账户已注销的证明和保留贵司已行使追索权的证明。

同时,经检索"未在电子商业汇票系统中发出追索通知,是否影响其行使票据追索权?"相关案例,笔者发现司法实践有不同的裁判观点。

1. 2021年广东省深圳市中级人民法院办理的一系列H银行股份有限公司深圳分行与深圳市W电池有限公司、Z电动汽车股份有限公司、舒城县F客运有限公司票据追索权纠纷案件中,法院专门将该问题作为主要争议焦点进行审理。法院认为:首先,《电子商业汇票业务管理办法》作为专门规范电子商业汇票的部门规章,在立法目的正当、程序合法且与上位法不冲突的情况下,可以作为审理案件的裁判依据。其次,票据行为具有法定的形式,凡违反票据法关于票据行为要式规定的,除法律另有明确规定者外,所做行为无效。电子商业汇票是以数据电文形式制作的票据,需要通过特定的信息系统的记录、解读才能以被人理性感知的形式呈现,必须依赖电子商业汇票系统这一载体来运行和完成,电子商业汇票业务活动中应当使用数字证书作为票据活动的电子签名,通过电子商业汇票系统审核的电子签名系电子商业汇票唯一合法有效的签章。因此,电子商业汇票的线下追索因不具备有效签章,不符合票据行为要式规定,应为无效。最后,法院从电子商业汇票线下追索的法律后果进行分析,认为:(1)因持票人客观上无法依法交付票据,导致被追索人清偿后无法获得相应票据,无法行使再追索权;(2)因线下追索未被电子商业汇票系统记载,导致电子商业汇票系统默认持票人已对除出票人、承兑人、保证人等外的前手丧失追索权;(3)如果在电子商业汇票系统之外以司法判决的形式另行确立、确认其他票据状态,导致法院判决认定的票据状态与电子商业汇票系统中登记的票据状态不一致,造成该票据脱离中国人民银行及其他金融监管机构对电票领域的监管,加大电票参与者的经营风险,冲击甚至破坏已经建立的电子商业汇票规则和市场秩序,威胁票据金融市场安全等不良后果。最后的审理结果为支持了原告对承兑人及出票人的追索权,驳回了其对其他前手的追索权。

2. 另有法院认为,未在电子商业汇票系统中发出追索通知,不影响其行使票据追索权。如上海金融法院审理的(2020)沪74民终1056号上海J物流有限公司与重庆Y金融服务有限公司票据追索权纠纷案,安徽省芜湖市中级人民法院审理的(2020)皖02民初48号中国G银行股份有限公司芜湖赭山支行与X控股有限公司、X控股集团财务有限公司票据追索权纠纷案。

对此,建议贵公司积极与银行沟通,同时通过多种途径向出质人行使追索权,必要时向法院起诉追索。

附相关法律依据:

《电子商业汇票业务管理办法》

第五条　电子商业汇票的出票、承兑、背书、保证、提示付款和追索等业务,必须通过电子商业汇票系统办理。

第十一条　电子商业汇票信息以电子商业汇票系统的记录为准。

第二十五条　电子商业汇票责任解除前,电子商业汇票的承兑人不得撤销原办理电子商业汇票业务的账户,接入机构不得为其办理销户手续。

第五十二条　主债务到期日先于票据到期日,且主债务已经履行完毕的,质权人应按约定解除质押。主债务到期日先于票据到期日,且主债务到期未履行的,质权人可行使票据权利,但不得继续背书。

票据到期日先于主债务到期日的,质权人可在票据到期后行使票据权利,并与出质人协议将兑现的票款用于提前清偿所担保的债权或继续作为债权的担保。

第五十八条　提示付款是指持票人通过电子商业汇票系统向承兑人请求付款的行为。

持票人应在提示付款期内向承兑人提示付款。

提示付款期自票据到期日起10日，最后一日遇法定休假日、大额支付系统非营业日、电子商业汇票系统非营业日顺延。

第六十条　持票人在提示付款期内提示付款的，承兑人应在收到提示付款请求的当日至迟次日（遇法定休假日、大额支付系统非营业日、电子商业汇票系统非营业日顺延）付款或拒绝付款。

第六十六条　持票人在票据到期日前被拒付的，不得拒付追索。持票人在提示付款期内被拒付的，可向所有前手拒付追索。持票人超过提示付款期提示付款被拒付的，若持票人在提示付款期内曾发出过提示付款，则可向所有前手拒付追索；若未在提示付款期内发出过提示付款，则只可向出票人、承兑人拒付追索。

第六十八条　持票人因电子商业汇票到期后被拒绝付款或法律法规规定其他原因，拥有的向票据债务人追索的权利时效规定如下：

（一）持票人对出票人、承兑人追索和再追索权利时效，自票据到期日起2年，且不短于持票人对其他前手的追索和再追索权利时效。

（二）持票人对其他前手的追索权利时效，自被拒绝付款之日起6个月；持票人对其他前手的再追索权利时效，自清偿日或被提起诉讼之日起3个月。

第73问 未办理质押登记的情况下,出质人应承担何种责任?

问:在项目中出质人与担保人签了股权质押反担保合同,但出质人没有按时在工商局办理质押登记手续,担保人代偿后向出质人追偿,要求承担赔偿责任,同时冻结了股权。出质人是在股权范围内承担责任,还是以全部财产承担责任?

答: 首先,根据《民法典》第443条第1款的规定,以基金份额、股权出质的,当事人应当订立书面合同。以基金份额、证券登记结算机构登记的股权出质的,质权自办理出质登记时设立。即股权质权设立的条件为书面质押合同及有关部门出质登记。在您所提供的案件信息中,出质人并没有在签订股权质押反担保合同后按时在市场监督管理部门办理质押登记手续,因此质权应没有有效设立。

其次,在质权未有效设立的情况下,本案中的担保人仍可向出质人主张权利。因为双方已签订了股权质押反担保合同,如在合同中约定,出质人应对担保人负有办理股权质押登记等义务的,则在股权质押未登记而导致质权未设立的情况下,可依据此条款确定违约方,并追究其违约责任。

例如,在北京金桥国盛投资有限公司与长城(宁夏)资产经营有限公司(以下简称长城宁夏公司)、北京金汇联合投资有限公司企业借贷纠纷二审案[(2015)民二终字第70号]中,最高人民法院认为,长城宁夏公司囿于其自身原因未能如约办理相应的股权质押登记,导致涉案股权质押并未有效设立。虽然因长城宁夏公司的原因导致股权质押未有效设立,但是并不影响借款合同中有关质押担保条款的效力。因此,在质押担保条款有效的前提下,依据原《合同法》第107条关于"当事人一方不履行合同义务或者履行合同义务不符合约定的,应当承担继续履行、采取补救措施或者赔偿损失等违约责任"的规定,长城宁夏公司应当承担未能履行设立股权质押义务的违约责任。

最后,如出质人应承担违约责任,那么他是在股权范围内承担责任,还是以全部财产承担责任呢？同样是在上述案例中，最高人民法院还认为，对于违约责任的具体形式，鉴于长城宁夏公司的违约行为导致其不当逃避了质押担保责任，致使金桥公司丧失在涉案股权及法定孳息范围内的质押权利，亦失去了收回涉案借款的物权保障，因此，长城宁夏公司因违约而逃避的责任以及金桥公司丧失的权益即应视为金桥公司的损失。即最高人民法院的观点是，假设质权有效设立，在法定担保期间内，债务人未按合同约定如期偿还本息，则质权人有权依法定方式，通过处理出质人质押的股权及其法定孳息所得款项及权益优先受偿。但由于出质人未逃避登记义务而导致债权人丧失了上述担保权利，因此出质人依法应当在其拟出质的股权的价值以及法定孳息，包括质押股权应得红利范围内承担赔偿责任。

第74问 《动产和权利担保统一登记办法》的修改内容和注意事项有哪些？

问：中国人民银行发布了《动产和权利担保统一登记办法》(以下简称《办法》)的最新修订版,《办法》自2022年2月1日起施行。那么,本次修订有哪些值得关注的条款呢？就融资担保机构而言,又应该采取哪些应对措施呢？

答：中国人民银行于2021年12月28日在其官网公布,为适应市场发展需求,更好地履行《民法典》、国务院《关于实施动产和权利担保统一登记的决定》(以下简称《决定》)等相关法律规定,规范动产和权利担保统一登记,保护担保当事人和利害关系人的合法权益,对旧《办法》进行了修订。对于新修订《办法》的内容及应对措施,笔者将从以下三个方面分析：

一、修订内容

本次《办法》修订主要涉及八个方面：

一是修改法律依据,将《民法典》《优化营商环境条例》《决定》作为《办法》的制定依据。

二是明确登记范围,根据《决定》有关工作要求,以列举加兜底的方式明确纳入统一登记的范围,同时删除原办法中关于应收账款转让登记参照条款、其他动产和权利担保登记参照条款。

三是明确登记机构职责,明确人民银行征信中心承担服务性登记工作,不开展事前审批性登记,不对登记内容进行实质审查。

四是删除优先顺位条款,鉴于《民法典》、最高人民法院《关于适用〈中华人民共和国民法典〉有关担保制度的解释》已经有明确规定,因此对优先顺位条款进行删除。

五是增加当事人登记的提示条款;增加对担保财产进行概括性描述应达到合理识别担保财产的要求;增加因担保人名称填写错误,担保财产描述不能够合理识别担保财产等情形导致不能正确公示担保权利的，其法律后果由当事人自行承担等。

六是修改担保人或担保权人为单位的登记编码信息，并取消展期登记只能在登记到期前 90 日内办理的限制。

七是对登记内容进行完善，约定登记内容增加“担保范围”及“禁止或限制转让担保财产”，并明确最高额担保中应将最高债权额作为必要登记事项。

八是细化人民银行征信中心的职责，明确人民银行征信中心应当建立登记信息内部控制制度要求。

二、部分条款解析

（一）可质押的应收账款类型：“项目收益权”的提出

《办法》第 3 条“应收账款”定义及范围的扩大是本次修订的亮点部分。正如《办法》修订说明中所指出的，随着应收账款融资业务的发展，旧办法中规定的“应收账款”已无法完全满足实践中银行、保理公司对应收账款类型多样化的需求，增加可质押的应收账款类型是适应我国融资业务发展的重要举措。值得关注的是，《办法》除对应收账款的定义及范围增加兜底条款外，还首次在公示登记的层面提出了“项目收益权”可作为出质的标的。

在旧办法中，对“项目收益权”的规定参照了最高人民法院《关于适用〈中华人民共和国担保法〉若干问题的解释》（以下简称原《担保法解释》）第 97 条的规定，采用“公路、桥梁、隧道、渡口等不动产收费权”的表述。尽管第 97 条对公路收益权可出质作出规定，但其他特定项目的收益权是否同样可以出质呢？而随着国家基础设施建设事业兴起而产生的“特许经营权”，又是否可以出质？在立法层面仍然处于不明确的状态。其后出台的原《物权法》也并未解决此问题。有学者认为并非所有具有债权性质的应收账款都可以作为出质的标的。可质押的应收账款应满足以下条件：（1）具有可让与性；（2）限于金钱债权；（3）应收账款须为已经发生的或虽是未来发生但基础法律关系已确定的债权。特许经营权因不具有应收账款性质，故不得作为应收账款质押。

然而 2015 年最高人民法院发布的指导案例 53 号：福建海峡银行股份有限公司福州五一支行诉长乐亚新污水处理有限公司、福州市政工程有限公司金融借款合同纠纷案首次明确了特许经营权也可以作为出质的标的。福建省高级人民法院的判决一方面肯定了“讼争的污水处理项目特许经营权质押,实质上系污水处理项目收益权的质押”。另一方面也确认,因污水处理项目收益权系基于提供污水处理服务而产生的将来金钱债权,依其性质亦可纳入依法可出质的“应收账款”的范畴。因此,讼争污水处理项目收益权作为特定化的财产权利,可以允许其出质。

在PPP模式方兴未艾的大环境下,社会资本方对于项目收益权质押的需求将会与日俱增。故本次《办法》的修订也是在操作层面给予项目收益权出质的肯定。

(二)应收账款转让登记

本次修订在第33条中新增了权利人的应收账款转让登记可以参照办法的规定。根据《办法》修订说明所言,转让和质押是应收账款融资的两种形式,但我国应收账款转让登记立法缺失,使实际业务中交易一方(质权人或受让人)面临一笔应收账款同时被质押和转让,或被重复转让的风险。因此,有必要建立起应收账款转让登记制度,以给予应收账款受让人一定程度的保障。

但应当注意的是,应收账款转让登记并无任何法律法规赋予其法律效力,在征信中心所做的转让登记也并不能代替合同法赋予债权转让行为的通知义务。同样的观点在中国工商银行股份有限公司上海市青浦支行与上海康虹纺织品有限公司等合同纠纷上诉案中也得以体现。在此案中,法院认为,“央行登记系统对债权转让登记的定位为‘公示服务’,且央行登记系统对债权转让登记并不作实质性审查,故与应收账款质押登记不同,债权转让登记于央行登记系统不发生强制性排他对抗效力。……合同法明确规定债权转让对债务人发生法律效力的前提是通知,法律、司法解释或相关规范性法律文件未赋权任何形式的登记以债权转让通知的法律效力”。

(三)超出登记期限的质权效力

根据旧办法的规定,“质权人自行确定登记期限,登记期限以年计算,最长不得超过5年。登记期限届满,质押登记失效”。而此次修订则将“登记期限届满,质押登记失效”的规定进行了删除。

那么应收账款质押可否因期限届满而失效呢?依照物权法定原则,设立物权和消灭物权只能由法律规定,《办法》作为部门规章,不能规定“应收账款质权的消灭期限”,根据原《物权法》第177条的规定,只有当满足主债权消灭、担保物权实现、债权人放弃担保物权或法律规定担保物权消灭的其他情形时,担保物权才能消灭。因此,旧办法第 12 条的规定应当不具有消灭应收账款质权的效力。同样地,在原《担保法解释》第 12 条第 1 款中也明确了,“当事人约定的或者登记机构要求登记的担保期间,对担保物权的存续不具有法律约束力”。故笔者认为,《办法》对“登记期限届满,质押登记失效”的删除,是对不符合《立法法》和物权法定原则条文的去除。

三、金融担保机构的应对措施建议

任何一个新规定的出现都需要引起相关行业的重要,《办法》的出台对于金融担保行业的影响是不言而喻的。那么在《办法》出台后,金融担保机构在从事应收账款质押、保理业务中应作何种应对措施呢?结合上述的分析,笔者认为:

第一,要善于利用征信中心的登记公示系统。由于《办法》完善了应收账款质押、转让的登记内容等事项,金融担保机构在进行融资项目尽职调查中,能利用公示系统查询相关应收账款是否已经被质押或转让,以规避重复转让的风险。

第二,要建立应收账款融资项目的审核制度。“应收账款”定义及范围的扩大意味着未来将有更多应收账款类型涌入融资市场,一方面可以增强融资的灵活性,但另一方面也是对有关机构调研评审、保后管理等风控能力的极大考验。因此,金融担保机构有必要在此之前就建立起自身健全的项目审核制度及风控制度,规定应收账款融资业务操作指引,以避免因风控失误带来的法律风险。

第三,提防因忽视注销登记所带来的风险。《办法》第 17 条新增了规定:当登记的质权出现特定的消灭事由,质权人需要办理注销登记;延迟办理的,须承担相应的法律责任。即注销义务不再是《办法》下的一个空洞的提醒,而是有相应责任规制的义务。因此,金融担保机构在从事相关的业务时,也需要相应地完善应收账款的登记管理制度。

第75问　应收账款质押登记的内容有哪些？效力如何？

问：应收账款质押登记的内容有哪些？效力如何？

答：根据物权法上的公示、公信原则，凡属物权的设立、变更、转让和消灭，必须经过一定的公示始能发生效力，凡信赖登记所记载的权利而与权利人进行交易的人，以公示方式取得物权的善意第三人，得受法律保护。由此可知，公示的目的主要有两个方面：一为使物权变动发生法律效力；二为维护正常的交易秩序。物权登记制度的设立，应当以前述基本目标为核心，应收账款质押登记当然也不能例外。根据《动产和权利担保统一登记办法》(以下简称《办法》)第9条的规定，登记内容包括担保权人和担保人的基本信息、担保财产的描述、登记期限。此外，《办法》第7条规定，担保权人办理登记。担保权人办理登记前，应当与担保人就登记内容达成一致。《办法》还对上述各项登记内容的要求、效力等进行了一些具体的规定，下面根据其规定的必须登记事项进行逐一详解。

一、质权人和出质人的基本信息

《办法》规定，担保权人或担保人为法人、非法人组织的，应当填写法人、非法人组织的法定注册名称、住所、法定代表人或负责人姓名，金融机构编码、统一社会信用代码、全球法人识别编码等机构代码或编码以及其他相关信息。担保权人或担保人为自然人的，应当填写有效身份证件号码、有效身份证件载明的地址等信息。第14条还规定，担保权人办理登记时所填写的担保人法定注册名称或有效身份证件号码变更的，担保权人应当自变更之日起4个月内办理变更登记。按照登记规则，质权人完成应收账款质押登记的首要前提为必须在应收账款质押登记公示系统注册为常用户，质权人的基本信息在完成常用户注册时已基本登记完毕并通过所在地的中国人民银行征信分中心审核，因此在办理具体的登记时，仅需将基本信息导出即可。但对于出质人的信息，于通常情形下无法固定，仍需要质权人办理每笔登记时填写，自为常理。

二、应收账款描述

登记公示的目的是向社会公众告知应收账款已被质押的事实，从而维护交易安全。为了使公众获知应收账款质权的具体范围，应收账款质押登记应当包含应收账款描述。《办法》仅规定了应收账款描述为必须登记的事项之一，但并未明确规定应当如何描述。中国人民银行征信中心修订发布的《动产融资统一登记公示系统操作规则》也未明确。但在其官方网站①“用户园地”栏目中有“应收账款质押/转让登记财产描述示例”，对各类应收账款的描述提供了范例。如销售货物的应收账款：

一、具体描述（已产生的应收账款）

质押/转让财产为：（出质人/出让人名称）于（时间）销售（货物名称）给（第三方债务人名称）产生的应收账款，销售合同编号为×××，货款到期日为××年××月××日，应收账款金额为×××元，发票号码为×××。

二、概括描述（未来产生的应收账款或有规律的多笔应收账款）

1. 债务人特定

质押/转让财产为：（出质人/出让人名称）自××年××月××日至××年××月××日，销售（货物名称）给（第三方债务人名称）产生的所有应收销售货款。

2. 债务人不特定

质押/转让财产为：（出质人/出让人名称）自××年××月××日起未来（时间段）经营期内产生的所有应收销售货款。

应该说，上述规定及指引对于常见的几种应收账款描述示例宽严适度，且借鉴了国际上的不少先进理念和做法，值得肯定。

三、登记期限

《办法》第 11 条、第 12 条对应收账款质押登记期限和展期作出了规定。担保权人应当根据主债权履行期限合理确定登记期限。登记期限最短 1 个月，最长不超过 30 年。在登记期限届满前，担保权人可以申请展期。担保权人可以多次展期，每次展期期限最短 1 个月，最长不超过 30 年。但上述规定欠缺法律依据，无论是原《物权法》还是《民法典》，皆未授权《办法》规定登记期限，也没有规定质权

① 其官方网址为：zhongdengwang. org. cn。

人行使质权的期限限制,应为与上位法律冲突。参照最高人民法院《关于适用〈中华人民共和国担保法〉若干问题的解释》(已失效)第 12 条的规定:“当事人约定的或者登记部门要求登记的担保期间,对担保物权的存续不具有法律约束力。担保物权所担保的债权的诉讼时效结束后,担保权人在诉讼时效结束后的二年内行使担保物权的,人民法院应当予以支持。”故可以认为,登记机构规定的担保物权登记期间对担保物权的存续不具有法律约束力。

此外,《办法》第 9 条还规定,担保权人可以与担保人约定将主债权金额、担保范围、禁止或限制转让的担保财产等项目作为登记内容。对担保财产进行概括性描述的,应当能够合理识别担保财产。最高额担保应登记最高债权额。

第76问 “流动质押”中监管人需要注意哪些事项?

问: **我司是一家资产管理公司,开展动产质押受托监管有什么需要注意的吗?可以配合出质人补新出旧,更换质物吗?**

答: 根据《民法典》第429条之规定“质权自出质人交付质押财产时设立”,该规定意味着如质物未交付,则质权未设立,将导致质权人无法对抗其他债权人的后果。但在实践操作中,出质人用于质押的货物大多为需要一定存储空间甚至特殊储存要求的生产原料(如煤炭、玉米、水果)等,这就给质物交付和管理带来了极大的阻碍,所以出现了很多特殊的质押形式,如《全国法院民商事审判工作会议纪要》(以下简称《九民纪要》)第63条提及的“流动质押”。

那么,何为流动质押呢?所谓“流动质押”通常是指,质权人、出质人与监管人通过订立监管协议的形式,不直接将质物交付质权人占有,而是由监管人根据质权人的指令或监管协议的约定,对质物进行监管,允许出质人在约定范围内通过约定的方式提取质物、补新出旧等,尽可能形成质物的流动,保证出质人正常的生产经营活动,最终实现出质人或债务人依约偿还债务。

“流动质押”仅为质押的一种特殊形式,并不意味着其可以脱离质押财产须“交付”才可设立动产质押的本质要求,但基于其一般由监管人负责监管的特殊形式,质物可能保管在第三方仓库甚至出质人的仓库内,导致债权人不直接控制质物,故如何认定“质物是否交付”即“质权是否设立”在司法实践上存在一定争议,另对于在监管人的监管之下发生质物遗失、缺损甚至质物从始至终不存在的情形,监管人的责任承担问题亦存在裁判差异。

对于上述问题,《九民纪要》在一定程度上为法院审理指明了方向。首先,《九民纪要》对确认质物是否设立提出了原则性意见,考虑到根据原《物权法》的规定,交付可以是现实交付,也可以是包括指示交付等观念交付,可通过“查明监管人系受债权人委托还是出质人委托监管质物”,认定是否已通过指示交付的方式完成质物的交付。如监管人为债权人委托,则债权人实质上为质物的直接占有人,质物已完成交付,质权有效设立(但在有证据证明监管人未履行职责,质物实际仍由出质人控制的,应认定质权未有效设立);如监管人为出质人委托,则质物实际仍由出质人占有,未完成交付,质权未有效设立。其次,《九民纪要》除对流动质押中质权的设立提出审判观点外,也对监管人未履行监管职责的责任承担作出了规定,认为债权人有权请求监管人承担违约责任。

关于质物交付的认定问题,需要注意的是,《九民纪要》发布前,在质物确实存在的情况下,认定流动质押有效的裁判案例占多数,对质物交付的要求相对较宽松,以(2016)桂1202民初1052号案件为例,法院认为:质权人、出质人与仓储公司(监管人)签订《动产质押监管三方协议》,出质人会同质权人向仓储公司发出《出质通知书》,仓储公司后向质权人出具《出质通知书确认函》,虽出质人以存放于该公司场所内的矿产品设定质押,但上述行为可证实涉案质押物已处于第三方的监管之下,出质人丧失了对出质物的直接支配权,就此认定质物完成交付、质权已设立。但从2019年最高人民法院的裁判观点来看,因大多案件都可能面临债务人同一财产上多个担保物权竞存的问题,为免虚构不真实的债务并质押财产可能造成的其他债权人利益受损,近年对于质物是否完成交付的问题审查将趋于严格,以(2019)最高法民再217号案件为例,最高人民法院认为:虽三方签订有动产监管协议且监管人在质物发生变化时签订有确认清单,但从协议约定及履行方式来看,存在质物象征性交付或占有改定的可能性,且原审法院亦未查明监管费用实际由谁支付等事实问题。在原地交付大宗散货的流动质押或浮动质押交易中,对于质物的出质公示应采取严格标准,对于质权是否有效设立,应严格依照原《物权法》第212条的规定,结合当事人的约定和实际履行情况认定,当有相反证据可能否定质权有效设立时,应持审慎严格的态度,对所涉事实进行细致查明和清晰认定。裁定发回重审。

关于监管人未履行监管职责承担违约责任问题,从司法实践来看,法院一般会结合案件事实,审查质物缺损、灭失的后果是否系由监管人自身原因直接造成,据此认定监管人是在债务人承担责任的基础上承担补充责任,还是直接向债权人承担赔偿责任。常见的有以下三种情形。

1. 质物在入库时即不足额或质物自始至终根本不存在。

因债权人对质物入库时的数量、质量等应承担一定的清查责任，且债务人及担保人为直接义务人，监管人在此过程中承担的是妥善保管质物以最终实现债券的责任，出质人的虚假出质、质权人及监管人的审查过错均应对此种情况的发生承担相应责任，监管人根据过错程度在质物价值内对质权人无法实现的债权承担部分责任，同时考虑监管人的责任需依附于债务人与担保人的直接责任，故监管人承担的应为补充赔偿责任。

2. 质物完成交付，但在监管过程中被出质人强行出库，导致质物损失。

在这种情况下，法院审理过程中会审查监管人是否完全履行了监管人职责，如事发时是否尽力阻拦、事后有无报警措施、有无通过书面方式多次告知质权人等，在监管人履行监管义务的情况下，其无须承担违约责任，否则需承担一定的违约责任。

3. 质物完成交付，但在监管过程中发生盗抢、自然灾害等事件，导致质物损失。

监管人在监管过程中应当履行妥善看管等义务，如果发生盗抢等事件，需考虑监管人采取妥善措施看管质物，且事发后同样须报警、告知质权人等。如果法院认定监管人未妥善看管或完全履行监管责任，可能需对质物损失直接向质权人承担全部赔偿责任。另外，如最终清点时，无法查明质物缺失的原因，在监管人接收质物并确认质物清单的情况下，其也可能因未履行监管职责而需对无法查明的质物缺失直接承担全部赔偿责任。

第77问　应收账款质权的实现必须经过拍卖或者变卖吗?

问: 应收账款质权的实现必须经过拍卖或者变卖吗?

答:《民法典》第436条规定,债务人不履行到期债务或者发生当事人约定的实现质权的情形,质权人可以与出质人协议以质押财产折价,也可以就拍卖、变卖质押财产所得的价款优先受偿。质押财产折价或者变卖的,应当参照市场价格。该条关于质权的实现方式规定于动产质权部分。根据《民法典》第446条的规定,权利质权的实现也同样适用上述规定。

相比于不转移抵押物占有的抵押权实现,质权的实现方式略有不同:

其一,抵押权的行使并不以取得抵押物的占有为前提,抵押权人当然就对抵押人不负返还抵押物的义务;质权人行使质权以质权人继续占有质押财产为必要前提,质权消灭,质权人对其占有的质物负有返还给出质人的义务。

其二,抵押权应当在主债权诉讼时效期间内行使,否则不受法律保护;质权的行使期间则未作规定,但《民法典》第437条规定了出质人行使质权的请求权及质权人怠于行使质权的责任。

其三,抵押权人与抵押人未就抵押权实现方式达成协议的,抵押权人可以请求人民法院拍卖、变卖抵押财产;质权人经出质人请求不行使质权的,出质人可以请求人民法院拍卖、变卖质押财产。

其四,质权人以拍卖、变卖质押财产的方式优先受偿的,无须事先与出质人达成一致协议,但变卖应当参照市场价格。抵押权人无须通过诉讼来实现抵押权,而是直接申请法院拍卖、变卖抵押财产优先受偿,能够有效降低实现担保物权的成本,便利广大企业融资并维护债权人的合法权益,为物权法的重大制度创新之一,但具体实施效果仍有待于人民法院的贯彻落实。

由于质权人已经取得对质押财产的占有,当以拍卖、变卖方式实现质权时,无须取得出质人的配合就能进行。当然,当出质人认为质权人单方进行的拍卖、变卖损害了其利益时，也可以提起违约或者侵权之诉，从而获得法律救济。

虽然《民法典》规定权利质权同样适用动产质权的有关实现方式规定，但用作质押的权利与动产毕竟存在许多差别，权利质权，特别是应收账款质权究竟如何行使，确实值得一番研究。

首先，作为法定担保物权的一种，应收账款质权一旦依法设立，质权人就取得了以应收账款协议折价和拍卖、变卖质押财产所得的价款优先受偿的权利。除了以应收账款折价需要与出质人达成一致外，根据上述分析，质权人以拍卖、变卖的方式行使职权的，可以直接委托有关拍卖、变卖机构进行，拍卖、变卖成交后，出质人或者质权人通知次债务人，自通知到达次债务人之日起，发生应收账款转让的效力。这里存在的问题在于，应收账款存在巨大的差异性和不确定性，如何按照市场价格确定折价或者变卖价格？笔者认为，这里可以参照民法上的“帝王条款”之诚实守信原则，将市场价格解释为公平合理价格方为合适。

其次，根据债法一般原理，债权可以转让，那么，应收账款出质后能否转让？《民法典》第445条第2款有明确规定，即非经质权人同意，出质后的应收账款不得转让。经质权人同意后转让应收账款所得的价款，应当向质权人提前清偿债务或者提存。

再次，出质的应收账款先于主债权到期并获得清偿的，该如何处理？《民法典》对此并未作出明确规定。笔者认为，应当参照《民法典》第442条关于票据、存单、仓单、提单的兑现日期先于主债权到期和第445条第2款关于出质后的应收账款转让之规定，获得清偿的款项应当向质权人提前清偿债务或者提存。

最后，出质人可以替代给付，以供债权清偿。出质人为了取回质押财产或者解除应收账款质押，可以代替债务人履行债务。出质人替债务人履行债务后，质权人应当向出质人返还质押财产或者解除应收账款质押，但前提应当是质押财产并未以协议折价、拍卖或变卖方式处置。

特许经营权的收益权可以质押，并可作为应收账款进行出质登记。特许经营权的收益权依其性质不宜折价、拍卖或变卖，质权人主张优先受偿权的，人民法院可以判令出质债权的债务人将收益权的应收账款优先支付质权人。

例如在最高人民法院指导案例53号：福建海峡银行股份有限公司福州五一支行诉长乐亚新污水处理有限公司、福州市政工程有限公司金融借款合同纠纷案

[(2013)闽民终字第870号]终审判决中，福建省福州市中级人民法院于2013年5月16日作出(2012)榕民初字第661号民事判决："福建海峡银行股份有限公司福州五一支行于本判决生效之日起有权直接向长乐市建设局收取应由长乐市建设局支付给长乐亚新污水处理有限公司、福州市政工程有限公司的污水处理服务费，并对该污水处理服务费就本判决第一、二项所确定的债务行使优先受偿权。"

第78问　什么是账户质押？有哪些法律风险？

问： 什么是账户质押？有哪些法律风险？

答： 账户质押，实际上为一种账户监管措施，本质上是合同行为，并非物权行为。

在原《物权法》出台之前，原《担保法》及有关司法解释认可有些特殊的账户质押及其优先效力。这主要是出口退税账户质押。

所谓出口退税账户质押，又称出口退税托管账户质押，是指借款人将出口退税专用账户托管给债权人贷款银行，并承诺以该账户中的退税款作为偿还贷款的担保，当借款人不履行债务时，债权人有权以出口退税专用账户的出口退税款优先受偿的担保方式。

原《担保法》及原《物权法》皆未明确规定出口退税账户质押，但根据原《担保法》第75条、原《物权法》第223条的规定，依法（法律、行政法规）可以质押的其他权利可以设立质押担保。以出口退税账户作为质押担保，主要源自最高人民法院的有关司法解释。

根据最高人民法院2004年11月22日发布的《关于审理出口退税托管账户质押贷款案件有关问题的规定》（已失效，以下简称《退税质押规定》），出口退税账户可以用于质押贷款。《退税质押规定》明确规定了出口退税账户质押的定义、设立要件、质权人的权利及有关例外规定。

按照《退税质押规定》，出口退税专用账户质押贷款，是指借款人将出口退税专用账户托管给贷款银行，并承诺以该账户中的退税款作为还款保证的贷款。其中第2条规定以出口退税专用账户质押方式贷款的，应当签订书面质押贷款合同。质押贷款合同自贷款银行实际托管借款人出口退税专用账户时生效。因该规定沿袭了担保法有关条文弊端，同样混淆了物权设立要件与合同生效要件，与物权法有关规定相冲突，最高人民法院《关于废止2007年底以前发布的有关司法解释（第七批）的决定》（2008年12月8日由最高人民法院审判委员会第1457次会议通过)宣布废除了该条规定。该决定并未废除《退税质押规定》的全部内容，意味着出口退税账户质押仍不失为一种合法的担保方式。为切实实施《民法典》，保证国家法律统一正确适用,2020 年 12 月 23 日由最高人民法院审判委员会第 1823 次会议通过的《关于废止部分司法解释及相关规范性文件的决定》则废止了《退税质押规定》全文,自 2021 年 1 月 1 日起施行。

《退税质押规定》被废止后,出口退税账户质押也不复存在法律依据。

实践中,有的贷款人要求向应收账款质押一样,将出口退税质押在中国人民银行征信系统办理出质登记,因该系统仅对质押登记不进行审查,仅负责“采取必要的措施,维护登记公示系统安全、正常运行”,对登记内容并不干涉。但根据《应收账款质押登记办法》有关规定,该办法所称应收账款是指权利人因提供一定的货物、服务或设施而获得的要求义务人付款的权利以及依法享有的其他付款请求权,包括现有的和未来的金钱债权,但不包括因票据或其他有价证券而产生的付款请求权,以及法律、行政法规禁止转让的付款请求权。出口退税具有行政性质,与一般的民事债权不同,也不符合登记办法对应收账款的界定。

故笔者认为,上述废除决定仅仅是根据物权法规定对质押合同生效要件和质权设立要件所作的区分,并未改变出口退税账户的公示方式,既然如此,实际托管仍是出口退税账户质押的主要设立要件,至于在人民银行征信系统办理登记,因欠缺相关法律依据,充其量也仅能作为辅助公示手段。

如在《最高人民法院公报》案例——常州新区工行诉康美公司借款合同纠纷案中,常州市中级人民法院认为:被告康美公司与原告新区工行在签订借款合同的同时,还签订了出口退税权利质押合同,约定康美公司将其享有的出口退税权利质押给新区工行,作为康美公司向新区工行借款的担保。根据质押合同,康美公司在新区工行设立了出口退税专用账户,这个账户和康美公司的应退未退税款金额 1351 万元,均得到常州市国税局的确认。故康美公司与新区工行之间的出口退税账户托管贷款,构成了出口退税权利质押,新区工行有权在康美公司的出口退税款中优先受偿。被告康盛公司向新区工行出具承诺书,自愿对康美公司的借款承担连带保证责任,该承诺不违反法律规定。对新区工行的诉讼请求应予支持。

关于何为“托管”,笔者认为,出口退税账户托管不能仅按“托管”的字面意思来解释。出口退税账户托管除了有受托保管的意思外，还有授权银行对账户进行监管的含义，根据如下：

一是部门规章。根据中国人民银行、对外贸易经济合作部、国家税务总局《关于办理出口退税账户托管贷款业务的通知》（银发〔2001〕276号）第5条的规定，各级税务部门要在不得提供任何形式担保的前提下，认真配合商业银行做好该项贷款工作。要确保贷款企业出口退税专用账户的唯一性，保证退税款退入该专户，不得转移；在出口退税账户托管贷款全部偿还之前，未经贷款银行同意，不得为出口企业办理出口退税专用账户转移手续（国家有关法律有特殊规定的除外）各级税务部门应为商业银行查询出口退税企业资信提供方便。

二是地方政府文件例证。如淮南市人民政府2003年5月20日发布的《淮南市出口退税帐户托管管理办法》规定，申请出口退税质押贷款的步骤之一为：商业银行根据《出口退税托管专用账户开立申请书》，审定拟发放质押贷款的企业名单，开立借款企业的出口退税托管专用账产，完成与借款企业签订质押合同、账户托管等必要的手续后向企业发放首笔贷款，并将出口退税账户托管的企业名单抄送市外经贸局、市人民银行和市国税局备案。

三是实践中的做法。贷款银行一般与借款人约定：自贷款人发放贷款之日起至该笔贷款全部清偿完毕之日止，借款人同意由贷款人监控该账户，未经贷款人书面同意，借款人不得擅自转移该账户内的款项，也不得办理账户挂失、销户、转移手续。出口退税专用账户的退税款是出口企业偿还贷款的保证，贷款银行可以要求企业在退税款到位后归还该贷款的本息，必要时贷款银行可根据贷款风险程度要求出口企业提供其他担保。

随着《民法典》的实施，包括担保物权制度在内的国家法律制度已趋于完善和统一。所谓的账户质押，因其欠缺法律上的担保物权设立要件，充其量不过是一种账户监管措施。该措施不能说没有任何作用，在当事人之间仍能发生合同效力，只不过不能产生物权对抗效力而已。

第 79 问　汽车合格证可以质押吗？有哪些法律风险？

问：我司是一个小贷公司，客户可以用汽车合格证质押吗？有什么法律风险？

答： 汽车合格证是机动车整车出厂合格证明，系机动车生产企业印制并随车配发的载明企业名称、企业标识及防伪信息的证明文件。对于购车消费者来说，汽车合格证是办理机动车注册登记、投保、注销等手续时必须提交的规定证明文件之一。所谓汽车合格证质押贷款，通常是指汽车销售企业先与银行或担保机构签订汽车合格证质押(反)担保合同，银行或担保机构依照借款合同及质押合同放款，同时汽车合格证质押给银行或担保机构保管，汽车销售企业销售汽车后向银行归还贷款本息(解除担保机构担保责任)并赎取汽车合格证给消费者。

关于这种担保方式，常见的问题有：

1. 汽车合格证能否质押？如果能，在哪里办理质押登记？

2. 汽车合格证质押有哪些法律风险？

一、汽车合格证能否质押和登记

根据物权法定原则，物权的种类与内容只能由法律来规定，不允许当事人自由创设。除了物权的种类和内容法定外，物权法定原则的具体内容还包括物权的效力法定，当事人不得协议变更，物权的公示方式法定，当事人不得随意确定。质权作为担保物权的一部分，当然也属于物权的范围，同样应当适用物权法定原则。因此，要判断汽车合格证能否质押，关键是看汽车合格证质押是否符合法律的规定，这和主要体现当事人合意的合同有很大的不同。

在担保法中，法律并未明确对可以出质的动产作出列举，而对于权利质押，除了明确列举之外，还以“依法可以质押的其他权利”作为兜底条款。物权法则对可以出质的动产范围作出了排除性的规定，即“法律、行政法规禁止转让的动产不得出质”，也即除此之外的动产皆可出质；对于权利质权，物权法对可出质权利的范围列举几乎沿袭了原《担保法》的规定，也以“法律、行政法规规定可以出质的其他财产权利”作为兜底。

因此，汽车理所当然地属于依法可以转让的财产，不仅可以出质，还可以设立抵押。根据有关法律的规定，动产质押的设立要件为交付，质权自出质人向质权人交付财产时设立，而对于车辆抵押，抵押权自抵押合同生效时设立，未经登记，不得对抗善意第三人，前者规定交付为成立要件，后者规定登记为对抗要件。根据以上规定，如果设立汽车质押，当事人应当签订质押合同和交付汽车，交付为设立和对抗要件，无须办理任何登记手续。如果设立汽车抵押，则抵押权自抵押合同生效时设立，为了使汽车抵押产生对抗第三人的效力，当事人应当办理抵押登记。根据《机动车登记管理办法》第 4 条的规定，公安机关交通管理部门的车辆管理所是机动车的登记机构，负责办理本行政辖区的机动车登记，具体到抵押登记，该办法第六章专门作出了规定，向机动车管辖地车辆管理所申请办理。

回到汽车合格证质押这个问题上来，据上分析，汽车合格证究竟能否质押，关键在于认定汽车合格证是否为“法律、行政法规规定可以出质的其他财产权利”。显而易见，目前我国没有任何法律、行政法规规定汽车合格证可以质押，而且从汽车合格证本身的属性来看，也不可能有法律、行政法规规定汽车合格证可以质押。因为凡是可以用来作为担保的财产，皆具备两个基本的属性：一是可转让性；二是财产性。综上所述，汽车合格证系机动车整车出厂合格证明，系机动车生产企业印制并随车配发，只能是一一对应并用于合格证上载明的汽车，不能转作其他汽车的合格证明，否则将对社会秩序和道路交通安全带来极大的威胁，故汽车合格证不得转让。另外，汽车合格证仅是汽车合格的证明，其本身并不具备任何财产价值，属于汽车这一特殊动产的出厂附属资料，只不过缺少这一资料，汽车的流通和使用存在障碍，故汽车合格证也不具备财产属性。因此，不难得出结论，汽车合格证不属于“法律、行政法规规定可以出质的其他财产权利”，单就汽车合格证设立质押的，既不能产生动产质权的法律效果，也不能产生权利质权的法律效果。

那么，汽车合格证质押合同是否全部无效而导致该种担保方式毫无意义？

担保方式就其学理分类，包括典型担保和非典型担保。前者为法律明确规定的债权特别保障措施，后者为交易实践中发生，立法上没有明确规定的担保。与物权法上的物权法定原则相对应，在合同法上实行的是合同自由原则，合同主体在进行合同活动时意志独立、自由和行为自主，即合同主体在从事合同活动时，以自己的真实身份来充分表达自己的意愿,根据自己的意愿来设立、变更和终止民事权利义务关系,法律不随意加以干涉。

虽然当事人约定汽车合格证"质押",因该种质押不符合物权法上的质权要件,因此不能产生当事人意欲产生的质权设立效果,但这并不妨碍当事人之间的合意产生。这种合意的内容主要是,出质人将汽车合格证交给银行或担保机构,生产企业向银行或担保机构作出汽车合格证的唯一性、不可撤销、不可挂失补办承诺,银行或担保机构向借款人提供贷款或承兑汇票,待借款人归还欠款本息后,银行或者担保机构向出质人返还汽车合格证,这种合意并不违反任何法律、行政法规的强制性规定。纵使质押合同部分约定与法律规定不符,根据合同法上"合同部分无效,不影响其他部分效力的,其他部分仍然有效"之规定,上述合意的效力不受影响。

综上,汽车合格证质押不是法定担保方式,也不是可以通过汽车合格证的变现优先受偿的担保方式。在出质人和借款人为同一人的情形下,其担保的作用,其实就是对出质人的一种合意牵制,增加其违约顾虑和成本,而这种合意并不违反法律、行政法规的强制性规定。

二、汽车合格证质押的法律风险

第一,动产质押设想落空的风险。综上分析,由于有的银行或担保机构错误地认为控制了汽车合格证就等于控制了汽车,将合格证质押的法律效力等同于汽车质押的效力,但实际上仅为一厢情愿的想法。如果企业诚信度高、按时还款,质权人归还合格证,皆大欢喜。但一旦企业不守信或者经营出现重大变故导致不能按时还款,则质权人实现质权无论在诉讼还是执行阶段都存在很大的法律风险,其中最严重的后果,莫过于质权人手握的合格证成为废纸一张。在汽车合格证质押授信业务中,经销商并没有真正将质押汽车移交给质权人银行或担保机构占有,而是移交合格证给银行或担保机构(或委托第三方)占有。虽然实践中,有许多变通的做法,例如,银行或担保机构向4S店派驻监管员,视为已经移转质物占有,或者银行或担保机构与4S店签署仓库租赁协议等,认为4S店已经是银行或担保机构的监管仓库,该仓库里面的汽车已经视为银行或担保机构占有等。这些做法,是否符合法律规定的"移转占有为质押生效"的典型生效要件,存在争议。银行或担保机构仅凭对汽车合格证的占有,不仅不能证明对动产的实际占有,而且也无法实现对汽车的实际控制。即使银行或者担保机构委托第三方对汽车实施间接占有，但也存在由于对车辆实物的监管不到位，车辆发生损毁、盗窃、移转等，导致质权人对车辆的状况一无所知。实践中，还存在债务人将汽车合格证质押给担保机构，同时将汽车质押给银行，担保机构和银行同时主张汽车质权，互不相让，导致三角诉讼的局面。

第二，合格证作为牵制手段落空的风险。从某种意义上讲，合格证作为汽车的“身份证”，是车辆上牌的必需凭证，银行或担保机构通过控制合格证，在某种程度上就实现了对车辆的控制。但是，若担保机构或银行放款后，汽车生产商与销售商共同欺诈，生产商重新对相关车辆补发合格证，销售商可据此销售、用户可凭此上牌，从而摆脱银行或担保机构的控制。或者，销售商与用户联合欺诈，对购置的车辆暂时不上牌。在这种情况下，车辆销售后暂时无须银行控制的合格证用以上牌，银行无法获悉实物的去向，导致车辆实物的流失。虽然银行可以通过要求汽车生产商出具汽车合格证唯一、不可挂失、补办的书面承诺，但若这一承诺没有保障措施或者保障措施不力，也存在生产商的信用风险。而对于汽车销售商的不确定客户，担保机构或银行根本不可能要求其作出任何承诺。

第三，抵押与质押并存的风险。作为一种特殊的动产，汽车属于少数既可抵押又可以质押的财产之一，和汽车质押不同的是，汽车抵押无须转移汽车的占有，仅签订抵押合同即可设立，只不过必须以办理抵押登记为公示对抗要件。因此，倘若汽车经销商先后将汽车合格证或汽车质押和抵押给不同的债权人，则质权和抵押权之间必然存在冲突。关于一般情况下，质权与抵押权之间存在冲突如何处理，可详见任何一本担保法教材。这里仅作风险提示：作为债权人，无论法律规定优先受偿权归谁所有，另一利益攸关方都不可能放弃为权利而斗争，到后来的结果无非是两败俱伤。

第四，第三方监管不力导致汽车转移流失的风险。为了控制风险，有的银行或担保机构可能在汽车合格证质押的同时，将汽车实物也纳入自己的控制之下。出于存放和监管的便利，担保机构或银行一般委托 4S 店或仓储公司占有或控制汽车，以代替银行或担保机构对汽车的占有。为了满足汽车销售商担保融资和销售不相冲突的需要，担保机构或者银行可能允许汽车经销商在一定金额或数量之外提走部分汽车，或者以货换货、以保证金易货，为此必须委托专业的仓储公司负责监管并订立详尽的质押监管协议。在第三方监管的情况下,除了存在上述是否为交付占有的法律争议外,还存在第三方 4S 店或仓储公司的信用风险、操作风险和道德风险,倘若第三方监管不力或者与汽车销售商恶意串通,汽车被擅自转移并最终导致流失,则看似严密无缝的(反)担保措施同样可能落空。

【第五篇　借贷篇】

第80问 出借人在什么情况下可以宣布借款提前到期？

问： 出借人在什么情况下可以宣布借款提前到期？

答：《民法典》关于借款合同的规定在第十二章，共有13个条文。其中，涉及借款期限的主要有第668条、第671条、第673条、第675～678条，几乎占了半数之多。

如果借款合同对于借款期限有约定，自然按照约定，但如果没有约定借款期限该如何处理呢？实践中这样的情形不在少数，所以法律对相关规则予以明确。即对借款期限没有约定或者约定不明确，依据《民法典》第510条的规定仍不能确定的，借款人可以随时返还；贷款人可以催告借款人在合理期限内返还（《民法典》第675条）。

关于提前还款的问题，如果借款合同有约定，按照约定。比如，在银行的房地产按揭贷款合同中，一般约定借款期限内的前3年提前还款的，银行会收取一定的违约金，但3年后借款人可以随时申请提前还款而不用承担违约责任。

如果借款合同对于提前还款事项没有约定，借款人可否提前还款呢？

《民法典》第677条规定，借款人提前返还借款的，除当事人另有约定外，应当按照实际借款的期间计算利息。按照该条规定，借款人显然是可以提前还款的。关于利息计算，可以按照借款合同约定，如果没有约定，应当按照实际借款的期间计算利息。

关于加速到期的问题，如果借款合同没有约定，出借人在什么情况下可以单方宣布借款提前到期呢？

《民法典》第673条规定，借款人未按照约定的借款用途使用借款的，贷款人可以停止发放借款、提前收回借款或者解除合同。

此外，《民法典》第563条规定，“有下列情形之一的，当事人可以解除合同：（一）因不可抗力致使不能实现合同目的；（二）在履行期限届满前，当事人一方明确表示或者以自己的行为表明不履行主要债务;(三)当事人一方迟延履行主要债务,经催告后在合理期限内仍未履行;(四)当事人一方迟延履行债务或者有其他违约行为致使不能实现合同目的;(五)法律规定的其他情形”。

第578条规定,当事人一方明确表示或者以自己的行为表明不履行合同义务的,对方可以在履行期限届满前请求其承担违约责任。

根据上述规定,在下列三种情况下,出借人可以单方宣布借款提前到期或者要求借款人提前还款:一是借款人未按照约定的借款用途使用借款的;二是借款人明确表示或者以自己的行为表明不履行还本付息义务的;三是借款人迟延履行还本付息债务,经出借人催告后在合理期限内仍未履行的。

只不过,出借人在行使权利时,要根据上述不同情形结合法律规定提出具体的请求。

但最好莫过于双方在借款合同对借款期限、提前还款和提前到期问题作出明确约定,以防患于未然,减少争议。

第 81 问　提前收贷必须以解除合同为前提吗?

问: **我司与借款人陈某于 2021 年 10 月签订借款合同,约定陈某向我司借款 100 万元,借款期限 2 年;借款人未按期归还贷款本息即构成违约,贷款人有权要求借款人纠正违约行为或宣布合同项下贷款本息提前到期并依法行使抵押权。合同签订后,我司如约出借款项,但借款人自 2022 年 5 月 20 日起连续 3 期逾期还款,我司遂下函通知依约提前收贷,终止借款合同。同年 10 月,我司诉至法院,请求判令借款人立即偿还借款本金 100 万元及相应利息。但借款人以借款合同尚未到期、我司无权解除合同为由抗辩,请求法院驳回我司的诉讼请求。请问我司提前收贷是否必须以解除合同为前提?**

答: 就贷款人根据借款合同关于提前收回贷款的约定宣布贷款提前到期,是否必须以解除合同为前提的问题,存在两种观点:

第一种认为,涉案贷款合同中约定的提前收贷权定性为贷款双方约定的合同解除权,属于形成权,当提前收贷通知到对方时,合同解除。故关于借款人未按期归还贷款本息即构成违约,贵司有权提前收回贷款属于约定解除权的条款。

第二种认为,借款合同关于提前收回贷款的约定,不属于当事人约定合同解除条款,在贵司提前收回贷款的条件成就时,据此诉请要求借款人提前偿还借款本息,法院应予支持,该诉请不以解除合同为前提。

《民法典》第 562 条第 2 款规定:"当事人可以约定一方解除合同的事由。解除合同的事由发生时,解除权人可以解除合同。"在实务中,除解除合同外,还存在当事人约定其他终止合同的情形。当事人约定的提前收贷、终止合同未违反法律、法规的强制性规定,应属有效。当前越来越多的金融借款合同中包含了特定情形下贷款人有权提前收回贷款的约定,本案因此具有一定的典型性。就案件处理而言,笔者同意上述第二种观点,除前述理由外,还有以下三点考虑:

第一,从《民法典》合同编相关法条来看,"提前收回贷款(借款)"与"解除合同”在逻辑关系上系不同概念。《民法典》第673条规定,借款人未按照约定的借款用途使用借款的,贷款人可以停止发放借款、提前收回借款或解除合同。该条文在实务中主要见于银行的流动资金贷款业务中,可以说明“提前收回借款”与“解除合同”是两个不同的法律概念。

第二,根据其他规定,贵司的诉讼请求也应当得到支持。除上述《民法典》的规定外,《贷款通则》第22条第5项也规定,借款人未能履行借款合同规定义务的,贷款人有权依据合同约定要求借款人提前归还贷款或停止支付借款人尚未使用的贷款。

第三,借款合同中有关提前收贷的条款,是附条件成就的合同权利。当出现当事人约定的条件时,宣告贷款提前到期,银行要求借款人提前清偿贷款之权利应属于当事人终止合同的约定。需要注意的是,《民法典》第557条规定合同终止的六种情形,包括债务已经履行、债务相互抵销、法律规定或当事人约定终止的情形等。据此,合同终止是合同解除的上位概念,不应将合同终止等同于合同解除。

第82问　小贷项目预收利息是否会被认定预先扣除利息？

问：小贷项目在放款当天一次性预收利息，由客户支付，而不是在本金中预扣利息，这种行为会不会被认为是变相预扣利息，需以扣除利息后的金额为本金计息呢？

答：根据最高人民法院《关于审理民间借贷案件适用法律若干问题的规定》（以下简称《民间借贷司法解释》）第26条的规定，借据、收据、欠条等债权凭证载明的借款金额，一般认定为本金。预先在本金中扣除利息的，人民法院应当将实际出借的金额认定为本金。贵司的做法为按照合同约定发放贷款，同时一次性预收利息，此种做法在《民间借贷司法解释》中并无明确规定。而在司法实践中，各地法院对此种做法的认定也有所差异，具体可以分为：

1. 尚未履行完放款义务即预收利息的。

在程某与淮南ZG动漫文化科技发展有限责任公司、江某等借款合同纠纷一审民事判决书[（2016）皖民初3号]中，安徽省高级人民法院认为："经审查，2013年8月23日，程某及其委托姚某向淮南ZG公司汇款1亿元，此后程某又于8月29日、8月30日、9月2日、9月4日向淮南ZG公司汇款7000万元；2013年8月23日，淮南ZG公司按照程某要求汇入姚某账户2550万元，即淮南ZG公司收到并可以实际使用的资金金额为14 450万元。程某在尚未完全履行出借义务时，要求淮南ZG公司以预付3个月利息的方式收回2550万元的行为，属于变相在本金中预先扣除利息。依据最高人民法院《关于审理民间借贷案件适用法律若干问题的规定》第27条'借据、收据、欠条等债权凭证载明的借款金额，一般认定为本金。预先在本金中扣除利息的，人民法院应当将实际出借的金额认定为本金'的规定，应认定程某实际出借本金金额为14 450万元。"

2. 已经履行完放款义务再预收利息。

在陈某与刘某民间借贷纠纷二审民事判决书[（2016）湘01民终7230号]中，

一审法院认为,刘某向陈某出具借条,陈某按约定交付了借款,陈某与刘某的债权债务关系成立。关于该案本金数额如何确认,该院认为陈某在借款当日预收利息5000元,不能视为刘某向陈某支付利息,依法只能认定刘某实际向陈某借款95 000元本金。同样在云南HY公司、高某民间借贷纠纷二审民事判决书[(2017)最高法民终98号]中,云南省高级人民法院再审认为,高某于2010年3月24日向何某账户汇入12 500万元后,何某于同日向高某的账户存入3120万元,高某虽然主张何某存入其账户的3120万元系双方因其他法律关系所产生的款项,但其所提交的证据并不能证明其主张。而且,《借款合同》中约定"利息支付时间为2010年3月24日"。因此,何某于2010年3月24日向高某的账户存入的3120万元为预先支付的利息,涉案的借款本金为9880万元。在乐山TK公司、雷某与邓某、乐山RH公司民间借贷纠纷二审民事判决书[(2016)川11民终211号]中以及余某与王某、杨某等金融借款合同纠纷二审民事判决书[(2016)浙01民终字第422号]中,法院均认为预收利息应在本金中扣除。

然而在陈某、肇庆市RZ小贷公司民间借贷纠纷二审民事判决书[(2016)粤12民终1661号]中,肇庆市中级人民法院却认为,"本案中,肇庆市RZ小贷公司依据合同的约定于2014年10月9日向借款人发放了450万元贷款,第一笔利息支付的时间是2014年10月11日,并未在该450万元中扣除,故肇庆市RZ小贷公司已经履行了合同约定的450万元的贷款发放义务,其实际出借的金额是450万元。本案的情形不属于预先在本金中扣除利息的情形。"同样认为预收利息不属于《民间借贷司法解释》规定的先扣除利息情形的还有黄某、左某民间借贷纠纷再审审查与审判监督民事裁定书[(2017)粤07民申3号]。

综上所述,在小贷项目中小贷公司在尚未完全履行出借义务的情况下即预收利息,一般会被认定为变相预先扣除利息,适用《民间借贷司法解释》第26条的规定;而在小贷公司已经履行完出借义务再预收利息的情况下,司法实践中存在不同的做法。笔者认为,此种情况下小贷公司同样面临借款本金需要扣除预收利息的可能性,建议贵司在设计项目模式时慎重考虑。

第83问 未约定管辖法院的民间借贷纠纷能否在原告住所地起诉？

问：我于2016年向朋友出借一笔钱，出借时双方签了一份借条，借款期限已到，对方无力还款。我可否在住所地的人民法院起诉他呢？

答： 很多民间借贷合同没有协议约定管辖条款，有的甚至只有借条。根据《民事诉讼法》第24条的规定，“因合同纠纷提起的诉讼，由被告住所地或者合同履行地人民法院管辖。”在没有约定管辖条款的情况下，出借人可否基于合同履行地规则，起诉借款人呢？对此，应从以下两方面入手。

首先是合同履行地的确定。

最高人民法院《关于适用〈中华人民共和国民事诉讼法〉的解释》（以下简称《民诉法司法解释》）第18条第2款规定：“合同对履行地点没有约定或者约定不明确，争议标的为给付货币的，接收货币一方所在地为合同履行地……”

最高人民法院《关于审理民间借贷案件适用法律若干问题的规定》第3条规定：“借贷双方就合同履行地未约定或者约定不明确，事后未达成补充协议，按照合同有关条款或者交易习惯仍不能确定的，以接收货币一方所在地为合同履行地。”

其次是对“接收货币的一方”的理解。

一般认为，合同履行地应当根据自身的诉讼请求所依赖的实体法律关系中所指向的合同义务来确定，如在借款合同下，借款人起诉出借人要求支付借款的（当然仅存在理论上的可能），合同履行地为接收借款一方所在地，可由借款人所在地法院管辖；出借人起诉借款人要求还本付息的，合同履行地为接收还款一方所在地，可由出借人所在地法院管辖。本案为出借人向借款人提起的请求还本付息的诉讼，应当由接收货币方，即原告所在地法院管辖。

以上观点在司法实践中也得到认可:

其一,根据最高人民法院《关于如何确定借款合同履行地问题的批复》(已失效),合同履行地是指当事人履行合同约定义务的地点。借款合同是双务合同,标的物为货币。“贷款方与借款方均应按照合同约定分别承担贷出款项与偿还贷款及利息的义务,贷款方与借款方所在地都是履行合同约定义务的地点。依照借款合同的约定,贷款方应先将借款划出,从而履行了贷款方所应承担的义务。因此,除当事人另有约定外,确定贷款方所在地为合同履行地。”

其二,在辽宁LT公司与恒祥房地产开发有限公司、刘某管辖裁定书[(2016)最高法民辖终297号]中,法院认为,与其他合同不同的是,借款合同的合同标的是货币,发生争议后通常的争议标的也是货币。在出借人向借款人主张偿还借款时,该出借人住所地是否属于借款合同履行地?《民诉法司法解释》第18条第2款针对“合同对履行地点没有约定或者约定不明确”的情况,规定“争议标的为给付货币的,接收货币一方所在地为合同履行地”。该解释从争议标的以及诉讼标的的角度明确了主张还款即接收货币一方的住所地为合同履行地,并以此来确定此类案件的司法管辖权。因此,在本案中上诉人HX公司主张的合同标的和被上诉人辽宁LT公司主张的争议标的都是货币,出借人辽宁LT公司主张借款人HX公司归还借款,辽宁LT公司与HX公司签订的《借款协议》《补充协议(二)》也约定HX公司须按照协议的规定将还款资金划付至辽宁LT公司指定的账户,故辽宁LT公司亦属于接收货币的一方,该公司住所地亦应认定为上述司法解释规定的合同履行地。

其三,在徐某、刘某当民间借贷纠纷管辖民事裁定书[(2017)粤19民辖终19号]中,法院认为:本案为民间借贷纠纷,争议标的为给付货币。根据《民事诉讼法》第23条、《民诉法司法解释》第18条第2款的规定,双方的借款合同未约定合同履行地,刘某当作为民间借贷关系中的出借方,其诉请的收回借款本金及利息,属于接收货币一方,刘某当的住所地东莞市横沥镇为合同履行地,该地属于原审法院的辖区,故原审法院对本案具有管辖权。

其四,在借款人有担保人且对管辖问题也没有约定的情况下,如何确定对担保人的起诉管辖?最高人民法院《关于适用〈中华人民共和国担保法〉若干问题的解释》(已失效)第129条规定:“主合同和担保合同发生纠纷提起诉讼的,应当根据主合同确定案件管辖。担保人承担连带责任的担保合同发生纠纷，债权人向担保人主张权利的，应当由担保人住所地的法院管辖。主合同和担保合同选择管辖的法院不一致的，应当根据主合同确定案件管辖。”因此，出借人可一并起诉借款人和担保人，并根据借款合同确定管辖法院。

最后，无论是从司法解释，或者最高人民法院批复、司法判决上，均支持了在出借人起诉借款人还本付息的民间借贷纠纷案件中，当双方没有就管辖法院达成协议管辖条款时，可以由被告所在地或合同履行地的人民法院管辖。而如果双方就合同履行地没有约定或者约定不明确，事后未达成补充协议，按照合同有关条款或者交易习惯仍不能确定的，由接收货币的一方，即请求借款人还本付息的原告所在地人民法院管辖。

第84问 债务人破产之前的提前或者个别清偿有何风险?

问: **我司的某债务人已被他人起诉,该债务人所欠我司的债务共有三笔,其中2笔已到期,1笔尚未到期。现我公司欲通过与该债务人签订以其享有的工程款债权抵债协议,并通过仲裁和解履行协议,该行为如果发生在债务人申请破产的6个月或1年内,是否存在被撤销的风险?**

答: 如债务人进入破产程序,依照《企业破产法》第31条的规定,"人民法院受理破产申请前一年内,涉及债务人财产的下列行为,管理人有权请求人民法院予以撤销:(一)无偿转让财产的;(二)以明显不合理的价格进行交易的;(三)对没有财产担保的债务提供财产担保的;(四)对未到期的债务提前清偿的;(五)放弃债权的"。

第32条规定,"人民法院受理破产申请前六个月内,债务人有本法第二条第一款规定的情形,仍对个别债权人进行清偿的,管理人有权请求人民法院予以撤销。但是,个别清偿使债务人财产受益的除外"。(第2条规定:"企业法人不能清偿到期债务,并且资产不足以清偿全部债务或者明显缺乏清偿能力的,依照本法规定清理债务。")

因此,若贵司欲通过与该债务人签订以其享有的工程款债权抵债的协议,存在以下风险:一是对未到期的债务提前清偿的风险;二是对个别债权人进行清偿的风险。对前者进行防范的措施为提前使借款合同到期并经担保人书面确认,宣布到期的方式为签订补充协议约定或贵司根据合同约定宣布提前到期;对于后者建议尽量避免在人民法院受理破产申请前6个月内受偿或者延缓债务人向法院申请破产的时间。

根据最高人民法院《关于适用〈中华人民共和国企业破产法〉若干问题的规定(二)》第15条的规定,债务人经诉讼、仲裁、执行程序对债权人进行的个别清偿,管理人依据《企业破产法》第32条的规定请求撤销的,人民法院不予支持。但是,债务人与债权人恶意串通损害其他债权人利益的除外。

根据该条规定,除非管理人能举证证明债务人与债权人恶意串通损害其他债权人利益,否则不能请求撤销债务人经诉讼、仲裁、执行程序对债权人进行的个别清偿。这里的恶意串通,主要是从订立合同的主观目的、合同订立与履行过程、关联关系、明显不合理低价、是否明知对方存在巨额债务等方面结合证据综合判断。因此,通过仲裁方式可以降低因债务人破产而导致清偿被法院撤销的风险。在此建议:(1)若债务人所欠贵司债务尚未到期,应尽快通过补充协议约定使债务提前到期;(2)通过应收款清偿贵司债务的对价基本公平合理;(3)通过仲裁和解可出具调解书和裁决书,可要求仲裁机构出具仲裁裁决书。

第85问　人民法院能冻结、划拨被执行人的养老金、住房公积金吗?

问:被执行人无其他财产可供执行的,人民法院能对其养老金账户进行查封、冻结、划拨吗?

答: 对于该问题,笔者认为:

一、养老金、住房公积金属于被执行人应当履行义务部分的收入

《民事诉讼法》第253条规定,被执行人未按执行通知履行法律文书确定的义务,人民法院有权向有关单位查询被执行人的存款、债券、股票、基金份额等财产情况。人民法院有权根据不同情形扣押、冻结、划拨、变价被执行人的财产。人民法院查询、扣押、冻结、划拨、变价的财产不得超出被执行人应当履行义务的范围。人民法院决定扣押、冻结、划拨、变价财产,应当作出裁定,并发出协助执行通知书,有关单位必须办理。

第254条规定,被执行人未按执行通知履行法律文书确定的义务,人民法院有权扣留、提取被执行人应当履行义务部分的收入。但应当保留被执行人及其所扶养家属的生活必需费用。人民法院扣留、提取收入时,应当作出裁定,并发出协助执行通知书,被执行人所在单位、银行、信用合作社和其他有储蓄业务的单位必须办理。

《关于人民法院执行工作若干问题的规定(试行)》第29条也规定,被执行人在有关单位的收入尚未支取的,人民法院应当作出裁定,向该单位发出协助执行通知书,由其协助扣留或提取。

依照上述规定,养老金、住房公积金的发放机构,有义务协助人民法院冻结、扣划被执行人应得的养老金、住房公积金。

二、关于养老金执行问题最高人民法院有专门复函

最高人民法院《关于能否要求社保机构协助冻结、扣划被执行人的养老金问

题的复函》(〔2014〕执他字第22号)全文如下:

浙江省高级人民法院:

你院浙高法[2014]29号《关于请求商人力资源和社会保障部废止劳社厅函[2002]27号复函的报告》收悉。经研究,提出如下意见:

一、被执行人应得的养老金应当视为被执行人在第三人处的固定收入,属于其责任财产的范围,依照《中华人民共和国民事诉讼法》第二百四十三条之规定,人民法院有权冻结、扣划。但是,在冻结、扣划前,应当预留被执行人及其所抚养家属必须的生活费用。

二、《中华人民共和国民事诉讼法》第二百四十二条规定:"人民法院决定扣押、冻结、划拨、变价财产,应当作出裁定,并发出协助执行通知书,有关单位必须办理。"本院《关于人民法院执行工作若干问题的规定(试行)》第36条也规定:"被执行人在有关单位的收入尚未支取的,人民法院应当作出裁定,向该单位发出协助执行通知书,由其协助扣留或提取。"依照前述规定,社会保障机构作为养老金发放机构,有义务协助人民法院冻结、扣划被执行人应得的养老金。

三、在执行被执行人的养老金时,应当注意向社会保障机构做好解释工作,讲清法律规定的精神,取得理解和支持。如其仍拒绝协助的,可以依法制裁。

此复

最高人民法院

二〇一四年六月二十六日

最高人民法院《关于在审理和执行民事、经济纠纷案件时不得查封、冻结和扣划社会保险基金的通知》(法〔2000〕19号)明确,社会保险基金是由社会保险机构代参保人员管理,并最终由参保人员享用的公共基金,不属于社会保险机构所有。社会保险机构对该项基金设立专户管理,专款专用,专项用于保障企业退休职工、失业人员的基本生活需要,属专项资金,不得挪作他用。因此,各地人民法院在审理和执行民事、经济纠纷案件时,不得查封、冻结或扣划社会保险基金;不得用社会保险基金偿还社会保险机构及其原下属企业的债务。

该通知中的社会保险基金与养老金性质不同,二者不能混为一谈,并且该通知的目的是纠正用社会保险基金偿还社会保险机构及其原下属企业的债务的不当做法。

三、法院执行养老金、住房公积金时应保留必要的生活费用

除了上述规定之外，最高人民法院《关于人民法院民事执行中查封、扣押、冻结财产的规定》(法释〔2020〕21号)第3条规定，“人民法院对被执行人下列的财产不得查封、扣押、冻结：……(二)被执行人及其所扶养家属所必需的生活费用。当地有最低生活保障标准的，必需的生活费用依照该标准确定”。

威海市中级人民法院、威海市住房公积金管理中心《关于执行被执行人住房公积金余额协作备忘录的通知》(威中法〔2017〕38号)规定，“强制执行住房公积金应遵循穷尽执行的原则。人民法院在执行过程中，应先穷尽财产调查措施，先行执行被执行人其他财产，在无其他财产可供执行或者查封的财产不宜处分时，才可冻结或者扣划被执行人的住房公积金。在保障被执行人依法享有的基本生活、居住条件的情况下，人民法院可凭执行裁定书及协助扣划通知书对被执行人住房公积金账户内的余额强制执行。有下列情形的，人民法院对被执行人住房公积金只能冻结(禁止被执行人提取)，不得扣划：(一)经人民法院核实，并在协助执行通知书中注明被执行人(家庭)无住房且正在租房居住的；(二)经住房公积金管理中心核实，被执行人(家庭)的住房正处于偿还住房公积金贷款的”。

之所以如此规定，是因为在民事强制执行中只有保留被执行人必需的生活费用，才能保障被执行人的生存权。生存权是指国民所应当享有的免于因饥寒而丧失生命的权利，此项权利在于保障人正常的生活，以实现其生存利益为直接目的。生存权是首要的基本人权，我国《宪法》明确规定尊重和保障人权的原则。现实中，纵然有许多阻碍法院执行工作的因素存在，但是在执行中必须贯彻生命权、生存权重于债权的观念，对被执行人给予最低的生活费用和生活保障。

综上，在执行程序中，人民法院可以依法查封、扣押、冻结被执行人的养老金和住房公积金，但应当为被执行人及其所抚养家属保留所必需的生活费用，该生活费用可以依照当地最低生活保障标准确定。

附参考案例：

1. 李某华、金某全民间借贷纠纷执行审查类执行裁定书[(2019)冀0984执异1号]

河间市人民法院(2018)冀0984民初1602号民事判决，判决李某华偿还金某全欠款20万元。诉讼中，法院依当事人申请于2018年4月12日作出民事裁定，

裁定冻结李某华名下的银行存款 21 万元或查封同等价值的财产。同日,立执行保全案件案号为(2018)冀 0984 执保 231 号。2018 年 4 月 22 日对李某华银行存款实施了冻结,实际冻结银行存款 6809.67 元(其中包含 60×××05 账户中 5521.29 元)。

2018 年 7 月 5 日,金某全向法院申请执行。2018 年 12 月 6 日作出(2018)冀 0984 执 1055 号执行裁定,裁定扣划李某华银行存款 20 万元。2018 年 12 月 10 日对李某华银行存款实施扣划,分别扣划银行存款 1253 元和 23 919 元。

李某华提出异议请求:请求法院将冻结的申请人的工资,在保留申请人及申请人扶养家属必需的生活费用后再予执行。法院依据(2018)冀 0984 民初 1602 号民事判决书及当事人的执行申请,冻结了申请人的养老金(账号:60×××05)2 万元及每月收入 2416 元。但申请人以下情况敬请法院依法予以考虑,并将涉及费用在执行过程中予以扣除。申请人患高血压十余年,患脑梗死 2 年,曾多次住院治疗。2018 年 3 月 26 日在天津环湖医院住院治疗,花费医疗费 8507.2 元。2018 年 9 月 18 日在河间市人民医院住院治疗,花费医疗费 15 754.8 元。即使不住院治疗,申请人因病花费药费每日 40 元,每月需药费 1200 元。另外申请人的妻子孙会平无劳动能力,无其他经济来源,需要依靠申请人扶养且患有冠心病等疾病,每月需药费 900 元。

基于以上事实,申请人申请法院将申请人的养老金在扣除必需的医疗费及我夫妻二人的生活费最低共计每月 3000 元后,再执行养老金账户的收入余额。

法院认为,被执行人应当积极履行生效法律文书确定的义务。对于不及时履行生效法律文书确定的义务的,法院可依法对被执行人财产采取查封、扣押、冻结等强制措施,但对被执行人的退休金、养老金作为被执行人的财产予以执行时应保留被执行人及其所扶养家属所必需的生活费用,当地有最低生活保障标准的,必需的生活费用依照该标准确定。本案中,李某华请求法院在执行其养老金账户时保留本人及其扶养人的必需的生活费用符合法律规定,但请求保留数额过高,异议请求部分成立,必需的生活费用标准依照河间市的最低生活保障标准确定。依照《民事诉讼法》(2017 年)第 225 条、最高人民法院《关于人民法院办理执行异议和复议案件若干问题的规定》第 17 条第 4 项的规定,裁定如下:李某华的异议请求部分成立。

2. 韩某国与念某俭划拨住房公积金执行裁定书[(2021)甘 1022 执 606 号之一]

法院在执行申请人韩某国与被执行人念某俭民间借贷纠纷一案中,被执行人念某俭在规定的期限内未能履行生效法律文书确定的义务,本院依法对被执行人念某俭的财产进行查询。经查,被执行人念某俭住房公积金账户上有可供执行财产。依照《民事诉讼法》(2017 年)第 242 条,最高人民法院《关于人民法院民事执行中查封、扣押、冻结财产的规定》第 28 条第 1 款,最高人民法院《关于适用〈中华人民共和国民事诉讼法〉的解释》第 487 条之规定,裁定如下:对被执行人念某俭住房公积金账户中的公积金 20 200 元予以划拨。

第86问　什么是轮候查封？有何法律效力？

问： 什么是轮候查封？有用吗？

答： 为了正确处理轮候查封效力相关问题，2022年4月14日，最高人民法院印发了《关于正确处理轮候查封效力相关问题的通知》，对相关事项予以明确。

相关要点如下：

1. 轮候查封具有确保轮候查封债权人能够取得首封债权人从查封物变价款受偿后剩余部分的作用。首封法院对查封物处置变现后，首封债权人受偿后变价款有剩余的，该剩余价款属于轮候查封物的替代物，轮候查封的效力应当及于该替代物，即对于查封物变价款中多于首封债权人应得数额部分有正式查封的效力。轮候查封债权人对该剩余价款有权主张相应权利。

2. 轮候查封对于首封处置法院有约束力。首封法院在所处置的查封物有轮候查封的情况下，对于查封物变价款清偿首封债权人后的剩余部分，不能径行返还被执行人，首封债权人和被执行人也无权自行或协商处理。首封法院有义务将相关处置情况告知变价款处置前已知的轮候查封法院，并将剩余变价款移交给轮候查封法院，由轮候查封法院依法处理；轮候查封法院案件尚在诉讼程序中的，应由首封处置法院予以留存，待审判确定后依法处理。

3. 首封处置法院在明知拍卖标的物有轮候查封的情况下，违反上述义务，径行将剩余变价款退还被执行人的，构成执行错误。

各级人民法院应严格遵照执行上述要求，遇有问题，须及时层报最高人民法院。

所谓轮候查封，是对其他人民法院已经查封的财产，执行法院依次按时间先后在登记机关进行登记，排队等候，首轮查封依法解除后，在先的轮候查封自动转化为正式查封的制度。

轮候查封的相关制度是由最高人民法院、原国土资源部、建设部《关于依法规范人民法院执行和国土资源房地产管理部门协助执行若干问题的通知》(法发〔2004〕5号)最早作出相关规定的。其第19条规定:“两个以上人民法院对同一宗土地使用权、房屋进行查封的,国土资源、房地产管理部门为首先送达协助执行通知书的人民法院办理查封登记手续后,对后来办理查封登记的人民法院作轮候登记,并书面告知该土地使用权、房屋已被其他人民法院查封的事实及查封的有关情况。”

2004年10月,最高人民法院《关于人民法院民事执行中查封、扣押、冻结财产的规定》(以下简称《查封规定》)重申并拓展了关于轮候查封的规定,在第28条规定:“对已被人民法院查封、扣押、冻结的财产,其他人民法院可以进行轮候查封、扣押、冻结。查封、扣押、冻结解除的,登记在先的轮候查封、扣押、冻结即自动生效。其他人民法院对已登记的财产进行轮候查封、扣押、冻结的,应当通知有关登记机关协助进行轮候登记,实施查封、扣押、冻结的人民法院应当允许其他人民法院查阅有关文书和记录。”

从上述规定来看,“轮候查封”在性质上不属于“查封”,它只有一种“预期”效力,轮候查封虽在实质上没有产生查封的法律效力,但不能认为轮候查封没有任何法律意义,如上述通知规定。

首先,首封法院在进行查封财产的司法处置的时候不需要征得其他轮候查封者的同意,由于其他轮候查封者的查封效力并没有实际产生,被处置的财产在过户时也不需要其他轮候查封人的解封为先决条件。

其次,当首封已经超过查封期间没有续封导致查封失效,或者当首封完成对查封财产的司法处置之后尚有剩余财产权益时,则在先的轮候查封自动转为第二次首封。

再次,对于有担保的财产,法院同样可以进行轮候查封。

《查封规定》(2020年)第11条规定:“查封、扣押、冻结担保物权人占有的担保财产,一般应当指定该担保物权人作为保管人;该财产由人民法院保管的,质权、留置权不因转移占有而消灭。”最高人民法院《关于人民法院执行工作若干问题的规定(试行)》第31条规定:“人民法院对被执行人所有的其他人享有的抵押权、质押权或留置权的财产,可以采取查封、扣押措施。财产拍卖、变卖后所得的价款,应当在抵押权人、质押权人或留置权人优先受偿后,其余额部分用于清偿申请执行人的债权。”对被执行人已经作为担保物的财产，人民法院同样可以查封、扣押，也可以拍卖、变卖，但是必须保障抵押权人的优先受偿权。在司法实践中，为切实保障抵押权人的利益，人民法院处置被执行人的担保财产时，应当通知抵押权人，并告知受让人转让物已经设定担保的情况。

最后，轮候查封对于首封处置法院具有一定的约束力，具体包括以下责任、义务：

1. 不能返还责任。首封法院在所处置的查封物有轮候查封的情况下，对于查封物变价款清偿首封债权人后的剩余部分，不能径行返还被执行人，首封债权人和被执行人也无权自行或协商处理。

2. 告知义务。首封法院有义务将相关处置情况告知变价款处置前已知的轮候查封法院，并将剩余变价款移交给轮候查封法院，由轮候查封法院依法处理。

3. 留存责任。轮候查封法院案件尚在诉讼程序中的，应由首封处置法院予以留存，待审判确定后依法处理。

如果首封处置法院在明知拍卖标的物有轮候查封的情况下，违反上述义务，径行将剩余变价款退还被执行人的，构成执行错误的，相应的法律后果如何？

根据相关法律规定，法律后果有二：

一是当事人可申请执行回转。《民事诉讼法》第 244 条规定，执行完毕后，据以执行的判决、裁定和其他法律文书确有错误，被人民法院撤销的，对已被执行的财产，人民法院应当作出裁定，责令取得财产的人返还；拒不返还的，强制执行。

二是当事人可申请国家赔偿。最高人民法院《关于审理涉执行司法赔偿案件适用法律若干问题的解释》第 2 条规定，“公民、法人和其他组织认为有下列错误执行行为造成损害申请赔偿的，人民法院应当依法受理：……（五）对其他人民法院已经依法采取保全或者执行措施的财产违法执行的；（六）对执行中查封、扣押、冻结的财产故意不履行或者怠于履行监管职责的”。

综上，轮候查封虽不是正式查封，但无论是对申请人自身利益保护还是首封处置法院都有一定的法律约束力，最高人民法院已明确其法律效力，债权人在通过司法救济维护自身合法权益时，不能因为是轮候查封就消极不作为，首封处置法院也要高度重视轮候查封，否则可能造成较为严重的执行错误。

第 87 问　什么是预查封?有何法律效力?

问:什么是预查封?效力如何?

答:一、预查封出自何处?

预查封,出自 2004 年 2 月 10 日最高人民法院、原国土资源部、建设部发布的《关于依法规范人民法院执行和国土资源房地产管理部门协助执行若干问题的通知》(法发〔2004〕5 号,以下简称《通知》),其中第 3 条规定:对人民法院查封或者预查封的土地使用权、房屋,国土资源、房地产管理部门应当及时办理查封或者预查封登记。国土资源、房地产管理部门在协助人民法院执行土地使用权、房屋时,不对生效法律文书和协助执行通知书进行实体审查。国土资源、房地产管理部门认为人民法院查封、预查封或者处理的土地、房屋权属错误的,可以向人民法院提出审查建议,但不应当停止办理协助执行事项。

2010 年 7 月 7 日最高人民法院、原国土资源部等部门联合发布的《关于建立和完善执行联动机制若干问题的意见》(法发〔2010〕15 号,以下简称《意见》)。其中第 12 条规定:住房和城乡建设管理部门应当协助人民法院及时查询有关房屋权属登记、变更、抵押等情况,协助人民法院及时办理房屋查封、预查封和轮候查封及转移登记手续,并将有关情况及时告知人民法院。被执行人正在办理房屋所有权转移登记等手续的,根据人民法院协助执行通知书的要求,停止办理相关手续。

二、什么是预查封?

所谓预查封,通常是指法院对被执行人尚未进行权属登记但将来可能会登记的房产实行的一种预先的限制性登记措施。预查封的法律后果:被执行人办理权属变更登记手续的,根据法院的协助执行通知书的要求,应停止办理相关手续。之所以创立预查封这样一项制度,是因为被执行人对未经登记的物权或者预期物权享有的仅仅是一种受限或者期待利益,是否能够成为完全的或者真正的权利主体，尚处于不确定的状态。另外，登记主管部门也往往以被执行人没有办理权属登记为由不予办理查封登记。所以，参照房地产买售过程中的预告登记制度，最高人民法院经与国土资源、房地产管理部门协商，设立了该项制度。

三、哪些土地使用权、房产可以进行预查封呢？

1. 关于土地适用权的预查封，《通知》第 13 条规定，被执行人全部缴纳土地使用权出让金但尚未办理土地使用权登记的，人民法院可以对该土地使用权进行预查封。

第 14 条规定，被执行人部分缴纳土地使用权出让金但尚未办理土地使用权登记的，对可以分割的土地使用权，按已缴付的土地使用权出让金，由国土资源管理部门确认被执行人的土地使用权，人民法院可以对确认后的土地使用权裁定预查封。对不可以分割的土地使用权，可以全部进行预查封。被执行人在规定的期限内仍未全部缴纳土地出让金的，在人民政府收回土地使用权的同时，应当将被执行人缴纳的按照有关规定应当退还的土地出让金交由人民法院处理，预查封自动解除。

2. 关于房屋的预查封，《通知》第 15 条规定如下："下列房屋虽未进行房屋所有权登记，人民法院也可以进行预查封：(一)作为被执行人的房地产开发企业，已办理了商品房预售许可证且尚未出售的房屋；(二)被执行人购买的已由房地产开发企业办理了房屋权属初始登记的房屋；(三)被执行人购买的办理了商品房预售合同登记备案手续或者商品房预告登记的房屋。"

3. 对被执行人因继承、判决或者强制执行取得，但尚未办理过户登记的土地使用权、房屋的查封，执行法院应当向国土资源、房地产管理部门提交被执行人取得财产所依据的继承证明、生效判决书或者执行裁定书及协助执行通知书，由国土资源、房地产管理部门办理过户登记手续后，办理查封登记。

四、预查封什么时候转为正式查封呢？

《通知》第 16 条规定，国土资源、房地产管理部门应当依据人民法院的协助执行通知书和所附的裁定书办理预查封登记。土地、房屋权属在预查封期间登记在被执行人名下的，预查封登记自动转为查封登记，预查封转为正式查封后，查封期限从预查封之日起开始计算。

五、预查封的期限是多久呢？

《通知》第 17 条规定，预查封的期限为 2 年。期限届满可以续封一次，续封时应当重新制作预查封裁定书和协助执行通知书,预查封的续封期限为1年。确有特殊情况需要再续封的,应当经过所属高级人民法院批准,且每次再续封的期限不得超过1年。

最高人民法院《关于适用〈中华人民共和国民事诉讼法〉的解释》第485条规定,人民法院冻结被执行人的银行存款的期限不得超过1年,查封、扣押动产的期限不得超过2年,查封不动产、冻结其他财产权的期限不得超过3年。申请执行人申请延长期限的,人民法院应当在查封、扣押、冻结期限届满前办理续行查封、扣押、冻结手续,续行期限不得超过前款规定的期限。

六、预查封的效力是什么呢?

《通知》第18条规定,预查封的效力等同于正式查封。预查封期限届满之日,人民法院未办理预查封续封手续的,预查封的效力消灭。

附典型案例:

江苏省南通市中级人民法院发布2021年度司法网拍十大典型案例之六:陈某与张某等执行案中,通州法院在执行申请执行人陈某申请执行被执行人张某、顾某买卖合同纠纷一案时,责令被执行人立即履行生效法律文书确定的义务,但被执行人至今均未主动履行。遂依法预查封了被执行人张某、顾某购买的位于南通市通州区某小区的房屋。

执行中,通州法院依法裁定拍卖、变卖被执行人张某、顾某购买的位于南通市通州区金沙镇的不动产。因上述不动产系期房,仅有买卖合同证明上述房屋归被执行人所有。

经调查,上述房屋仅办理了产权初始登记,被执行人未取得产权证书,亦未接收房屋,涉及相关税费亦未结清。除此之外,被执行人就上述房屋办理了按揭贷款,开发商提供了阶段性担保。

执行中的困难:因未办理产权证书,经法院处置完毕后,若将上述房屋登记在买受人名下需取得不动产分割单、全款发票、购房原始合同等关键文件,都需要开发商的协助。同时,因上述房屋办理了按揭贷款,开发商提出执行异议,认为上述房产所有权仍归其所有,请求停止执行。为快速有效执行,通州法院向各方当事人进行法律释明,取得开发商以及被执行人的配合,案涉房产最终高价成交。

第88问　债务追偿过程中如何选聘律师？

问： 债务追偿过程中如何选聘律师？

答： 担保机构一旦代偿，通过诉讼手段进行债务追偿往往是必要的、不得已的最后选择。在债务追偿过程中，是否需要选择律师、如何选择律师以及担保机构内部法务人员如何与律师协调配合、律师费用如何确定、律师工作如何评价等问题，不仅不容回避，也值得一番讨论。

一、为什么要聘请律师？

因为聘请律师必然涉及费用支出，对企业经营者来说，其总是尽可能地追求节省成本和增加收益。所以认为没有必要额外支出一笔律师费的也大有人在，况且在我国司法实践中，律师费很难得到法院判决支持由对方承担。但是，笔者认为，除非标的极小或者十拿九稳的案件，否则聘请律师还是十分必要的。理由至少有三：第一，企业内部法务以单位员工的身份出庭一般被允许，但法务由于长期在单位内部从事非诉审核工作，诉讼经验上不如专职律师；第二，律师可以发挥律所团队化和专业化优势，集中多名律师的智慧，讨论案件，可以找出对担保机构最佳的债务追偿方案；第三，律师对债务人或者反担保人的威慑力要大于企业法务。如果说单靠法务是依赖担保机构的内部力量，律师介入则是增加了担保机构的外部力量；只有内外形成合力，才能达到更好的追偿效果。

二、如何选聘律师？

要想律师起到重要作用，关键是选择一位好律师。这里的好律师，不是说名气大、职务高、头衔多就一定是好律师，而是在专业、能力、经验、人品、责任等方面都能胜任债务追偿工作的律师。担保业务不仅具有高风险性，还有很强的专业性，对业务不熟悉，出现理解偏差甚至闹出笑话、事故都不足为奇。如何选择律师呢？尽管现实中，熟人介绍型、拍脑袋决定型、关系就是关键型司空见惯，但这些都不是理性做法。实际工作中，选聘律师的方式通常有：(1)招投标方式。招标分为公开招标和邀请招标两种:前者为在报纸等媒体上事先公告,符合条件的律所投标,担保机构择优选聘律师的方式;后者为担保机构不事先公告,仅向数家入库的律师事务所发出投标邀请,然后在投标范围内择优选聘的方式。(2)推荐内定方式。单位内部员工或者外部人员推荐律师,担保机构按照内部重要事项决定程序对选聘律师作出决策,根据内部决定选聘律师。(3)裙带关系型。被选聘的律师往往是领导或者某个部门负责人的家人、亲戚、同学、朋友之类的,这种方式虽然最不合理却最为普遍,甚至连招投标程序中都难以避免。

三、法务与律师的协调配合

有了律师,是不是法务人员就作壁上观,无所事事、等待结果即可呢?显然不是。在处理法院、评估机构、拍卖机构等外部关系上,律师比法务人员更加轻车熟路,但在处理内部公章审批、材料准备、情况核实等内部关系上,法务显然更方便开展工作。因此,尽管聘请了律师,但律师的许多工作还是离不开法务人员的支持和配合的。例如,在前期准备上,可以一起讨论案情、准备诉讼材料、制定诉讼策略;在开庭审理中,法务可与律师一同出庭,便于查清案件事实和正确适用法律;在庭审解除后,双方可以商量补充代理意见,联系、督促各方加快工作进度。这里需要注意的是,法务和律师之间要相互尊重、相互协助、友好沟通,任何一方都千万不能瞧不起、不信任甚至诋毁对方。

四、律师费用的确定

通常由各地省级以上物价部门或者当地律师协会制定律师收费指导价格。之所以政府部门只能制定指导价格,是因为律师提供的法律服务虽然可以类型化,但由于个体、个案等巨大差异,律师需要付出的劳动和承担的风险各有不同,无法指定僵化的固定收费标准。既然是指导价,则相关收费标准并不具备强制适用力,不按照收费标准收取费用的,只要不违反法律法规和行业规定,也都是允许的。一般来说,确定收费标准有以下几项参考因素:诉讼标的大小、案件复杂程度、律师工作量、律师承担的职业风险、律师和律师事务所的服务质量和口碑、名气,等等。如果是委托常年法律顾问办理诉讼案件,通常法律顾问会按照其在顾问合同中作出的承诺,在指导收费标准的基础上给予一定的优惠。

五、律师工作评价

按照“黑猫—白猫”理论,只要实现追偿目标的就是好律师。关键因素是追偿工作所取得的实际效果，但律师的专业水准、敬业态度、责任心等也是重要衡量指标。要想对律师工作考核产生实际意义，可实行全部或者部分风险代理，也可在委托合同中约定分期支付律师费，其中部分或者全部律师费由委托人对律师进行工作考核后支付。如果能做到律师费收入与工作成效直接挂钩，律师工作的积极性和效率将可以提高许多，但也须注意有些不能实行风险代理的情形。担保机构对律师工作评价的好坏，不仅直接关涉上述后期费用，还关系律师今后能否获得与担保机构下次继续合作的机会。律师也应当充分把握住展示机会，办好案件，追求实效，并及时撰写工作总结或结案报告，主动配合担保机构评价，以便留下良好印象。

第89问　债务追偿过程中如何申请财产线索查找与财产保全?

问: 债务追偿过程中如何申请财产线索查找与财产保全?

答: 担保公司代偿后,担保机构要迅速保全财产,尽快启动司法程序,迫使债务人予以配合。财产保全由法院采取查封、扣押、冻结等方法。担保机构可以采取诉前财产保全措施,也可以采取诉讼财产保全措施。采取保全措施,可以防止债务人转移、隐匿、毁灭财产,保护担保机构的合法权益,维护法院判决的权威性,有利于保证法院生效判决的彻底执行。更重要的是,保全措施可以有效触动债务人的切身利益,切断债务人的现金流,迫使债务人主动配合担保机构。

根据我国《民事诉讼法》的相关规定,财产保全是指人民法院根据当事人的申请,对被申请人的财产或有争议的标的物采取查封、扣押、冻结等强制措施,使其处于人民法院的有效监控之下的司法行为。财产保全分为诉前财产保全和诉讼财产保全:诉前财产保全是指利害关系人因情况紧急,不立即申请财产保全将会使其合法权益受到难以弥补的损害的,在起诉前向人民法院申请采取财产保全措施;诉讼财产保全是指人民法院在诉讼过程中,为保证将来生效判决的顺利执行,依当事人一方的申请或者依职权对当事人财产或争议的标的物采取的保全措施。

由于查封、扣押或冻结被申请人财产的保全措施有可能影响被申请人正常的生产经营活动,并会导致一定的损失,为防止诉讼权利滥用和保护被申请人的合法利益,我国《民事诉讼法》规定,申请人申请有误的,申请人应赔偿被申请人因财产保全所造成的损失。因此,法律还规定,对于诉前财产保全,申请人应当提供担保,不提供担保的,人民法院应当驳回其申请;对于诉讼财产保全,人民法院可以责令申请人提供担保,责令提供担保而未能提供的,同样应当驳回其申请,除非诉讼财产保全是人民法院依职权采取的。

财产保全的目的在于防止被申请人在生效判决执行前转移财产、抽逃资金,拒绝履行判决确定的法律义务,如果不存在申请财产保全的以上前提,财产保全也就失去意义。因而,法律还规定,财产保全作出后,被申请人提供担保的,人民法院应当解除财产保全。

由于在保全阶段,法院一般不主动查找债务人财产,有关保全财产线索主要由当事人提供。因此,担保公司在申请法院采取财产保全措施之前,要穷尽各种手段查找债务人的财产线索,查找方法如下:

1. 查找金钱。主要是指查找借款人和保证人的银行存款、到期债权、股票、投资收益、股息和红利等收入。以查找银行存款为例,关键是查明债务人在银行的存款账户、账号。项目出了问题后,要想找到债务人的账户、账号,很不容易,我们曾尝试到中国人民银行查询,到工商、税务部门查询,到债务人交纳水、电、保险、邮电等费用的相关管理部门查询,做了很多调查工作。但在项目调研时,由债务人提供账户、账号,从债务人的会计账簿中查找账户、账号,是最简单便捷的办法。

2. 查找动产。主要是查找债务人的机动车辆、机器设备、办公设备、库存产品、原材料、船舶、航空器等。除由债务人提供说明、向知情人了解外,可以对经常停放在债务人处的车辆进行核查,或者到机动车辆管理部门查询,也可以到债务人的生产场所、施工现场查看机器设备、办公设备、库存产品和原材料,并审查有关固定资产账簿及原始凭证,还可以到航空器、船舶主管登记部门、工商局查询。

3. 查找不动产。主要是查找债务人使用的土地、房屋和林木等地上的定着物。除由债务人提供情况、向知情人了解外,可查阅债务人的固定资产账簿及有关权利证书,或到土地、房产、林业管理部门查询。

4. 查找股权。可以通过借款人当地市场监管部门或者国家市场监管总局全国企业信用信息公示系统①进行查询,最好是在保前调研阶段就要求借款企业提供工商信息单及企业章程等文件资料。

5. 查找其他财产。如登录商标局查询企业商标,登录专利局查询企业拥有的专利,还可以通过人民银行征信中心应收账款质押公示系统查询借款企业设立质押的应收账款,等等。

一些项目经理片面地以为,只要设定了抵押反担保,求偿权就有了保障。殊不知,抵押权并非完全可靠,抵押房屋的执行在最高人民法院《关于人民法院执行

---

① 网址:http://gsxt.saic.gov.cn/。

设定抵押的房屋的规定》(已失效)中受到明确的限制。法定优先权也足以让反担保抵押权相形见绌。如税收优先权,债务人欠税在先,抵押在后的,且抵押设定在2001年5月1日之后的,税款优先于抵押权受偿。这就要求担保机构作为抵押权人在经济往来中,及时了解纳税人的纳税情况,以保护自己的利益。至于设备抵押问题,常见到债务人提供了设备发票、买卖合同,在有关部门办理了抵押登记,但到拍卖抵押设备时,卖方主张债务人的设备款未付清,并不拥有设备的所有权。对于抵押物,为了防止被其他债权人查封造成执行处置被动,担保公司也应第一时间对抵押物进行保全,千万不能以为有了法定优先受偿权就可以不对抵押物进行保全。

另外,项目经理要意识到启动诉讼程序很繁杂。从查找财产线索,申请法院查封保全资产,提起诉讼,送达传票(拒收则需要公告送达),开庭审理(管辖权异议、申请回避),作出判决(不服则上诉),到最终申请执行,需要较长的历程。即使到了执行阶段,法院委托评估、委托拍卖,当事人可能提出执行异议,可能执行中止,要执行终结也非易事。

以下提供一个典型案例以供参考。

2018年8月10日,B担保公司与G公司签订了一份《委托保证合同》,B担保公司受G公司一委托,为G公司与Z银行(以下简称贷款行)签订的《贷款合同》项下贷款提供连带责任保证并与贷款行签订了保证合同,贷款行据此于2018年10月向G公司发放了合计人民币2000万元贷款。同时G公司法定代表人、G公司分别以房产及机器设备向B担保公司提供抵押反担保,与B担保公司分别签订了两份《抵押反担保合同》,并分别办理了抵押登记手续。

上述贷款到期后,因G公司严重违约,未按借款合同约定向贷款人偿还贷款本息;至2019年4月9日,共欠B担保公司承担保证责任的贷款行人民币本金1500万元,利息人民币189 741.46元。B担保公司于2019年9月10日向贷款行履行保证责任,依约代偿了贷款本息。B担保公司代偿后,以为上述房产加上机器设备,抵押物变现价值已超过代偿金额,以自己享有法定优先受偿权为理由,没有及时起诉并申请对抵押物进行查封保全。

不久,因G公司欠下许多债务,其中一家H小额贷款公司对G公司发放的一笔500万元的小额贷款逾期,H小额贷款公司对G公司提起诉讼并对上述向B担保公司提供的抵押物进行了查封,快速审结进入执行阶段。而已抵押给 B 担保公司的机器设备,被 G 公司采取售后回租的方式与某融资租赁公司开展融资租赁业务合作,融资租赁公司通过诉讼确认对机器设备享有所有权。为了节省诉讼成本,B 担保公司向执行法院提交了债权申报并优先受偿申请。在此过程中,H 小额贷款公司为争取自身利益,故意拖延执行,甚至对执行设置障碍,阻挠房产顺利拍卖。后 B 担保公司经过多次谈判协商,在机器设备方面作出一些利益让步的前提下,H 小额贷款公司才同意配合法院执行,所得价款优先向 B 担保公司清偿。

第90问 超过了申请执行的期间还能向法院申请强制执行吗?

问: **我司于2014年3月为客户向商业银行贷款提供担保,后客户逾期还款,我司代偿后向客户追偿,并获得法院生效判决支持。法院判决生效后,我司又以客户涉嫌诈骗为由向公安机关报案,经过追讨,先后收回两笔追偿款。**

2017年年底,我司清理积案时发现该案已过申请法院强制执行期间。2019年2月,我司追偿人员经过努力,让客户写了一份还款计划书,其中最后一笔于2020年12月31日之前还清。请问我司是向法院申请执行还是另行起诉客户,要求客户还款?

答: 首先,本案未必超过了申请执行的期间。

《民事诉讼法》第250条规定:"申请执行的期间为二年。申请执行时效的中止、中断,适用法律有关诉讼时效中止、中断的规定。前款规定的期间,从法律文书规定履行期间的最后一日起计算;法律文书规定分期履行的,从规定的每次履行期间的最后一日起计算;法律文书未规定履行期间的,从法律文书生效之日起计算。"

根据上述规定,虽然法律规定申请执行的期间为2年,但申请执行时效的中止、中断,适用法律有关诉讼时效中止、中断的规定。

诉讼时效的中断是指在诉讼时效期间进行中,因发生一定的法定事由,致使已经经过的时效期间统归无效,待时效中断的事由消除后,诉讼时效期间重新起算。诉讼时效的中断情形主要包括:(1)提起诉讼;(2)当事人一方提出要求;(3)当事人一方同意履行义务。

在本案中,在申请执行的期间内,贵公司有向公安机关报案,王某有履行部分还款义务,应该认定申请执行的期间发生了中断,最后中断的事由消除后,诉讼时效期间重新起算2年。因此,本案未必超过了申请执行的期间。

其次,即使本案超过了申请执行的期间,贵司仍可向法院申请强制执行。

最高人民法院《关于适用〈中华人民共和国民事诉讼法〉的解释》第481条规定:“申请执行人超过申请执行时效期间向人民法院申请强制执行的,人民法院应予受理。被执行人对申请执行时效期间提出异议,人民法院经审查异议成立的,裁定不予执行。被执行人履行全部或者部分义务后,又以不知道申请执行时效期间届满为由请求执行回转的,人民法院不予支持。”

根据该条规定,即使本案超过了申请执行的期间,贵司仍可向法院申请强制执行,人民法院应予受理。只有当被执行人对申请执行时效期间提出异议,人民法院经审查异议成立的,才能裁定不予执行。若王某以贵司超过申请执行时效期间为由提出异议,贵司可以主张申请执行的时效期间中断。

最后,贵司也可根据王某书写的还款计划向法院另行起诉。

根据贵司提供的资料,2019年2月,王某除了在贵司的催收回执函上签收外,还向贵司手写了一份还款计划,明确了还款的金额和日期。故贵司也可根据该协议向法院另行起诉,要求王某履行还款义务,但王某承诺的最后一笔还款还没有到期,尚不具备全部起诉条件。建议贵司今后可要求债务人在还款计划中加上一句:“若上述任何一笔欠款未能依约支付,则我司可以立即要求本人(公司)立即偿还全部欠款本息。”

第 91 问　被执行人名下唯一的一套住房可以执行吗?

问: 被执行人名下唯一的一套住房可以执行吗?

答: 债权人在申请法院在处置被执行人的房产时,经常会遇到被执行人以被执行房屋系被执行人及其所抚养家属生活所必需的房屋提出异议,主张法院不能处置其名下房产,这种情形在实践中司空见惯。

根据最高人民法院《关于人民法院民事执行中查封、扣押、冻结财产的规定》第 4 条的规定,对被执行人及其所扶养家属生活所必需的居住房屋,人民法院可以查封,但不得拍卖、变卖或者抵债。第 5 条规定,对于超过被执行人及其所扶养家属生活所必需的房屋和生活用品,人民法院根据申请执行人的申请,在保障被执行人及其所扶养家属最低生活标准所必需的居住房屋和普通生活必需品后,可予以执行。

2015 年 5 月 5 日最高人民法院颁布的《关于人民法院办理执行异议和复议案件若干问题的规定》第 20 条明确规定金钱债权执行中,符合下列情形之一,被执行人以执行标的系本人及所扶养家属维持生活必需的居住房屋为由提出异议的,人民法院不予支持:(1)对被执行人有扶养义务的人名下有其他能够维持生活必需的居住房屋的;(2)执行依据生效后,被执行人为逃避债务转让其名下其他房屋的;(3)申请执行人按照当地廉租住房保障面积标准为被执行人及所扶养家属提供居住房屋,或者同意参照当地房屋租赁市场平均租金标准从该房屋的变价款中扣除 5 ~ 8 年租金的。执行依据确定被执行人交付居住的房屋,自执行通知送达之日起,已经给予 3 个月的宽限期,被执行人以该房屋系本人及所扶养家属维持生活的必需品为由提出异议的,人民法院不予支持。

结合上述规定可见,在执行程序中,人民法院保障的是被执行人的居住权,而不是房屋的所有权。除了被执行人为逃避债务,恶意转移其名下多处房产外,如果申请执行人同意按照当地廉租房的保障面积标准,为被执行人及其抚养的家属提供一套住房,即"大房换小房,价高房换价低房",或者同意按照房屋所在地的租金标准,扣除5~8年的房租,也可以申请法院强制执行被执行人的唯一住房。

以下提供一个典型案例以供参考。

2018年5月,陈某向广州市K互联网小额贷款有限公司借款人民币304.5万元,借款期限3个月,H融资担保公司与陈某签订《融资担保委托合同》,约定H融资担保公司为该笔借款提供担保。

同时,H融资担保公司与陈某签订《抵押反担保合同》,约定H融资担保公司因担保合同而承担担保、赔偿等责任后,可向陈某追偿的范围包括但不限于:H融资担保公司因担保向融资机构承担担保、赔偿等责任所支付的全部款项;H融资担保公司因向陈某及其反担保人行使追偿权所支付的全部款项(包括但不限于诉讼费、保全费、执行费、公告费、律师费等),以上述款项为基数,按照年利率24%计算的资金占用费,计算期间为H融资担保公司支付相应金额之日起至H融资担保公司获得全部清偿之日止。陈某提供房产作为抵押反担保,抵押房产位于S市某区某某街道;担保责任范围:包括但不限于代偿款(H融资担保公司向融资机构承担担保、赔偿等责任所支付的全部款项)、资金占用费、违约金、履行保证金、损害赔偿金、担保费、保后管理费,以及因实现债权所支付的全部款项。陈某还委托谢某向H融资担保公司转款保证金145 000元。

2018年9月,因上述借款逾期未能偿还,H融资担保公司代陈某向K小贷公司代偿本金、支付利息。保证金抵扣利息后,陈某尚欠H融资担保公司代偿款2 987 791.96元。2019年5月23日,H融资担保公司向S市法院提起追偿权纠纷之诉。提出诉讼请求如下:(1)判令陈某向H融资担保公司偿还代偿款2 987 791.96元;(2)判令陈某向H融资担保公司支付利息235 749.06元(按照年利率24%,从2018年11月21日起暂计至2019年3月21日,实际计算至本息全部清偿之日止);(3)H融资担保公司就陈某名下的抵押房产享有优先受偿权;(4)本案诉讼费用由陈某承担。

2019年11月,一审法院判决支持了H融资担保公司的全部诉讼请求,陈某没有提起上诉。因陈某未履行生效判决,H融资担保公司向法院申请执行立案。2020年5月8日,经过代理律师多次沟通,法院依法查封了陈某名下抵押房产,并张贴《公告》。2020年5月,法院出具了《房产市价查询结果通知书》,查询抵押房产的市场总价为2 554 122.3元,并裁定拍卖、变卖陈某名下抵押房产所得款项用于清偿债务。2020年5月,法院出具《拍卖通知书》,抵押房产于2020年6月在网络司法平台拍卖。

抵押房产拍卖过程中,陈某向法院提出抵押房产系其名下唯一一套住房,要求停止拍卖或者给其本人及家人预留必要的生活费用。抵押房产很快拍卖成交,2020年8月,法院为陈某及其家人预留约30万元生活费用后,将剩余的款项全部划给了H融资担保公司。

2018年5月,陈某向H担保公司出具非唯一住房声明,称本案抵押房产并非被申请人唯一住房,另有房产可供被申请人及其家属居住使用。被申请人的另一房产位于深圳市罗湖区,并提供了房产证复印件。但在执行过程中,陈某名下仅剩一套住房,显然系逃避债务转让其名下其他房屋。虽然代理律师提出,根据最高人民法院《关于人民法院办理执行异议和复议案件若干问题的规定》第20条第1款的规定,被申请人为逃避债务,恶意转让其名下房产,被申请人提出的抵押房产系其及所扶养家属维持生活必需的居住房屋的主张不应支持,但法院还是从执行款中为其扣除了数年的房租。这充分说明,对于"老赖"而言,一切承诺都靠不住,而恶意转让难以举证,实践中虽然明知被执行人转移房产逃避债务,也是无可奈何。

就该案件而言,笔者总结了以下经验启示。

第一,要求抵押人出具声明承诺。就担保公司等债权人而言,不仅要事先做好调查,核实抵押房产是否为抵押人名下唯一住房,还应要求债务人提供多种担保措施,尽量以不动产为主,以其他反担保方式为补充,易于触动受保人核心利益原则,并办理反担保抵押登记。在抵押人出具的非唯一住房声明中,不仅要求抵押人明确抵押房产非其所有唯一的住房,还应明确承诺不得以抵押房产系其及所扶养家属维持生活必需的居住房屋为理由提出任何异议。即便如此,综上所述,也未必能防范全部风险,但聊胜于无。

第二,起草好合同约定。如在抵押合同中约定抵押人对其所有的财产进行转让、出租、设立居住权等行为必须事先征得抵押权人书面同意,并就此承诺收取一定的保证金或者约定一定金额的违约金。一旦发现抵押人违反约定,抵押权人可以追究其违约责任。

第三，加大贷(保)后检查。保后检查应做到“四化”：经常化、制度化、流程化、标准化，担保公司业务人员不定期进行保后检查，每月不少于一次。做到“五有”：有经营状况报告，有财务数据分析，有还款能力评价，有风险排查记录，有风险应急预案。一旦发现债务人或者担保人有转移资产、逃废债务迹象，应立即向公司报告，采取必要措施。

第92问　企业可以作为民间借贷的出借人吗?

问: 企业可以作为民间借贷的出借人吗?

答: 企业可以有条件地成为民间借贷的出借人。最高人民法院《关于审理民间借贷案件适用法律若干问题的规定》(自2015年9月1日起施行,2020年第二次修正,以下简称《民间借贷规定》)实施之前,企业不能作为民间借贷中的出借人,以企业作为出借人主体的借贷合同一般会被认定为无效。为应对时代的呼唤和经济发展需要,该司法解释对民间借贷的界定做了更新,即其"是指自然人、法人、其他组织之间及其相互之间进行资金融通的行为"。第10条规定,"法人之间、非法人组织之间以及它们相互之间为生产、经营需要订立的民间借贷合同,除存在民法典第一百四十六条、第一百五十三条、第一百五十四条以及本规定第十三条规定的情形外,当事人主张民间借贷合同有效的,人民法院应予支持"。但《民间借贷规定》第13条的规定就值得注意了,该条主要规定如下:"具有下列情形之一,人民法院应当认定民间借贷合同无效:(一)套取金融机构贷款转贷的;(二)以向其他营利法人借贷、向本单位职工集资,或者以向公众非法吸收存款等方式取得的资金转贷的;(三)未依法取得放贷资格的出借人,以营利为目的向社会不特定对象提供借款的;(四)出借人事先知道或者应当知道借款人借款用于违法犯罪活动仍然提供借款的;(五)违反法律、行政法规强制性规定的;(六)违背公序良俗的。"

根据上述规定,企业作为出借人的借贷合同,有效前提包括:第一,借款用途为生产、经营需要;第二,不存在《民法典》第146条、第153条、第154条,《民间借贷规定》第13条规定的情形;第三,不得从事经常性放贷业务或者非法经营活动。

对于修订规定的理由,最高人民法院审判委员会专职委员杜万华法官曾在答记者问中提到,一方面,"时移则法易"。对于企业之间的民间借贷应当给予有条件的认可。另一方面,解禁并非完全放开,"正常的企业间借贷一般是为解决资金困难或生产急需偶然为之，但不能以此为常态、常业。作为生产经营型企业，如果以经常放贷为主要业务，或者以此作为其主要收入来源，则有可能导致该企业的性质发生变异，质变为未经金融监管部门批准从事专门放贷业务的金融机构。生产经营型企业从事经常性放贷业务，必然严重扰乱金融秩序，造成金融监管紊乱。这种行为客观上损害了社会公共利益，必须从效力上作出否定性评价”。

当然，仅做上述解释对有些朋友来说可能还是难以说服的。因为按上述司法解释，企业完全可以将自有资金用于向其他企业出借，只要借款用途是用于生产、经营需要即可。但是只要查阅其他行政法规，就不难发现，企业头上的“紧箍”尚在。这就是国务院颁布的《非法金融机构和非法金融业务活动取缔办法》《防范和处置非法集资条例》。《非法金融机构和非法金融业务活动取缔办法》最早发布于1998年，经2011年国务院《关于废止和修改部分行政法规的决定》部分修订，现被《防范和处置非法集资条例》废止。未经依法许可或者违反国家金融管理规定，擅自从事发放贷款、支付结算、票据贴现等金融业务活动的，由国务院金融管理部门或者地方金融管理部门按照监督管理职责分工进行处置。法律、行政法规对其他非法金融业务活动的防范和处置没有明确规定的，参照该条例的有关规定执行。其他非法金融业务活动的具体类型由国务院金融管理部门确定。

也许还有人心存侥幸：严重后果不就是罚款、没收违法所得吗？抛开非法吸收公众存款罪、集资诈骗罪等非法集资罪名不谈，还真别忘了我国《刑法》中的一个口袋罪——“非法经营罪”。所谓非法经营罪，是指未经许可经营专营、专卖物品或其他限制买卖的物品，买卖进出口许可证、进出口原产地证明以及其他法律、行政法规规定的经营许可证或者批准文件，以及从事其他非法经营活动，扰乱市场秩序，情节严重的行为。对于该罪名，除了《刑法》，还有相当多的司法解释进行规定。根据原银监会发布的《金融许可证管理办法》，金融许可证适用于原银监会监管的、经批准经营金融业务的金融机构，金融许可证的颁发、更换、吊销等由原银监会依法行使，其他任何单位和个人不得行使上述职权。因此，即使以自有资金违法放贷，不仅可能承担行政处罚责任，还有可能承担非法经营的刑事责任。

2019年7月23日，最高人民法院、最高人民检察院、公安部、司法部《印发〈关于办理非法放贷刑事案件若干问题的意见〉的通知》，明确规定，违反国家规定，未经监管部门批准，或者超越经营范围，以营利为目的，经常性地向社会不特定对象发放贷款,扰乱金融市场秩序,情节严重的,依照《刑法》第 225 条第 4 项的规定,以非法经营罪定罪处罚。该通知还对于什么是"经常性地向社会不特定对象发放贷款""情节严重""情节特别严重"等予以明确。该通知中的出借人,明确包括单位和个人。

按照上述通知,以超过 36% 的实际年利率,违反国家规定,未经监管部门批准,或者超越经营范围,以营利为目的,经常性地向社会不特定对象发放贷款,扰乱金融市场秩序,情节严重的,依照《刑法》第 225 条第 4 项的规定,以非法经营罪定罪处罚。

"经常性地向社会不特定对象发放贷款",是指 2 年内向不特定多人(包括单位和个人)以借款或其他名义出借资金 10 次以上。

具有下列情形之一的,属于《刑法》第 225 条规定的"情节严重",但单次非法放贷行为实际年利率未超过 36% 的,定罪量刑时不得计入:(1)个人非法放贷数额累计在 200 万元以上的,单位非法放贷数额累计在 1000 万元以上的;(2)个人违法所得数额累计在 80 万元以上的,单位违法所得数额累计在 400 万元以上的;(3)个人非法放贷对象累计在 50 人以上的,单位非法放贷对象累计在 150 人以上的;(4)造成借款人或者其近亲属自杀、死亡或者精神失常等严重后果的。

具有下列情形之一的,属于《刑法》第 225 条规定的"情节特别严重":(1)个人非法放贷数额累计在 1000 万元以上的,单位非法放贷数额累计在 5000 万元以上的;(2)个人违法所得数额累计在 400 万元以上的,单位违法所得数额累计在 2000 万元以上的;(3)个人非法放贷对象累计在 250 人以上的,单位非法放贷对象累计在 750 人以上的;(4)造成多名借款人或者其近亲属自杀、死亡或者精神失常等特别严重后果的。

第 93 问　经常性放贷存在何种法律风险？

问：自然人经常性对外放贷，是否有触犯我国相关法律法规规定的可能？

答：所谓经常性放贷，是指同一自然人或者公司、其他组织以营利为目的经常、反复地向多数人发放借款，并收取利息或者相关费用的行为。最近，笔者在从业过程中，经常遇到“经常性放贷的借款合同是否无效？”等有关问题的咨询，以下笔者将结合近期的有关规定和法律实践进行分析。

根据《民法典》第 679 条的规定，自然人之间的借款合同，自贷款人提供借款时成立。最高人民法院《关于审理民间借贷案件适用法律若干问题的规定》（以下简称《民间借贷解释》）第 1 条第 1 款规定，该规定所称的民间借贷，是指自然人、法人、其他组织之间及其相互之间进行资金融通的行为。上述规定肯定了民间借贷的法律地位，但不代表民间借贷并无任何法律限制。下文将对相关法律风险进行梳理。

1. 涉嫌“套路贷”的法律风险。

基于近年来社会上不断出现披着民间借贷外衣，通过“虚增债务”“伪造证据”“恶意制造违约”“收取高额费用”等方式非法侵占财物的“套路贷”诈骗等新型犯罪，严重侵害了人民群众的合法权益，扰乱了金融市场秩序，影响社会和谐稳定，2018 年 4 月 16 日，银保监会等四部门发布《关于规范民间借贷行为维护经济金融秩序有关事项的通知》（银保监发〔2018〕10 号，以下简称 10 号文）。其中第 3 条规定，未经有权机关依法批准，任何单位和个人不得设立从事或者主要从事发放贷款业务的机构或以发放贷款为日常业务活动。民间借贷中，出借人的资金必须是其合法收入的自有资金，禁止吸收或变相吸收他人资金用于借贷。民间借贷发生纠纷，应当按照《民间借贷解释》处理。

同年 8 月 1 日，最高人民法院发布《关于依法妥善审理民间借贷案件的通知》（法〔2018〕215 号，以下简称 215 号通知），表明人民法院在审理民间借贷纠纷案件时要严格区分民间借贷行为与诈骗等犯罪行为,切实提高对"套路贷"诈骗等犯罪行为的警觉。民间借贷行为本身涉及违法犯罪的,应当裁定驳回起诉,并将涉嫌犯罪的线索、材料移送公安机关或检察机关,切实防范犯罪分子将非法行为合法化,利用民事判决堂而皇之侵占被害人财产。刑事判决认定出借人构成"套路贷"诈骗等犯罪的,人民法院对已按普通民间借贷纠纷作出的生效判决,应当及时通过审判监督程序予以纠正。"套路贷"假借民间借贷之名,通过"虚增债务""制造资金走账流水""肆意认定违约""转单平账""虚假诉讼"等手段,达到非法占有他人财产的目的,属于以合法形式掩盖非法目的或者违反社会公共利益,相关借款合同应为全部或者部分无效。

2. 经常性放贷导致借款合同无效的法律风险。

那么并不涉嫌"套路贷"的经常放贷是否会导致借款合同无效呢?

首先,根据《民间借贷解释》第12条的规定,即涉嫌犯罪的借贷行为并不当然导致借款合同无效,《民法典》第144条、第146条、第153条、第154条以及该解释第13条之规定判断。值得注意的是,即便并不当然导致无效,然而上述最高人民法院215号通知也表明了法院的做法,即会对案件裁定驳回起诉,并将涉嫌犯罪的线索、材料移送公安机关或检察机关。

其次,根据《民法典》第153条第1款关于"违反法律、行政法规的强制性规定的民事法律行为无效。但是,该强制性规定不导致该民事法律行为无效的除外"的规定。上述银保监会10号文明显不属于法律、行政法规,但《银行业监督管理法》第19条作出类似规定,"未经国务院银行业监督管理机构批准,任何单位和个人不得设立银行业金融机构或者从事银行业金融机构的业务活动"。对于《银行业监督管理办法》第19条是否为效力性强制性规定的问题,在大连高金投资有限公司、中国工商银行股份有限公司大连星海支行企业借贷纠纷、金融借款合同纠纷二审民事判决书[(2017)最高法民终647号]中,最高人民法院认为,"该强制性规定直接关系国家金融管理秩序和社会资金安全,事关社会公共利益,属于效力性强制性规定"。

最后,对于"从事银行业金融机构的业务活动"应如何判定?最高人民法院在上述647号判决中也提到,通过向社会不特定对象提供资金以赚取高额利息,出借行为具有反复性、经常性,借款目的也具有营业性,未经批准,擅自从事经常性的贷款业务，属于从事非法金融业务活动。在2018年阳春市人民法院审理的一起民间借贷案件中，法院认为原告不具备发放贷款的相关业务，依法不应当从事发放贷款的行为，原告在(2018)粤1781民初3104号案件中自认还向其他人出借借款，起诉至法院的案件多达20宗，而且有部分是经朋友介绍向原告借款的，即原告发放贷款的对象不特定，根据最高人民法院《关于适用〈中华人民共和国合同法〉若干问题的解释(一)》(已失效)第10条"当事人超越经营范围订立合同，人民法院不因此认定合同无效。但违反国家限制经营、特许经营以及法律、行政法规禁止经营规定的除外"的规定，应依法认定原告与被告签订的借条无效。因此，判定的标准可以从实践中主要是看1年内借贷次数、出借人与借款人之间的关系、利息约定是否过高等因素，法官享有较大的自由裁量权。

民间金融为我国金融体系的重要组成部分，对于缓解中小企业融资难，支持民营企业发展有着正规金融不能替代的作用。但金融行业很特殊，大量的实践和案例表明，民间金融也应纳入资质管理和金融监管体系。

因此，在国家监管的层面，笔者建议尽快出台《放贷人条例》，将职业放贷人纳入资质管理，规定职业放贷人的准入条件、审批程序、行为规范、退出机制和违规处罚等条款，同时将小额贷款公司监管规定也一并纳入，打破金融垄断。

在社会管理层面，建议成立放贷人协会，通过协会章程和有关行业规范加强行业自律，有关政府部门还可依法将部分行政职权委托给协会行使，协会在加强行业规范、提升专业水平、促进行业发展等方面的作用不可小觑。

在民间金融从业者的层面，应坦然面对金融严管趋势，积极配合外部监管，根据自身情况尽快采取相关对策，具体例如：

第一，申请获得相关金融从业资质，如在现有法律环境下，申请设立中小型银行、小额贷款公司、融资担保公司、融资租赁公司、商业保理公司等，并按照相关规定规范业务行为。

第二，通过股权转让、增资扩股等方式参股或者控股上述有资质的(类)金融公司，通过资本金注入、股东借款、关联合作等方式开展金融业务。

第三，与上述有资质的(类)金融公司签署合作协议，通过委托贷款、委托投资、业务合作等方式合作开展业务。

第四，改变业务类型，发挥客户资源、资金信息等优势，将民间借贷业务主业调整为居间服务,通过为借款提供居间服务收取服务费用。

第五,依法合规经营,增强法律风险意识。综上所述,和正规金融机构一样,民间金融活动同样也必须严格遵守国家法律法规的有关规定,遵循自愿互助、诚实信用原则。比如,民间借贷中,出借人的资金必须是其合法收入的自有资金,禁止吸收或变相吸收他人资金用于借贷、过高利息不受法律保护等。

综上所述,在我国金融监管政策逐步趋严,对于各类金融活动的监管更为重视,牌照等准入门槛的收紧,以及对违法金融活动的打击加强的背景下,经常性放贷行为存在较大的法律风险,不可不防。

第六篇　综合篇

第94问 《民法典》对融资租赁行业有什么影响?

问: **我司是一家融资租赁公司,请问《民法典》实施以后,对我司业务有什么影响?**

答: 《民法典》对融资租赁企业产生的影响主要体现在以下几个方面:

一、明确融资租赁合同具有担保功能

《民法典》颁布之前,融资租赁合同规定在原《合同法》的第十四章,通常被理解为“具有融资性质的一类有名合同”。除此之外,法律上并未说明融资租赁合同具有其他功能。

《关于〈中华人民共和国民法典(草案)〉说明》中提及:“扩大担保合同的范围,明确融资租赁、保理、所有权保留等非典型担保合同的担保功能。增加规定担保合同包括抵押合同、质押合同和其他具有担保功能的合同(草案第三百八十八条第一款)。”《民法典》第388条规定:“设立担保物权,应当依照本法和其他法律的规定订立担保合同。担保合同包括抵押合同、质押合同和其他具有担保功能的合同。”最高人民法院《关于适用〈中华人民共和国民法典〉有关担保制度的解释》(以下简称《〈民法典〉有关担保制度的解释》)第1条规定:“因抵押、质押、留置、保证等担保发生的纠纷,适用本解释。所有权保留买卖、融资租赁、保理等涉及担保功能发生的纠纷,适用本解释的有关规定。”若对担保制度作统一体系解释,这里所指的“其他具有担保功能的合同”应当包含“融资租赁合同”。融资租赁合同将准用担保物权的相关规则。

对比原《合同法》和现行《民法典》对融资租赁的规定,《民法典》作了较大的调整。《民法典》和《〈民法典〉有关担保制度的解释》明确了非典型担保合同的类型(包括所有权保留买卖、融资租赁、保理等),并规定这些非典型担保合同在“涉及担保功能”时适用《〈民法典〉有关担保制度的解释》的有关规定。《民法典》关于融资租赁的规定,采用形式主义和功能主义相结合的立法模式,形式上保留了出租人对租赁物所有权的规定,从功能性上看,认为租赁物所有权对出租人起担保作用。

从法律适用规则的优先级来看,《民法典》中的融资租赁专章规定优先于其他分章规定。融资租赁具有担保功能的所有权本身没有完全排除传统所有权的功能和属性,与其他担保物权有别。《民法典》虽然将融资租赁纳入了新的担保物权体系,但并不意味着融资租赁的基础逻辑和规则被消灭,融资租赁的本质特征"融资+融物"并未发生根本变化。

二、明确融资租赁的登记对抗效力

融资租赁合同的担保功能仅能约束合同当事人,除非经过登记。《民法典》第745条规定:"出租人对租赁物享有的所有权,未经登记,不得对抗善意第三人。"该条明确赋予了融资租赁的租赁物所有权登记法律效力,是对善意取得制度的一种制度性弥补,这对于融资租赁行业具有重要意义。首先,这类登记具有类似物权公示的作用,用以表明出租人所有权。其次,登记制度起到了保护善意的交易第三方的作用,交易第三方可以通过查询相关登记,了解租赁物的状态,避免未来就该租赁物产生权属方面的争议。最后,如果租赁物产生权属纠纷,租赁物的登记情况有利于法院查明案件事实和承租关系确立的时间点,进一步防止当事人存在伪造合同等情况。

同时,在国务院《关于实施动产和权利担保统一登记的决定》中,纳入动产和权利担保统一登记范围的担保类型第4条明确包括了融资租赁。将融资租赁纳入担保进行登记,解决租赁物所有权登记和公示的问题,优化了融资租赁的营商环境,可以保护出租人的物权,解决了善意第三人制度对融资租赁带来的伤害,赋予融资租赁权利人更顺畅的司法救济通道。因此及时做融资租赁登记十分必要。

三、新增虚构租赁物订立的融资租赁合同无效的规定

根据《民法典》第737条的规定,"当事人以虚构租赁物方式订立的融资租赁合同无效。"该条文进一步凸显了"租赁物真实"对于融资租赁合同效力的重要性,旨在解决"融资""融物"发展不平衡的问题,强制要求融资租赁企业做"真"融资租赁业务。

根据上述规定,司法实践中,针对售后回租模式的融资租赁,若出租人仅提供《融资租赁合同》及《租赁物清单》作为证据,未提供其他相关证据(如原供货合同、发票或其他权属证明文件等)进行佐证,将无法证明租赁物清单上的租赁物真实存在。法院通常会认定这样的合同“只有融资之实,而无融物之质”,属于以融资租赁的表象掩盖借贷实质的民间借贷合同。按照原来最高人民法院《关于审理融资租赁合同纠纷案件适用法律问题的解释》(2014 年)第 1 条的规定,“虚构租赁物的”人民法院按照实际构成的法律关系来处理。但现在按照《民法典》第 737 条的规定,“虚构租赁物的”则将直接认定融资租赁合同无效。

如何认定“虚构租赁物”以及被认定为“虚构租赁物”的法律后果还需要通过法院的审判实践及相关司法解释尚有待进一步明确。需要注意的是,出租人作为专业的融资租赁企业,其是否对租赁物的真实性尽到了必要注意义务,将会影响法院对合同性质的判断。

四、新增租赁期满承租人支付象征性价款的法律后果

《民法典》第 759 条新增规定:“当事人约定租赁期限届满,承租人仅需向出租人支付象征性价款的,视为约定的租金义务履行完毕后租赁物的所有权归承租人。”该条规定细化了租赁期限届满租赁物归属地认定规则。即对于融资租赁业务实践中常见的“名义价格留购”的情形,本条款明确该约定视为约定租赁期满租赁物所有权归承租人,赋予承租人留购价款类似于形成权的权能,一旦承租人行使,出租人无权拒绝,租赁物所有权当然转移。

针对前述影响,贵司可以从以下四个方面积极应对:

1. 加强对租赁物真实性和适格性的审查。

实践中,有承租人通过虚构采购合同的方式向融资租赁企业骗取资金。融资租赁企业通常作为主张融资租赁法律关系成立的一方,需对租赁物的真实性承担举证责任。《民法典》第 737 条直接规定“当事人以虚构租赁物方式订立的融资租赁合同无效”,进一步强调出租人对租赁物真实性核查的注意义务。若融资租赁企业怠于核查租赁物的真实性,则可能面临合同无效的风险。

同时,最高人民法院《关于审理融资租赁合同纠纷案件适用法律问题的解释》第 1 条、《融资租赁企业监督管理暂行办法》等规定也要求融资租赁公司加强审查租赁物的适格性,即融资租赁是基于租赁物的融资,本应当具有融资和融物双重属性,如租赁物为虚构或不适格而非真实存在,则不构成融资租赁关系。

融资租赁企业在尽职调查时,需重点核实租赁物是否真实存在且特定化,重点搜集并固定以下证据：

(1)应当综合审查采购合同、租赁物清单、支付凭据、发票等关键要素。注意核对合同项下物品的真实性，支付凭证和发票等能否与合同列明信息一一对应。租赁物清单应明确、具体、特定。核查发票必须注意日期、数量、产品名称，同时要注意核对发票的真实性和完整性。融资租赁企业应在放款前的尽调中，要求承租人提供租赁物购买合同、发票、入库单、签收单、设备具体型号、编号等材料的原件并留存加盖公章复印件。

(2)注重对租赁物进行实地查访的环节，对租赁物要进行现场取证的留档工作。留档过程中应在租赁物所有权或型号等标识之处进行重点记录，并对拍摄的时间及地点作出明确的标注。此外，也可通过为租赁物办理保险的方式证明租赁物真实存在，因为保险公司出具保单过程中往往会对租赁物进行现场调查，故投保材料与一般证明材料结合能够有效证明租赁物的真实性。

(3)查询所有权登记或动产融资统一登记系统的登记信息。融资租赁企业应当要求登记人尽可能将登记信息完备化，并与合同、实物核对一致。此外，融资租赁业务的开展过程中存在前期调查、租赁物确定、实际放款、后续管理等多项程序，且融资租赁企业内部也有相应的审批流程，因此初次尽调与签约或实际发放融资款之间存在较长的时间间隔。在实际发放融资款项前，建议对融资租赁物的实际情况以及中登网登记情况再次进行确认，防止上述期间内，融资租赁物的权属发生变更导致权利落空。

(4)使租赁物特定化。发放融资款项后，租赁物应在显著位置做出标识以使租赁物特定化，包括张贴标签、钢印、对应发票盖章等，加强租赁物管理，定期检查租赁物。

2. 加强融资租赁相关合同的有效性审查。

《民法典》实施后，融资租赁企业应当更加严格审查融资租赁相关合同，使合同在实体上和程序上符合法律规定。一方面，融资租赁相关合同应符合《民法典》中合同编、物权编等相关法律法规关于合同有效性的规定，避免融资租赁合同因违反法律、行政法规的强制性规定而导致合同无效。另一方面，融资租赁企业应注意融资租赁相关合同应符合程序性要求。首先，融资租赁合同涉及担保功能的，其合法性审查需“参照适用相关典型担保的程序性规定”，即出租人需核查承租人的租赁行为是否履行了的适当的内部决议（公司决议文件）、外部登记及公示等法定程序。其次，融资租赁合同项下的相关担保合同，融资租赁企业应当审查该笔担保是否已经履行了完备的决策程序。

3. 及时办理融资租赁物的公示登记。

《民法典》第 745 条规定，“出租人对租赁物享有的所有权，未经登记，不得对抗善意第三人”。若出租人对租赁物的担保权准用担保制度的相应规则，那么未经登记或登记在后，将丧失担保物权的顺序利益，需要注意若进行登记公示，租赁物必须有明确且具体的登记。

目前融资租赁可在两个登记系统进行登记：一是动产融资统一登记公示系统（中登网）的融资租赁业务登记，二是融资租赁物（不动产、特殊动产）的所有权登记。融资租赁企业应当将每笔融资租赁业务在中登网上进行租赁登记，并采取租赁物标识、授权抵押登记等措施进行详细公示登记。同时，融资租赁企业应根据每笔融资租赁交易所涉及的担保物及担保方式的不同，在相应的部门办理相关登记手续。采用多重登记手段来尽可能地确保租赁物得到有效登记，起到公示效果，切实保障出租人对租赁物的相关权益不受侵害，对抗其他第三人。

4. 主动做好法律纠纷风控管理。

与融资租赁行业十余年快速发展相伴的是融资租赁合同纠纷数量的增加。然而在实践中，诉讼判决执行难、回款难所带来的困扰不仅影响了融资租赁企业资金的流通，还造成企业的运转出现问题，形成大量不良资产。笔者在中国庭审公开网检索发现，融资租赁合同纠纷事由多集中在承租人逾期未交付租金。

针对这一问题，《民法典》第 752 条详细规定：“承租人应当按照约定支付租金。承租人经催告后在合理期限内仍不支付租金的，出租人可以请求支付全部租金；也可以解除合同，收回租赁物。”

此外，融资租赁企业需要积极做出变化，严格制定合同条款，通过合同的特别约定来有效地保障权利实现，并规范租后管理，熟悉常见的融资租赁纠纷类型，提前做好法律纠纷风控管理，尽量规避融资租赁合同所导致的法律纠纷。

第95问 《民法典》对保理业务有什么影响?

问:《民法典》新增了保理的有关规定,请问对我司保理业务的影响有哪些?

答: 保理(Factoring),全称保付代理,又称托收保付,是指卖方将其现在或将来的基于其与买方订立的货物销售/服务合同所产生的应收账款转让给保理商(提供保理服务的金融机构),由保理商向其提供资金融通、买方资信评估、销售账户管理、信用风险担保、账款催收等一系列服务的综合金融服务方式。按照2014年由原中国银行业监督管理委员会公布的《商业银行保理业务管理暂行办法》,债权人将其应收账款转让给商业银行,由商业银行向其提供下列服务中至少一项的,即为保理业务:(1)应收账款催收:商业银行根据应收账款账期,主动或应债权人要求,采取电话、函件、上门等方式或运用法律手段等对债务人进行催收。(2)应收账款管理:商业银行根据债权人的要求,定期或不定期向其提供关于应收账款的回收情况、逾期账款情况、对账单等财务和统计报表,协助其进行应收账款管理。(3)坏账担保:商业银行与债权人签订保理协议后,为债务人核定信用额度,并在核准额度内,对债权人无商业纠纷的应收账款,提供约定的付款担保。(4)保理融资:以应收账款合法、有效转让为前提的银行融资服务。需要注意的是,以应收账款为质押的贷款,不属于保理业务范围。

此外,根据保理商是否对供应商享有追偿权可以将保理分为有追索权的保理和无追索权的保理。有追索权的保理,是指供应商将应收账款的债权转让银行(保理商),供应商在得到款项之后,如果购货商拒绝付款或无力付款,保理商有权向供应商进行追索,要求偿还预付的货币资金。银行等金融机构出于谨慎性原则考虑,为了减少日后可能发生的损失,通常情况下会为客户提供有追索权的保理。无追索权的保理是由保理商独自承担购货商拒绝付款或无力付款的风险。供应商在与保理商开展了保理业务之后就等于将全部的风险转嫁给了银行。这类业务因为风险过大,银行等金融机构一般不予接受。

从《民法典》及最高人民法院《关于适用〈中华人民共和国民法典〉有关担保制度的解释》第66条来看，对于无追索权的保理合同的理论构造为“债权转让”，对于有追索权的保理合同的理论构造为“借款合同+让与担保”。

依据《民法典》第761条的规定，保理合同是应收账款债权人将现有的或者将有的应收账款转让给保理人，保理人提供资金融通、应收账款管理或者催收、应收账款债务人付款担保等服务的合同。该条所谓保理人提供的“应收账款债务人付款担保”服务，系指保理人就应收账款债务人的付款义务向债权人提供担保，它是保理服务的常见内容之一，但这并非保理合同本身的担保功能。保理合同的担保功能仅仅存在于有追索权的保理中，其实质是应收账款债权人通过债权转让的方式将其对应收账款债务人享有的债权用于担保保理融资款本息的返还。

《民法典》第767条规定的无追索权保理仅仅是保理人为赚取应收账款与保理融资款之间的差价而受让应收账款，故只能向应收账款债务人主张权利。但是根据《民法典》第766条的规定，在有追索权的保理中，保理人可以向应收账款债权人主张返还保理融资款本息或者回购应收账款债权，也可以向应收账款债务人主张应收账款债权；保理人向应收账款债务人主张应收账款债权，在扣除保理融资款本息和相关费用后有剩余的，剩余部分应当返还给应收账款债权人。可见，在有追索权的保理中，应收账款虽然名义上已经转让给保理人，但其目的在于担保保理人对应收账款债权人所享有的保理融资款本息。就此而言，有追索权的保理与应收账款质押一样，其功能都是为了担保债权的实现。也正因如此，与同一应收账款可能发生多次质押或者多次转让一样，同一应收账款也可能发生多重保理。对此，《民法典》第768条规定：“应收账款债权人就同一应收账款订立多个保理合同，致使多个保理人主张权利的，已经登记的先于未登记的取得应收账款；均已经登记的，按照登记时间的先后顺序取得应收账款；均未登记的，由最先到达应收账款债务人的转让通知中载明的保理人取得应收账款；既未登记也未通知的，按照保理融资款或者服务报酬的比例取得应收账款。”尽管该条针对的是就同一应收账款订立多个保理合同的情形，但考虑到实践中也可能发生就同一应收账款同时存在保理、应收账款质押或者债权转让的情形，故上述规则应类推于就同一应收账款同时存在保理、应收账款质押或者债权让与的场合。

此外，《民法典》第766条规定当事人约定有追索权保理的，保理人可以向应收账款债权人主张返还保理融资款本息或者回购应收账款债权,也可以向应收账款债务人主张应收账款债权。据此,保理人分别以应收账款债权人和债务人为被告提起诉讼,人民法院应予受理。问题是,如果保理人以应收账款债权人或者应收账款债务人一并提起诉讼,人民法院是否应予受理,存在一定的争议。最高人民法院《关于适用〈中华人民共和国民法典〉有关担保制度的解释》第 66 条已明确,此时人民法院可以受理,但在判决时,应明确各自的责任范围。

第96问　《民法典》对保险行业有哪些影响？应该如何应对？

问：《民法典》对保险行业有哪些影响？应该如何应对？

答： 2020年5月28日，第十三届全国人民代表大会第三次会议通过《民法典》，自2021年1月1日起施行。《民法典》共7编、1260条，这七编分别是：第一编总则，第二编物权，第三编合同，第四编人格权，第五编婚姻家庭，第六编继承，第七编侵权责任。《民法典》施行的同时，原《婚姻法》《继承法》《民法通则》《收养法》《担保法》《合同法》《物权法》《侵权责任法》《民法总则》九部单行法律均废止。

《民法典》是新中国成立以来第一部以“法典”命名的法律，是新时代我国社会主义法治建设的重大成果。涵盖胎儿、自然人、法人、非法人组织等主体规则与权利保护规则，从鼓励交易、维护交易安全角度进一步完善了物权法、合同法体系及相关规则。《民法典》是保护私权利的法律汇总，某种意义上讲，《民法典》是民事权利的宣言书和保障书，被称作中国“社会生活百科全书”。

我国《民法典》编纂采取两步走，第一步出台《民法总则》，第二步编纂《民法典》各分编，并将修改完善的各分编草案同民法总则合并，成为完整的《民法典草案》，由全国人大常委会提请全国人民代表大会审议。2017年3月15日，《民法总则》获十二届全国人大五次会议表决通过了民法总则，自2017年10月1日起施行。《民法总则》是《民法典》的总则编，规定了民事活动的基本原则和一般规定，在《民法典》中起统领性作用。《民法总则》共分基本规定、自然人、法人、非法人组织、民事权利、民事法律行为、代理、民事责任、诉讼时效、期间计算和附则11章、206条。

一、《民法典》与保险法

保险属于既典型又特殊的民事经济活动，保险合同既是一种经济合同，又不是一般意义上的经济合同，因此，《民法典》与保险具有基础和密切的关系。

《民法典》系对现行民事法律规范的系统整合及修订，属于一般法。《保险法》系专门调整保险关系的法律规范,属于特别法。《民法典》施行后,《保险法》并未废止,仍是调整规范保险法律关系的最主要法律。《民法典》是保险法的重要基础,保险活动不仅要符合保险法的规定,亦应符合《民法典》的相关规定,尤其是在保险法不能解决问题时,就需要援引和适用民法典的原则规定。《民法典》涉及整个社会大量的民事权利义务的调整和保护;保险能够有效维护民事主体的合法权益,提供有效的法律救济能力,为《民法典》的实施提供基础保障。《民法典》将对我国保险的发展产生深刻影响,保险也将为《民法典》的全面实施保驾护航。

因此,保险行业需要认真和系统地学习《民法典》,全面规范和改善自身经营行为,同时,要充分利用《民法典》实施的机会,关注社会焦点和难点问题,强化行业的社会服务意识与能力,促进行业的转型与发展。

二、《民法典》新规对保险行业的影响及应对

保险经营的本质和载体是合同,保险行业要高度关注和深刻领会《民法典》的“合同编”。《民法典》完善合同制度,势必对保险产生重大影响。保险业要从两个层面学习和思考,一是《民法典》将对保险合同与经营产生怎样的影响;二是作为保险经营的对象,各类合同的变化将对保险经营和服务产生怎样的影响。因此,要特别关注合同成立与变更、典型合同、格式条款制度、电子合同、预约合同、代位权及准合同等相关规定,要从实体和程序两个视角观察、学习和理解。笔者就《民法典》对保险相关业务的影响做如下初步分析:

(一)《民法典》与个人信息、数据保护

随着互联网应用的普及和人们对互联网的依赖,互联网的安全问题也日益凸显,主要体现为大量个人信息泄露,甚至信息买卖形成了一条完成的产业链。针对以上问题,《民法典》作为民事基本法,分别在第 111 条、第 127 条确立了对个人信息权、数据、虚拟财产的保护,明确禁止非法买卖、提供或者公开他人个人信息。保险行业作为金融行业的一种,在业务开展中也会掌握海量的个人信息。对这些数据、信息的保存和管理也对保险公司开展业务提出了挑战。特别值得一提的是,近年来热门的互联网保险平台,根据《民法典》的要求,平台也必须要更加关注数据安全方面的问题。

《民法典》还在第四编“人格权”中全面强化对隐私权和个人信息的保护,对保险经营管理必将产生重大的影响。《民法典》第 1033 条进一步明确要求任何组织或者个人不得以刺探、侵扰、泄露、公开等方式侵害他人的隐私权。同时,未经权利人明确同意,任何人不得以电话、短信、即时通信工具、电子邮件、传单等方式侵扰他人的私人生活安宁。这些新规将对保险营销,特别是电网销、微商和直播营销等新的营销形态产生重大影响。因此,保险业要理解并觉悟"保护客户就是保护自己",在开展保险业务过程中,无论是前期投保,还是后续理赔,为确保互联网业务开展的合法合规性,保险公司应在征得投保人、被保险人同意的前提下合理使用其个人信息。

(二)《民法典》对人身保险业务的影响

"家"是民事活动的一个重要形态,因此,家庭关系是重要基础,也是《民法典》调整的重要领域。《民法典》进一步明确和清晰了相关规定,明确投资收益系夫妻共同财产;明确"一方因受到人身损害获得的赔偿或者补偿"属于个人财产。也就是说,属于"投资型收益"的保险现金价值的增长和保单分红属于夫妻共同财产。而投保意外险受到意外伤害而获得的保险赔偿金、投保重疾险而获得的疾病理赔金等,则可算作个人财产。

同时,《民法典》第1128条新增"代位继承",即被继承人的兄弟姐妹先于继承人死亡的,由该兄弟姐妹的子女代位继承。即如投保人在投保时未明确指定受益人,投保人或被保险人身故之后,人身保险金即作为遗产进行分配,被继承人兄弟姐妹的子女亦有可能领取保险金。

(三)《民法典》对财产保险业务的影响

《民法典》第127条提出法律对数据、网络虚拟财产进行保护,但具体的保护方式仍然有待更为细化的法律出台。如游戏中游戏币、装备,曾经风靡一时的比特币,网络账户等数据或网络虚拟财产,是否可以作为保险的对象呢?笔者认为,数据和网络虚拟财产满足在一定范围内流通以及可以转让的条件。而《民法典》将数据、网络虚拟财产列入民事权利章节,也肯定了民事主体对数据、网络虚拟财产享有财产性权利,也即具有保险利益。

随着网游的迅速发展,玩家网络虚拟财产的概念应运而生,网络游戏中的游戏账号、游戏币及游戏装备等网络虚拟财产成为网络市场上的重要交易对象。而网络游戏用户数量不断增加,玩家网游账号或者网游装备遭遇意外丢失、盗窃等案例屡见不鲜。网络虚拟财产保险发展前景广阔,虚拟财产保险市场空间巨大。

网传腾讯牵手平安、5173携手PICC共推虚拟财产险,保险业应对此予以关注并可根据相关法律的出台研发保险产品。

并且,《民法典》是在原《侵权责任法》基础上的一次全面和系统的完善与提升,“侵权责任”部分,与保险经营,特别是责任保险关系密切,不仅涉及产品开发与定价,也涉及理赔与服务。《民法典》在既有法律的基础上,全面规范、完善和提升了产品生产销售、机动车交通事故、医疗、环境污染和生态破坏、高度危险、饲养动物、建筑物和物件等领域的侵权责任规则,一是完善生产者、销售者召回缺陷产品的责任。二是明确交通事故损害赔偿的顺序。三是进一步保障患者的知情同意权。四是增加规定生态环境损害的惩罚性赔偿制度。五是加强生物安全管理,完善高度危险责任。六是完善高空抛物坠物治理规则。这势必全面强化相关领域主体的风险和责任意识,催生责任保险的市场需求,保险业需要在认真学习和研究《民法典》的基础上,开发更有针对性的产品,提供更加专业的服务。

(四)《民法典》对保险中介业务的影响

保险中介作为保险经营的一个重要环节,包括保险代理人与保险经纪人也面临转型与升级,其核心是依法合规和公平正义。《民法典》在“总则”第七章中对“代理”做了原则性的规范,同时,在“典型合同”中对“委托合同”、“行纪合同”和“中介合同”做专门化的规范。保险业要结合近年来监管部门颁布的保险中介,特别是保险代理人的相关制度,应避免出现“跳单”行为,如发生此情况,保险中介仍有权向保险公司主张支付其报酬。此外,各方签署的合作协议中亦可按照上述规定明确合同解除的赔偿原则,进一步规范保险中介行为,促进保险市场关系的和谐和持续健康发展。

综上,《民法典》系我国第一部以“法典”命名的法律,既有总结与传承,更有创新与发展,是新时代我国社会主义法治建设的重大成果。《民法典》的出台、实施与普及,将全面增强全社会的民事法治观念,一方面是强化民事主体的维权意识,倒逼相关责任方的依法合规;另一方面是强化民事主体的责任风险意识,特别是通过保险进行转移风险。保险作为一种特殊的民事经济活动,《民法典》的施行必将进一步推动保险行业的改革和发展。

第97问　私募基金“爆雷”之后应如何应对？

问：自2018年开始各地就陆续出现私募基金“爆雷”的情况，请问在这种情况下投资者要怎么应对呢？

答：我国的私募基金起源于2004年。一方面，我们可以看到国家和中国证券基金业协会正在加强对私募基金的监管，并出台了许多法律法规和行业规定；另一方面，不可忽视的是，私募基金在爆发式发展之后，也出现了频繁“爆雷”的现象。

私募基金一旦出现“爆雷”，那么“滚雪球效应”便会开始，投资者会本能地开始疯狂地挤兑，欲尽早止损，但众所周知，一般规模的私募基金并没有预留那么多足够应付大面积挤兑所需要的资产，一旦其现金流被截断，便是大厦将倾的局面，受损的还是余下的来不及止损的多数投资者。那么，投资者一般有哪些常见的应对方式呢？笔者将根据其种类进行归纳。

一、第一种是自力救济

（一）面临挤兑也要将私募基金变现

作为普通的投资者而言，以其自身的信息采集能力，对市场的敏锐度相对较低，一般而言，当其已经意识到需要将所投资的私募基金变现的时候，便也是该私募基金开始大面积逾期、挤兑和恐慌四处蔓延之时，即使这样，大多数投资者也会明知面临挤兑的风险，也会不由自主地成为挤兑大军中的一员。

（二）与该私募基金控制人谈判，商议债转方案

部分投资者既明知挤兑希望不大，也深知自主诉讼十分麻烦，于是便采取“曲线救国”的方法，不急于将其持有的私募基金变现，便直接独自去与该私募基金控制人商议债转方案，希望将所持的私募基金变成其他权益，如股权、房产、消费券等。

二、第二种是民事救济

（一）委托律师进行诉讼或者仲裁

部分头脑相对冷静的投资者在面临该风险之时，知道自身参与挤兑也会是徒

劳无功,于是开始筹措自己所掌握的少量证据独自委托律师提起民事诉讼或者仲裁,希望借助法律的手段来挽回自身的损失。

(二)抱团进行民事诉讼或者仲裁

一些投资者认为集体提起民事诉讼算是一个良策,总比一个人去独自提起诉讼胜算大,因此便集体向该私募基金控制人提起民事诉讼或者仲裁,以图用众人之力换回一个胜诉的结果。

三、第三种是刑事救济

有些私募基金的控制人“跑路”了,该投资者了解这一情况之后,便通过向公安机关报案的方式,以找到“跑路”的控制人,并要求其退还侵占等非法手段取得的投资者的投资款。例如,有些私募基金实际控制人为了吸引投资,虚构所谓安全项目,用后来的投资款支付前面的投资利息,而实际上前面投资人的投资款用于挥霍或者卷款潜逃。还有的私募基金没有依法备案,却进行各种公开或者变相公开的方式宣传,主要靠高额投资回报吸引投资人。这些行为就涉嫌构成集资诈骗罪或非法吸收公众存款罪,该投资者将依相关证据提交给公安机关,希望由经侦队进行侦查处理取回投资款。

笔者认为,在私募基金“爆雷”之际,投资者的维权应讲求策略,不可盲目地主张权利,更不可通过非法手段解决。在维权策略上具体应如下处理:

(1)第一时间赎回债权。投资者一旦发现了私募基金开始出现大面积逾期,就要准备行动了,第一时间赎回尽可能多的债权,对于自身而言,止损程度越大,如果等到市面上多数人反应过来已经出现了挤兑,恐慌开始蔓延之后,而且该私募基金的储备资本并不足时,那么便为时已晚了。因此,投资者平时应多关注所投资的私募基金及基金管理人的相关动态,如私募基金的相关披露信息、基金管理人的新闻等,有备才能无患,当机立断才能免遭波及。

(2)成立投资者委员会联合维权。众所周知,独木难支,如果投资者联合起来,形成一股联合力量,团结一致、减少内耗,再去进行维权,面对该私募基金管理层的时候便不再是以往那样的处于绝对弱势地位了,而是能够与该私募基金控制人直接拍板。而且,成立维权委员会或者维权小组之后,再集体请律师代理案件与该私募基金管理层直接对话,会较个人单打独斗而言高出不少胜算,且话语权将会高出数倍,同时也能减少对司法资源的浪费。

(3)与基金管理人商议债转方案或者重组方案。并不是所有投资者都会有那么敏锐的洞察力和行动力,能在第一时间赎回投到该私募基金上的投资额,那么多数投资者反应过来应该去赎回投资额的时候,便是挤兑的开始。由此很容易开启一个恶性循环,那么与其挤破头去赎回现金,况且私募基金的现金流相当有限,不如与私募基金管理人积极商议其他的债转方案,或要求基金管理人提供相应的财产担保。

(4)尽早委托律师进行维权。投资者在面对该危机的时候能力实际上是很有限的,其地位与该私募基金管理层对比来看,完全处于劣势,很多实质信息投资者无权也无有效途径调查到,对于维权方式也并非轻车熟路。如此,尽早委托专业人士,进行维权便是一个十分妥当的做法。律师能帮助该投资者调查到该私募基金的真实运营情况,其旗下还有多少实际资产,可以在充分调查了解的情况下,向投资者提出理性维权方案建议,并与投资者商讨具体实施计划,按投资者的决策落实。

同时投资者维权时还应当注意:

(1)减少内部摩擦,抓住主要矛盾。每个投资者的实际投资情况与债券赎回情况都不尽相同。众所周知“共患难易,共享福难”。具体而言,矛头对外,想要赎回债权的意愿是维权投资者都共有的,但若真的赎回了部分债权,在进行分配的时候便会造成极大的内部矛盾。人总是趋利性的,总有投资者会“多为自己考虑”,那么即使在与该私募基金管理层的较量中前期获得了阶段性胜利,也会因为其后的内耗而重新成为一盘散沙。笔者认为,维权委员会或联合小组应该制作一个规章,根据内部的具体情况来协调赎回债权的分配方案,尽可能多数人达成一致,这样才能保证在其后的维权过程中能团结一致,因为赎回全部债权才是主要矛盾。

(2)依法维权,及时签署相关协议。如果投资者在维权过程中采取了过激或者各种违法手段(含威胁、欺诈、非法拘禁等)迫使了该私募基金管理人达成了新的还款协议或担保协议等,若该私募基金管理人最后掌握证据对过激投资者进行起诉,那么该投资者极有可能面临牢狱之灾,同时所签订的协议也会被认定无效。除此之外,对于采取合法手段取得新协议可考虑进行公证,一方面可以督促协议的履行,另一方面可以固定证据,为今后诉讼维权做好准备。

(3)刑民交叉,选聘专业律师团队。正如前述,私募基金“爆雷”并非仅有民事诉讼的途径,对于部分存在非法集资,恶意制造虚假项目骗取投资的基金管理人,还可以通过刑事手段获取救济。但是随着律师行业专业化发展,号称业务范围遍及刑民事的律师往往是不够专业的体现,投资者在选取律师时应当注意,要选聘的是律师团队而非单个律师,只有由刑事、民商事专业律师搭建的团队,才能为全方位、最大限度地维护投资者的合法权益。

(4)非诉与诉讼结合,灵活制订应对方案。同理,私募“爆雷”中的投资者维权也不应仅把眼光放在诉讼上,须知,目前诉讼存在时间过长、成本高、执行难等的缺点,有时候一场官司打下来,可能基金管理人的实控人已经逃得无影无踪了。应对私募基金“爆雷”,必定是需要民、刑兼顾,诉讼与非诉手段多管齐下,只有根据“爆雷”基金公司的特点灵活制订方案,才能最大限度地维护自身权益。

第98问 《深圳经济特区个人破产条例》对金融机构有哪些影响?

问:2021年3月1日起,深圳市就开始实施《深圳经济特区个人破产条例》(以下简称《条例》),这会对金融机构产生哪些影响呢?

答:2021年4月12日,深圳市中级人民法院召开个人破产条例实施情况专题新闻发布会,介绍《深圳经济特区个人破产条例》实施以来的工作情况。截至3月31日,个人破产实施首月,深圳市中级人民法院共收到260件个人破产申请,其中涉银行、网贷等金融债权的占94.8%。可以预见,今后的个人破产申请必将大量增加,而个人破产对于以商业银行为代表的金融机构也必将产生深远影响。

一、《条例》对金融机构项目审核的影响

(一)加强对贷款主体资质把控

首先,审慎选择信贷准入群体。金融机构在贷款审核时,对个人是否具有破产原因、是否存在过度消费和生产经营规模的过度扩大而导致的现金流危机或债务清偿能力丧失,应加以更加严格的审查。对需要以个人名义承担连带责任的个体工商户、个人独资企业负责人,为企业生产经营承担连带担保责任的企业主以及多头共债客户等破产风险较高的自然人,提高准入标准。

其次,强化贷前差异化管理。调整客户准入策略,跟踪分析深圳个人破产对象特征,并对有个人破产历史的持卡人审慎授信;强化支付能力考察,进一步提升收入负债因素在深圳地区客户准入策略中的权重。

最后,识别个人申请破产迹象并及时采取防范措施。《条例》第2条规定的个人申请破产条件,使任何自然人都有在深圳申请个人破产的可能。因此,本文谈及的《条例》对金融机构的影响,不限于深圳经济特区。如果金融机构发现自然人有促成申请个人破产条件成就的迹象,如移居到深圳、将社保关系迁移至深圳,而主要的经济、社会关系仍在其他城市,个人负债也较多,则立即进行风险预警并采取风险化解措施,如根据合同约定宣布贷款提前到期、要求增加担保。

(二)强化夫妻共同财产的调查

在我国夫妻共同财产制下,个人的破产往往都伴随夫妻的破产、家庭的破产。《条例》第171条规定:"符合本条例规定的债务人,其配偶可以选择同时适用本条例进行破产清算、重整或者和解。"值得注意的是,在配偶共同破产的情况下,《条例》对配偶并无"参加深圳社会保险连续满三年"这一要求。因此,对于金融机构而言,除对借款个人的资信进行审核外,也应充分关注其配偶,甚至子女、共同生活的近亲属的资信状况,防止因其中一方的破产致使借款人卷入破产风险。例如,对于夫妻关系存续期间登记于一方名下的财产,应当要求配偶一方出具同意抵押函;对于处于离婚状态的,除审查离婚的真实性外,还应进一步审查其离婚协议,以确定其财产分割状况及产权归属,避免因无权处分导致的脱保风险。

(三)更新个人借款的授信合同

个人破产制度虽不保护"恶意"债务人,但相关配套制度不一定完善,在此情况下,难免被"老赖"利用。金融机构应更新个人借款的授信合同,可将个人破产作为关闭/冻结授信的条件之一,在发生个人破产情况时,金融机构无须通知借款人即可自主关闭/冻结借款人的授信。

金融机构还可在贷前调查阶段要求借款人如实申报自己的历史信用情况,尤其对借款人是否曾经被宣告破产进行调查,加强对借款人持续还款能力的监控。在贷中和贷后阶段,重视对借款人偿债能力的动态监测,如借款人进入破产程序,要求借款人及时告知,以便及时申报债权。同时,如果发现债务人试图过个人破产"逃废债"的,金融机构亦可向法院提供财产线索或证明以阻止债务人的恶意破产,以维护合法权益。

(四)加强信用环境信息联动

加强客户破产信息的同业共享,动态监测持卡人偿债能力,主动识别潜在破产者,及时出清高风险客户。及时控制未逾期客户风险,发现持卡人进入破产程序后及时冻结其未使用的授信额度,发现有未到期分期的,应宣告提前到期。整合催收资源,结合逾期客户欠款金额、资产状况、还款意愿等因素开展针对性催收。

加强与破产事务管理部门信息联动,积极推动相关职能部门完善财产登记和社会信用记录等方面的建设,提升破产信息获取的自动化水平,以便依托破产数据及时修正风险防控规则和策略。2021 年 3 月 1 日,《条例》开始施行,同日,全国首家个人破产事务管理机构——深圳市破产事务管理署挂牌成立。作为金融机构,也应当与破产事务管理部门形成积极联动,及时获取个人破产相关信息,了解借款人及其配偶、同住家庭成员等是否被申请个人破产、是否处于考察期、是否存在行为限制等情况,以防止贷款业务风险。同时加强与法院在执行领域的合作,依法行使申请执行相关权利,防范债务人隐匿财产后将个人破产作为"执行不能"的快车道逃避债务。

二、个人破产制度对金融机构债权催收的影响

(一)催收业务面临调整压力

一是管理成本增加。金融机构债权以信用方式授信为主,债权属于普通债权,债权清偿顺位较为靠后,发卡行几无可能从破产程序中获得较大的财产权利。而破产程序本身旷日持久,参与破产申请异议、债权申报、债权人会议、免责考察等流程,无疑将大幅增加银行在时间、人力、费用等方面的投入。

二是催收业务受阻。法院已经裁定受理破产申请后,银行将不得开展任何形式的催收。否则,"明知债务人处于破产程序中仍然取得债务人财产的"将被视为"妨害破产程序的行为"而受到法律惩罚。

(二)通过申请债务人破产核查债务人财产

在司法实践中,金融机构由于资产核查措施有限,往往难以全面掌握债务人的资产状况,如债务人长期不还款,也无其他有效措施予以规制。在个人破产制度建立后,金融机构则可通过申请债务人破产从而全面核查债务人真实的财产情况。

《条例》第 33 条规定,个人破产受理后,债务人要如实申报本人及配偶、未成年子女的财产情况。虽然存在债务人不如实申报的问题,但为争取通过破产实现免除全部或部分债务的目的,债务人如实申报可能性、法院全面核查的强度都可能得以提高,相比目前普通的执行程序,金融机构能多一种途径来查明债务人真实的资产情况,以更快地实现一定比例的清偿,从而降低"无财产可供执行、裁定终结本次执行"的案件比例,整体上更有利于案件执行回款率的提升。

(三)积极参与破产程序

首先,为保障自身合法权益,银行应定期关注破产申请信息,及时行使听证、申报、表决等权利。作为金融债权人,无一例外可在收到债务人破产/债务清理通知后向相关法院申报债权,从而通过个人破产制度/债务清理程序获得一定比例的清偿。在此过程中,发现债务人利用破产逃废债务的,及时采取向法院主张驳回破产申请等救济措施。鉴于《条例》未针对普通消费者破产做特殊的制度安排,在积极配合《条例》落地实施的过程中,银行需密切关注个人消费者破产在实操层面如何演变,并及时调研总结,做好应对。

其次,及时向管理人主张处置担保财产。《全国法院破产审判工作会议纪要》第25条规定:“在破产清算和破产和解程序中,对债务人特定财产享有担保权的债权人可以随时向管理人主张就该特定财产变价处置行使优先受偿权,管理人应及时变价处置,不得以须经债权人会议决议等为由拒绝。但因单独处置担保财产会降低其他破产财产的价值而应整体处置的除外。”《条例》第28条沿袭了这一规定:“对债务人的特定财产享有担保权的权利人,可以随时向管理人主张就该特定财产变价处置,行使优先受偿权。”但处置清偿方式并不具体明确。在抵押物评估价值合理的情形下,金融机构可以依据该条款向管理人主张尽快变价处置抵押物,及时回收有财产担保债权。

(四)及时行使担保物权

根据《条例》第110条,“在重整期间,对债务人特定财产享有担保权,且该财产为重整所必需的,该担保权暂停行使。但是,担保物有损坏或者价值明显减少的可能,足以损害担保权人权利的,担保权人可以向人民法院请求恢复行使担保权,也可以要求债务人另外提供担保”。因此,金融机构也应当在重整程序中密切关注担保物的状况和价值,如果存在担保物损害情况,应当尽快向法院请求恢复担保物权的及时行使。

(五)防止债务人及其担保人滥用破产程序逃废债务

如前所述,个人破产制度的初衷,是成为“诚实但不幸”之人的“解脱阀”,而绝非是恶意逃债或者实施破产欺诈之人的“解套门”。为此,《条例》重点设置了相应的防范制度,包括不予免除的债务、不予免责的行为、延长免责考察期、撤销免责等制度,以防控、惩戒债务人恶意逃债行为。因此金融机构债权人也可以并且有必要监督债务人/担保人的表现,发现并关注债务人/担保人的不当行为,如果债务人/担保人违反相应义务,或者发现其存在恶意逃债或欺诈破产情形的,可以及时向管理人和法院反映，并有权申请法院裁定驳回破产申请，或在重整计划执行期间申请法院终止债务人/担保人重整计划的执行并进行破产清算，还可申请法院裁定不免除债务人/担保人未清偿债务或撤销免除未清偿债务的裁定并继续向债务人追偿债务，亦可申请法院依法对债务人/担保人予以训诫、拘传、罚款、拘留乃至追究刑事责任等。

综上所述，《条例》作为我国第一部个人破产法规，其颁布和实施具有重要的历史性意义和引领作用，也对金融债权保护提出了更高的要求。金融机构应高度关注相关制度的试点及全面推行情况，并前瞻性地调整信贷政策、贷后管理模式，以更好地适应“个人破产时代”可能带来的影响和挑战。

第 99 问　如何看待“套路贷”和民间金融监管趋势?

问: **2018 年以来民间金融逐渐受到监管机构严管。近期更是有最高人民法院联合最高人民检察院、公安部、司法部出台《关于办理“套路贷”刑事案件若干问题的意见》(以下简称《办理套路贷案件意见》)。那么在法律层面上何为“套路贷”,我们又要如何应对“套路贷”,预防入坑呢?**

答: “套路贷”是最近流行起来的对以借贷为名非法占有借款人财物的行为的一种称谓。根据题述四部门于 2019 年 4 月 9 日发布的《办理套路贷案件意见》的规定:“套路贷”,是对以非法占有为目的,假借民间借贷之名,诱使或迫使被害人签订“借贷”或变相“借贷”“抵押”“担保”等相关协议,通过虚增借贷金额、恶意制造违约、肆意认定违约、毁匿还款证据等方式形成虚假债权债务,并借助诉讼、仲裁、公证或者采用暴力、威胁以及其他手段非法占有被害人财物的相关违法犯罪活动的概括性称谓。

一、“套路贷”的特征

“套路贷”的常见套路包括以下几种特征:

一是以“贷款”为诱饵,以实现非法占有他人财物的目的。“套路贷”通常以快速放款、无抵押无担保放款为诱饵,但目的不同于高利贷只是获取高额利息,其最终目的是非法占有被害人财物,如车贷“套路贷”的最终目的是占有他人车辆,房贷“套路贷”的最终目的是占有他人房产。

二是虚增借款本金,以达到非法目的。“套路贷”通常以“违约金”“保证金”等各种名目骗取他人签订远远高于实际借款的“借款合同”“抵押合同”等,同时借助银行取现收回现金等方式制造真实交付的假象。

三是制造违约事由,以解除借款合同,非法取得财物。在“借款合同”“抵押合同”等中通常约定严苛的滞纳金、违约金等违约条款,并蓄意制造借款人违约的情形。一旦达到条件,立即解除合同,要求借款人偿还虚高的借款;一旦借款人无法偿还，则骗取借款人“借新还旧”垒高借款金额或以房产、车辆等财物抵债。

四是利用欺骗、暴力、威胁、虚假诉讼等手段索款。为获取高额偿还款，“套路贷”放贷人会通过暴力威胁、限制人身自由、尾随借款人甚至泼油漆、撬门等手段逼迫还款，甚至借助虚假的“借款合同”、蓄意制造的银行流水等对借款人提起诉讼，通过胜诉判决实现侵占被害人或其近亲属财产的目的。

二、“套路贷”的法律定性

那么法律层面是如何定性“套路贷”的呢？

第一，“套路贷”本质上属于违法行为。

“套路贷”与平等主体之间基于意思自治而形成的普通的民事借贷关系存在本质区别，也区别于非法讨债引发的案件。如犯罪嫌疑人、被告人不具有非法占有目的，也未使用“套路”与借款人形成虚假债权债务，不应视为“套路贷”。

对于虚增借款本金的行为，根据最高人民法院《关于审理民间借贷案件适用法律若干问题的规定》（法释〔2020〕17 号，以下简称《民间借贷规定》）第 26 条的规定，法律所承认的本金应为出借人实际出借的本金，因此“借一押几”的出借方式、高于实际借款的“借款合同”本金、预先扣除的“砍头息”都不会被法律所支持。

对于约定高额的利息、违约金、逾期利息的行为，根据《民间借贷规定》第 25、28、29 条的规定，约定超过合同成立时 1 年期贷款市场报价利率 4 倍的利息、超过年利率 24% 的逾期利息，是法律绝对禁止的行为。如合同中同时约定违约金、逾期罚息或其他费用的，总计超过年利率 24% 的部分的主张，法律也不予支持。

对于约定严苛的滞纳金、违约金等违约条款，并蓄意制造借款人违约情形，借此达到要求借款人偿还虚高债务、以物抵债的目的的，此种行为也是违反了民法中的公平原则和诚实信用原则的。

第二，“套路贷”还可能涉嫌犯罪。

2018 年 1 月 16 日，最高人民法院、最高人民检察院、公安部、司法部印发《关于办理黑恶势力犯罪案件若干问题的指导意见》（法发〔2018〕1 号），第 5 条依法打击非法放贷讨债的犯罪活动中规定，对于以非法占有为目的，假借民间借贷之名，通过“虚增债务”“签订虚假借款协议”“制造资金走账流水”“肆意认定违约”“转单平账”“虚假诉讼”等手段非法占有他人财产，或者使用暴力、威胁手段强立债权、强行索债的,应当根据案件具体事实,以诈骗、强迫交易、敲诈勒索、抢劫、虚假诉讼等罪名侦查、起诉、审判。对于非法占有的被害人实际所得借款以外的虚高“债务”和以“保证金”“中介费”“服务费”等各种名目扣除或收取的额外费用,均应计入违法所得。对于名义上为被害人所得、但在案证据能够证明实际上却为犯罪嫌疑人、被告人实施后续犯罪所使用的“借款”,应予以没收。

2018 年 5 月 4 日,中国银行保险监督管理委员会联合公安部等四部委发布《关于规范民间借贷行为维护金融经济秩序有关事项的通知》(银保监发〔2018〕10 号),其中第 8 条第 1 款规定,对利用非法吸收公众存款、变相吸收公众存款等非法集资资金发放民间贷款,以故意伤害、非法拘禁、侮辱、恐吓、威胁、骚扰等非法手段催收民间贷款,以及套取银行业金融机构信贷资金,再高利转贷等违反治安管理规定的行为或涉嫌犯罪的行为,公安机关应依法进行调查处理,并将非法发放民间贷款活动的相关材料移送银行业监督管理机构。该通知明确规定禁止以故意伤害、非法拘禁、侮辱、恐吓、威胁、骚扰等非法手段催收贷款。

四部门于 2019 年 4 月 9 日发布的《办理套路贷案件意见》第 4 条规定,实施“套路贷”过程中,未采用明显的暴力或者威胁手段,其行为特征从整体上表现为以非法占有为目的,通过虚构事实、隐瞒真相骗取被害人财物的,一般以诈骗罪定罪处罚;对于在实施“套路贷”过程中多种手段并用,构成诈骗、敲诈勒索、非法拘禁、虚假诉讼、寻衅滋事、强迫交易、抢劫、绑架等多种犯罪的,应当根据具体案件事实,区分不同情况,依照刑法及有关司法解释的规定数罪并罚或者择一重处。

地方上也有对“套路贷”问题的相关定性规定。例如,2018 年 3 月 18 日,浙江省高级人民法院、浙江省人民检察院、浙江省公安厅《关于办理“套路贷”刑事案件的指导意见》(以下简称《指导意见》)提出对“套路贷”刑事案件的定性,要结合案件的本质特征从整体把握,“套路贷”犯罪的主观目的是非法占有公私财物,部分犯罪主体带有黑恶团伙性质。

犯罪嫌疑人、被告人以“违约金”“保证金”“中介费”“服务费”“行业规矩”等各种名义骗取被害人签订虚高借款合同、阴阳借款合同、房产抵押合同等明显不利于被害人的各类合同或者与被害人进行相关口头约定,制造资金给付凭证或证据,制造各种借口单方面认定被害人“违约”并要求“偿还”虚高借款,在被害人无力“偿还”的情况下,进而通过讨债或者利用其制造的明显不利于被害人的证据向法院提起民事诉讼等各种手段向被害人或其近亲属施压,以实现侵占被害人或其近亲属合法财产的目的,一般情况下应当以侵犯财产类犯罪定罪处罚。

对于“套路贷”行为的性质认定,《指导意见》还提供了以下两种参照情形:

1. 犯罪嫌疑人、被告人实施“套路贷”犯罪时,未采用明显暴力或者威胁手段,被害人依约定交付资金的,则犯罪嫌疑人、被告人的行为从整体上属于以非法占有为目的,虚构事实、隐瞒真相骗取被害人财产的诈骗行为,一般可以诈骗罪追究刑事责任。

2. 犯罪嫌疑人、被告人实施“套路贷”犯罪时,既采用了虚构事实、隐瞒真相的诈骗手段,又采用了暴力、威胁、虚假诉讼等手段,同时构成诈骗、抢劫、敲诈勒索、非法拘禁、虚假诉讼等多种犯罪的,依据刑法的规定数罪并罚或者按照处罚较重的定罪处罚。暴力手段包括但不限于所谓的“谈判”“协商”“调解”以及滋扰、纠缠、哄闹、聚众造势等使被害人产生心理恐惧或心理强制等“软暴力”手段。

在“套路贷”犯罪案件中,相关犯罪嫌疑人、被告人不明知真实借贷情况,帮助实施故意伤害、非法拘禁或者滋扰被害人及其近亲属正常生活行为,或者帮助捏造事实提起民事诉讼,符合故意伤害罪、非法拘禁罪、寻衅滋事罪、非法侵入他人住宅罪、虚假诉讼罪的构成要件的,对该部分犯罪嫌疑人、被告人以相关罪名追究刑事责任。

三、“套路贷”如何解套

民间金融活动情况复杂、涉及方面众多,要为“套路贷”解套,还需要多方配合。

1. 解“套”还须系“套”人。

民间金融由来已久,随着市场经济的发展,民间借贷因灵活、简便、快速、收益高等优势,市场逐渐发展壮大,民间借贷作为民间金融的主要形式之一,在金融市场发挥着不可忽视的作用。但是,也可以看到,民间金融就像一把“双刃剑”,出现了如监管难、风险高、诱发犯罪等弊端。由上文可以看出,所谓的“套路贷”,其实就是不按套路出牌,行业规范除了外部清理整顿,关键还是靠自律。民间金融从业者要爱惜声誉,依法规范从事民间金融活动,切实为实体经济服务。相关行业协会要发挥行业自律作用,通过培训、指导、投诉处理等方式引导民间金融行业良性发展。

民间金融的从业人员也应当具备一定的专业资质。此前报道的川航机长刘传健面对设备突然受损、高空压力,成功备降成都机场,完成“一次史诗级的降落”的事件大家应该记忆犹新。可以说,如果没有提前做足准备、严格的专业训练、100余次的飞行经历,任何人都不可能在短短几十秒内成功备降。关键时刻,专业能力决定了生死存亡。对金融行业从业者来说,其专业能力主要体现在金融知识理论水平、规则运用能力、制度设计能力、风险规避能力、商业机遇把握能力等方面,专业能力的大小直接决定风险控制的好坏。

2. 民间金融也应纳入金融监管。主要理由在于:

(1)政府工作报告明确了金融监管的重要性。

2018年3月5日,时任国务院总理李克强在做政府工作报告时提到,要“妥善应对‘钱荒’等金融市场异常波动,规范金融市场秩序,防范化解重点领域风险,守住了不发生系统性风险的底线,维护了国家经济金融安全”。“加快金融体制改革。改革完善金融服务体系,支持金融机构扩展普惠金融业务,规范发展地方性中小金融机构,着力解决小微企业融资难、融资贵问题。”

(2)民间金融活动具有外部性和风险传导性,须纳入规范。

金融是国家重要的核心竞争力,金融活动的外部性决定了金融安全是国家安全的重要组成部分。

对民间金融活动的监管,有利于整个行业的发展。规范化、有序化的金融环境能够形成有效的市场准入门槛、同时淘汰不合规的参与者,从长远来看,有利于金融行业的健康发展。从市场主体自身及投资者来说,公平有序的金融市场环境能够形成良性竞争、公平合理的商业环境。

随着我国金融业的快速发展,民间金融因其分散性和隐蔽性的特点,规模不断发展壮大,为维护社会稳定、维护正常金融秩序,金融管理部门对金融机构、金融市场进行了一系列规范、管理和监督措施,起到了一定的效果,但对民间金融的监管还存在监管滞后、手段有限、运动执法等不足。

综上,民间金融应从以下方面进行监管:

一方面,主管部门要加强对民间金融的规范管理。

按照《银行业监督管理法》《商业银行法》《非法金融机构和非法金融业务活动取缔办法》等法律规范,未经有权机关依法批准,任何单位和个人不得设立从事或者主要从事发放贷款业务的机构或以发放贷款为日常业务活动。否则，有关部门可依法采取一定的行政处罚措施。除了底线控制，监管部门还应适当下放一定管理权限到行业协会，通过行业协会加强引导与制约。

民间金融活动必须严格遵守国家法律法规的有关规定，遵循自愿互助、诚实信用的原则。民间借贷中，出借人的资金必须是其合法收入的自有资金，禁止吸收或变相吸收他人资金用于借贷。民间借贷发生纠纷，应当按照《民间借贷规定》处理。

另一方面，应加强政策扶持力度，疏通金融服务实体经济渠道，服务于供给侧结构性改革。

主要是各银行业金融机构以及小额贷款公司等发放贷款或融资性质机构应依法合规经营，强化服务意识，采取切实措施，开发面向不同群体的信贷产品，加大对实体经济的资金支持力度，为实体经济发展创造良好的金融环境。

3. 参与主体加强法律风险意识，规范借贷行为。

投资者应当增强风险防范意识，增强预见风险的能力，在风险承受范围内进行金融活动。中共中央政治局委员、国务院副总理、中美全面经济对话中方牵头人刘鹤在 2018 年 5 月 15 日的全国政协专题协商会上特别指出，“要建立良好的行为制约、心理引导和全覆盖的监管机制，使全社会都懂得，做生意是要有本钱的，借钱是要还的，投资是要承担风险的，做坏事是要付出代价的”。投资者要对民间金融有客观的认识，应清醒地认识到在获得收益的同时，也须承担一定的风险。投资者在选择投资项目的时候，不能盲目从众，而应该先对拟投资项目有一个充分的认识和风险判断。在必要时，应聘请律师、会计师、评估师等专业人士介入有关投融资行为，以提前识别和防控法律风险。

第 100 问　金融消费者权益保护的适当性义务有哪些?

问: 金融机构对金融消费者权益保护的适当性义务有哪些?

答: 2019 年 11 月 14 日,最高人民法院印发《全国法院民商事审判工作会议纪要》(以下简称《九民纪要》),其中第五章专门阐述“关于金融消费者权益保护纠纷案件的审理”,具体涉及适当性义务、法律适用规则、责任主体、举证责任分配、告知说明义务、损失赔偿、免责事由等诸多方面。《九民纪要》认为,在审理金融产品发行人、销售者以及金融服务提供者(以下简称卖方机构)与金融消费者之间因销售各类高风险等级金融产品和为金融消费者参与高风险等级投资活动提供服务而引发的民商事案件中,必须坚持“卖者尽责、买者自负”原则,将金融消费者是否充分了解相关金融产品、投资活动的性质及风险并在此基础上作出自主决定作为应当查明的案件基本事实,依法保护金融消费者的合法权益,规范卖方机构的经营行为,推动形成公开、公平、公正的市场环境和市场秩序。下面主要结合《九民纪要》相关内容,对金融消费者权益保护的适当性义务进行分析。

一、卖方机构应当承担的适当性义务概念界定

近年来,随着我国金融改革的不断推进,消费者在金融交易中受到权益损害的问题开始凸显。由于我国还没有出台关于金融消费者保护的专门法律,对金融消费者的权益保护的规定一直未成体系。

《九民纪要》对金融消费者权益保护的适当性义务作出了明确界定:适当性义务是指卖方机构在向金融消费者推介、销售银行理财产品、保险投资产品、信托理财产品、券商集合理财计划、杠杆基金份额、期权及其他场外衍生品等高风险等级金融产品,以及为金融消费者参与融资融券、新三板、创业板、科创板、期货等高风险等级投资活动提供服务的过程中,必须履行的了解客户、了解产品、将适当的产品(或者服务)销售(或者提供)给适合的金融消费者等义务。

卖方机构承担适当性义务的目的,是确保金融消费者能够在充分了解相关金融产品、投资活动的性质及风险的基础上作出自主决定，并承受由此产生的收益和风险。在推介、销售高风险等级金融产品和提供高风险等级金融服务领域，适当性义务的履行是"卖者尽责"的主要内容，也是"买者自负"的前提和基础。

卖方机构对金融消费者负有适当性义务，性质上是《民法典》规定的先合同义务。先合同义务又称"前合同义务"或"先契约义务"，是指在要约生效后合同生效前的缔约过程中，缔约双方基于诚信原则而应负有的告知、协助、保护、保密等的合同附随义务。《民法典》第509条第2款规定，"当事人应当遵循诚信原则，根据合同的性质、目的和交易习惯履行通知、协助、保密等义务。"根据该条规定，先合同义务的理论基础仍然是诚信原则，对应到金融消费者权益纠纷案件中，则包含卖方机构对金融产品的如实告知说明、风险揭示等内容。

在包某懿与中国某人寿保险股份有限公司四平中心支公司（以下简称某保险四平公司）人身保险合同纠纷一案［（2019）吉0303民初1186号］中，一审法院认为，现有证据均不足以证明某保险四平公司履行了"提示"和"明确说明"义务。庭审时经本院询问保险人是否对职业分类表向投保人进行说明，某保险四平公司述称"当时没有直接出示职业分类表，但是对具体职业进行询问，告知如果变更需要通知保险公司"。因此，某保险四平公司的前述行为不足以认定其充分履行了对含义上具有重要免责特性的9.2条款以及嵌套入该条款的职业分类表的"提示"和"明确说明"义务。最终判决被告某保险四平公司于本判决生效之日起3日内向原告包某懿支付保险金10万元。本案判决中的说理是卖方机构应当承担适当性义务的较好诠释。

二、金融消费者权益保护案件的法律适用

在《九民纪要》公布之前，国家及有关监管部门已出台一系列有关金融消费者权益保护的规定。例如，2015年11月13日，国务院办公厅印发《关于加强金融消费者权益保护工作的指导意见》（以下简称《指导意见》），要求金融机构应当对金融产品和服务的风险及专业复杂程度进行评估并实施分级动态管理，完善金融消费者风险偏好、风险认知和风险承受能力测评制度，将合适的金融产品和服务提供给适当的金融消费者。为了贯彻落实《指导意见》，2016年12月14日，中国人民银行发布了《中国人民银行金融消费者权益保护实施办法》（已失效），规定金融机构应当建立健全涉及金融消费者权益保护工作的事前协调、事中管控和事后监督机制,确保在金融产品和服务的设计开发、营销推介及售后管理等各个业务环节有效落实金融消费者权益保护工作的相关规定和要求。

在此基础上,《九民纪要》明确,在确定卖方机构适当性义务的内容时,应当以合同法、证券法、证券投资基金法、信托法等法律规定的基本原则和国务院发布的规范性文件作为主要依据。相关部门在部门规章、规范性文件中对高风险等级金融产品的推介、销售,以及为金融消费者参与高风险等级投资活动提供服务作出的监管规定,与法律和国务院发布的规范性文件的规定不相抵触的,可以参照适用。

三、金融消费者权益保护案件的责任主体

《指导意见》要求,银行业机构、证券业机构、保险业机构以及其他从事金融或与金融相关业务的机构(以下统称金融机构)应当遵循平等自愿、诚实守信等原则,充分尊重并自觉保障金融消费者的财产安全权、知情权、自主选择权、公平交易权、依法求偿权、受教育权、受尊重权、信息安全权等基本权利,依法、合规开展经营活动。

按照角色和作用不同,《九民纪要》将上述有关责任主体进一步具体划分为金融产品发行人、销售者和服务者三类。

金融产品发行人、销售者未尽适当性义务,导致金融消费者在购买金融产品过程中遭受损失的,金融消费者既可以请求金融产品的发行人承担赔偿责任,也可以请求金融产品的销售者承担赔偿责任,还可以根据《民法典》第 167 条的规定,请求金融产品的发行人、销售者共同承担连带赔偿责任。发行人、销售者请求人民法院明确各自的责任份额的,人民法院可以在判决发行人、销售者对金融消费者承担连带赔偿责任的同时,明确发行人、销售者在实际承担了赔偿责任后,有权向责任方追偿其应当承担的赔偿份额。

金融服务提供者未尽适当性义务,导致金融消费者在接受金融服务后参与高风险等级投资活动遭受损失的,金融消费者可以请求金融服务提供者承担赔偿责任。

三类责任主体的划分表面上是明确责任主体,实际上更加统一了判决有关主体承担责任的裁判规则,特别是金融产品销售者作为明确的责任主体,再难以"事不关己"为由免责。正所谓"法网恢恢,疏而不漏",《九民纪要》因此也被称作"史上最严金融销售规定”。

四、卖方机构的举证责任及告知说明义务

《民事诉讼法》第67条第1款规定：“当事人对自己提出的主张，有责任提供证据。”

《九民纪要》提出，在案件审理过程中，金融消费者应当对购买产品（或者接受服务）、遭受的损失等事实承担举证责任。卖方机构对其是否履行了适当性义务承担举证责任。卖方机构不能提供其已经建立了金融产品（或者服务）的风险评估及相应管理制度、对金融消费者的风险认知、风险偏好和风险承受能力进行了测试、向金融消费者告知产品（或者服务）的收益和主要风险因素等相关证据的，应当承担举证不能的法律后果。

告知说明义务的履行是金融消费者能够真正了解各类高风险等级金融产品或者高风险等级投资活动的投资风险和收益的关键，人民法院应当根据产品、投资活动的风险和金融消费者的实际情况，综合理性人能够理解的客观标准和金融消费者能够理解的主观标准来确定卖方机构是否已经履行了告知说明义务。卖方机构简单地以金融消费者手写了诸如“本人明确知悉可能存在本金损失风险”等内容主张其已经履行了告知说明义务，不能提供其他相关证据的，人民法院对其抗辩理由不予支持。

例如，在李某清与某证券股份有限公司深圳深南中路证券营业部（以下简称证券公司）等证券欺诈责任纠纷一案［（2016）粤03民终4548号］中，二审法院认为，金融商品作为无形商品，信息是金融商品的核心内容，掌握必要、准确和真实的信息对于金融消费者作出正确判断和交易至关重要，而构成金融商品的信息天生具有专业性和复杂性，金融消费者囿于专业知识及获取信息的渠道和能力，金融市场信息不对称不仅客观存在，而且愈加严重。金融机构对金融商品的宣传、推销及劝诱行为，很容易左右个人业余投资者的交易判断，因此，金融消费者保护的一个重要原则，就是不仅要求金融商品及服务经验者根据不同的投资者出售适合的产品和服务，而且赋予其更加严格的说明义务及信息披露义务。这不仅说明和披露要求主动、真实、完整、及时，还特别强调信息说明及披露时的针对性、可理解性和可获得性要求。基于此判断，二审法院认为，尽管某证券公司不构成欺诈，而且也没有违反融资融券合同关于佣金标准的约定，但某证券公司并无证据证明将普通账户手续费下调的情况及标准通知了李某清,从金融消费者权益保护的角度,某证券公司的行为,侵犯了李某清的知情权和消费选择权,并客观上造成了李某清多支付了交易佣金,应赔偿由此造成的相应损失。最终二审法院判决某证券公司应于本判决发生法律效力之日起10日内向李某清返还交易佣金人民币76 941.97元及利息。

又如,在某银行股份有限公司成都分行与成都某多商贸有限公司、周某、尹某、成都某投资管理有限责任公司金融借款合同纠纷一案[(2015)高新民初字第6046号]中,一审法院以保障金融消费者知情权为出发点,指出原告提出复利,所依据的合同条款是不清晰、不具体、不明确的,也无法通过合同解释予以明确为由,对原告提出的复利主张未予支持。

五、金融消费者权益保护案件的损失赔偿计算

关于违反"适当性"义务的损失赔偿,《九民纪要》对其计算标准予以明确。卖方机构未尽适当性义务导致金融消费者损失的,应当赔偿金融消费者所受的实际损失。实际损失为损失的本金和利息,利息按照中国人民银行发布的同期同类存款基准利率计算。

金融消费者因购买高风险等级金融产品或者为参与高风险投资活动接受服务,以卖方机构存在欺诈行为为由,主张卖方机构应当根据《消费者权益保护法》第55条的规定承担惩罚性赔偿责任的,人民法院不予支持。卖方机构的行为构成欺诈的,对金融消费者提出赔偿其支付金钱总额的利息损失请求,应当注意区分不同情况进行处理:

(1)金融产品的合同文本中载明了预期收益率、业绩比较基准或者类似约定的,可以将其作为计算利息损失的标准;

(2)合同文本以浮动区间的方式对预期收益率或者业绩比较基准等进行约定,金融消费者请求按照约定的上限作为利息损失计算标准的,人民法院依法予以支持;

(3)合同文本虽然没有关于预期收益率、业绩比较基准或者类似约定,但金融消费者能够提供证据证明产品发行的广告宣传资料中载明了预期收益率、业绩比较基准或者类似表述的,应当将宣传资料作为合同文本的组成部分;

(4)合同文本及广告宣传资料中未载明预期收益率、业绩比较基准或者类似表述的，按照全国银行间同业拆借中心公布的贷款市场报价利率计算。

六、金融消费者权益保护案件的免责事由

在司法实践中，金融消费者起诉卖方机构要求赔偿损失的司法案例很多，但最终获得支持的比例不高，难度较大。之所以造成这种现象，一方面是有关义务不明确、裁判规则不统一，另一方面是金融消费者作为理性的具备民事行为能力的主体，也须为自己的行为担责。

对此，《九民纪要》提出，因金融消费者故意提供虚假信息、拒绝听取卖方机构的建议等自身原因导致其购买产品或者接受服务不适当，卖方机构请求免除相应责任的，人民法院依法予以支持，但金融消费者能够证明该虚假信息的出具系卖方机构误导的除外。卖方机构能够举证证明根据金融消费者的既往投资经验、受教育程度等事实，适当性义务的违反并未影响金融消费者做出自主决定的，对其关于应当由金融消费者自负投资风险的抗辩理由，人民法院依法予以支持。

七、结语

最高人民法院《民二庭负责人就〈全国法院民商事审判工作会议纪要〉答记者问》明确提出，《九民纪要》不是司法解释，不能作为裁判依据进行援引。人民法院尚未审结的一审、二审案件，在裁判文书"本院认为"部分具体分析法律适用的理由时，可以根据《九民纪要》的相关规定进行说理。

虽然《九民纪要》不是明确的裁判依据，但是其对金融消费者的权益保护仍有极其重要的意义。《九民纪要》对于金融从业机构在金融产品销售方面给予最严格的要求，明确了金融消费者权益保护案件裁判规则，对图谋不轨或者不专业的金融理财公司敲响了警钟。《九民纪要》的公布对于统一裁判思路，规范法官自由裁量权，增强民商事审判的公开性、透明度以及可预期性具有重要意义。